泰山
国际
文化
论坛

（第一届，2019）
论文集

主 编

郑长铃 孙 晓 王雷亭

文化艺术出版社
Culture and Art Publishing House

图书在版编目（ＣＩＰ）数据

泰山国际文化论坛（第一届，2019）论文集 / 郑长铃，孙晓，王雷亭主编.—北京：文化艺术出版社，2021.6
ISBN 978-7-5039-6665-1

Ⅰ.①泰… Ⅱ.①郑…②孙…③王… Ⅲ.①泰山—文化研究
Ⅳ.①K928.3-53

中国版本图书馆CIP数据核字（2021）第102959号

泰山国际文化论坛（第一届，2019）论文集

主　　编　郑长铃　孙　晓　王雷亭
责任编辑　蔡宛若　刘　颖
责任校对　邓　运
书籍设计　赵　矗
出版发行　文化艺术出版社
地　　址　北京市东城区东四八条52号　（100700）
网　　址　www.caaph.com
电子邮箱　s@caaph.com
电　　话　（010）84057666（总编室）　　84057667（办公室）
　　　　　　　　84057696—84057699（发行部）
传　　真　（010）84057660（总编室）　　84057670（办公室）
　　　　　　　　84057690（发行部）
经　　销　新华书店
印　　刷　国英印务有限公司
版　　次　2021 年 7 月第 1 版
印　　次　2021 年 7 月第 1 次印刷
开　　本　787 毫米×1092 毫米　1/16
印　　张　18.5
字　　数　240千字
书　　号　ISBN 978-7-5039-6665-1
定　　价　128.00 元

编委会

主　任

韩子勇　卜宪群　张　涛

副主任

喻剑南　周泓洋　祝东力　孙　晓　董世武

委　员

王雷亭　郑长铃　程永生　宋学立　王洪付
张定青　任　慧　宋　蒙　李　彤

工作人员

韩　雪　梁安石　果立越
秦婷婷　夏梦宇　何　畅

主　编

郑长铃　孙　晓　王雷亭

副主编

宋学立　程永生　王洪付

特邀编辑

陈宇峰　林淑娟

目 录

论 文

致
辞

文明互鉴与人类命运共同体

——泰山国际文化论坛开幕式上主办方代表致辞暨主旨演讲

韩子勇

中国艺术研究院

泰山是中国古人观天下的地方。由山东泰安市政府、中国艺术研究院、中国社会科学院古代史研究所共同举办的泰山国际文化论坛今天开幕了，首先请允许我代表中国艺术研究院，对国内外学者、嘉宾的到来表示感谢。

中国的文化一开始就与山水相连，是文化山水，是山水文化。在中国人心里，泰山无比其高、无比其大、无比其重，与家国命运相系，与文脉道统相通，超越其自然形态的物质堆垒，被赋予特殊的灵性。在泰山这个神奇的地方，讨论文明互鉴与人类命运共同体，真是相得益彰。

我们先看看这座山。1283 年前，也就是唐开元二十四年（736），伟大的诗圣杜甫，到洛阳应试名落孙山，开始了一段不羁的漫游生活，以山水疗治心伤。当他游历到泰山时，写下了《望岳》这首千古名诗："岱宗夫如何？齐鲁青未了。造化钟神秀，阴阳割昏晓。荡胸生层云，决眦入归鸟。会当凌绝顶，一览众山小。"这一年，杜甫 24 岁了。科举遇挫，来到这里，领受泰山的教诲、激励和加持。泰山是中国的文化之山、精神之山，是一座时间和空间的巨轴和高台，量度古今、见证兴衰、寄托愿景。帝王、文人、武夫、僧侣道士、庶民百姓，都愿意到这里来寻找、思考、宣告或祈祷，显示存在，寻求慰藉，彰显情志。因此，泰山成了一个时间柱、图腾山和标定方向的巨大华表。今天的论坛借重泰山，讨论习近平主席倡导的"文明交流互鉴"和"人类命运共同体"，但愿能得到泰山的拔擢和灵启。

习近平主席说："文明因多样而交流。"中华文明生生不息、青春永驻的奥秘是什么？在于她的开放、包容、交流、互鉴、更新和创造。中华文明是个整体，是"多元一体"、功能完备的大结构，她的内部丰富、多样而灿烂，她始终不断地与外部多样化的世界进行交流、交换。中华文明自身的生成、壮大和嬗变，她内在传承与创新的驱动机制，使她能量充沛、运行不息，像宇宙中旋转的星云，保持不竭的生命力，努力维持整体性与多样性的平衡。

我们可以看到，历史上一个又一个治世、盛世的背后，都是这个文明体补充了新的文明元素、获得新的思想能量，顺利整合后重新绽放的结果。而在所谓乱世、混战、分裂的时候，不同历史力量、文明元素对立、冲突、撞击，从更大的历史尺度看，其实是这个文明的结构和功能进行调整、优化、重组和升级换代的时刻：春秋战国是这样、魏晋南北朝是这样、近代"三千年未有之变局"也是这样。我们这个古老的国度、悠久的文明、生生不息的大历史，给了我们以充分的文化自信。悠悠五千年，治乱分合，兴衰更迭，是一次次吞下这一枚枚的"青春果"，一次次返老还童、开枝散叶、壮大繁息的过程。

我曾长期在中国的新疆生活和工作。古代的西域，是古代丝绸之路的要冲，是文明流动的十字路口，是不同文化联姻和亲的地方。在那里，我曾时时有被多种文化滋养的新奇感、幸福感，这片历史上看上去非常边缘的化外之地，实际上曾长期处于中华文明和世界交流对话的锋面与现场，是文明的能量流出流入的狭谷、湍流和巨瀑。子在川上曰："逝者如斯夫，不舍昼夜。"我能体会到习近平主席提出的"中华民族命运共同体""文明交流互鉴""一带一路"的深刻内涵。

我们这些 20 世纪 60 年代出生的人，完整地经历了中国 40 多年的改革开放。改革开放就是持续不断的、大规模的文明互鉴，我们向世界学习，最终贡献世界。改革开放为中华文明，为我们这个民族、国家和人民带来的惊人变化，使古老的中国再一次宛若耀眼的超新星的爆发，使我们愈益接近中华民族的伟大复兴。我相信这样一种复兴不同于古典时代的盛世——因为这一次的文明互鉴，是从整个世界的文明中获得教益和能量，而这样的能量的获得，源于我们重新建构了文化上的自信，源于中国特色社会主义现代化道路和伟大实践从未像今天这样天地宽广和前程光明。

各位嘉宾，世界是一个整体，人类是一个整体。全球化不是一个词，而是曲折推进的现实。人的类本质、人的全部社会关系，从来没有像今天这样辽阔、密织、深细地展开，这样不知不觉地超越国家、民族和地域。从这个意义上说，个体、局部和地域，再也无法像古典社会那样在隐逸的桃花源里独处、独存与独活。中国有个词叫"相依为命"，是的，今天是人类真正开始相依为命的时刻。物质生产的全球化，人员、知识、信息、技术的全球流动，使得我们每时每刻都与世界息息相关，而所有那些反全球化、单边主义、退群脱钩、逆潮流而动，都可以看作是一厢情愿的、暂时的退化和返祖，不可能回到过去。中国改革开放 40 多年的经验和力量，为全球化带来加速的改变和新的塑造。这是一个发展中国家，第一次以主体性力量，为工业革命几百年来现代进程所施加的关键性完形，并且为多彩世界提供新的样式、途径和可能。

各位嘉宾，在今天，非常明显的是，与物质生产和经济领域的全球化相比，在文明和文化的交流互鉴方面，人类存在明显的落差，是意识形态上的傲慢偏见、唯我独尊、高人一等的优越感，妨碍、收窄了眼界和心胸。现在看，物质生产和经济技术交流互鉴的那条腿迈得比较大，而文明文化交流互鉴这条腿有点拖泥带水，有点扯后腿，有点迈不动。这样的状况带来内在的不协调、不平衡，甚至造成失序和对抗。也正是基于这样明显的隐忧和欠缺，我深切地觉得，习近平主席倡导的"文明交流互鉴"和"人类命运共同体"是这样的必要和紧迫，充满了勇气、担当和信心。

世界之所以有丰富多彩的文明和文化，并非封闭自足的结果，恰恰是在交流、交往、交融中，不断变化、衍生、扩展而来。中国古人说"一生二、二生

三、三生万物"。这个"一",不是固定不变的"一",而是包含无限可能、发展变化的"一"。我们赞美和欣赏文明文化的丰富性和多样性,但前提是真诚平等地共享、包容、交流、互鉴。如果停止了交流、交往、交融,停止了包容、互鉴、学习和创造,文明和文化就会走到反面,甚至是负能量的墙、鸿沟、隔离、隔绝、偏见和歧视,文明文化的长桥和纽带,也就随之坍塌、断裂,就变成了多样性之墙、多样性之隔离、多样性之鸿沟,文明和文化的多彩多样就变成了文明文化的冲突和对立。文明文化的本质是交流、交往、交融,如同古老的《易经》对世界的理解,多样、不同、差异,是用来相互印证和交换演化的,杜甫诗中所谓"造化钟神秀","神秀"必出自开放交流、大千造化。

当然,文明文化的交流互鉴,比生产、商品、技术的全球化过程更为复杂、更为艰难。一些人担心这会带来多样性的消失,更多的人可能会经受心理、心灵和价值的冲击。但我觉得,永远不要小瞧人类丰富顽强的个性和独特的创造力,文明文化不仅不会在交流互鉴中丧失多样性,而是会在开放、交流中滋生更多的奇花异果。

当今世界正处于"百年变局"中,经济、政治、社会、科技和文化等方方面面,正经历前所未有的结构性变化。在这样一个充满命运感、歧途如麻的颠簸时刻,世界各国应该抛弃各式各样的居高临下、颐指气使的霸权思维,以平等、包容、合作、共赢的心态对待彼此。

孙中山说:"世界潮流浩浩荡荡,顺之则昌、逆之则亡。"我们在泰山上观天下,展开对话交流,需要高瞻远瞩,要"会当凌绝顶",站得高些、再高些;要"决眦入归鸟",把眼睛睁大,看得远些、再远些,看清变化,顺应潮流。

谢谢大家。

泰山国际文化论坛开幕式上主办方代表致辞

卜宪群

中国社会科学院

尊敬的泰安市各位领导，尊敬的各位专家和学者，国泰才可以民安，值此中华人民共和国成立七十周年之际，也是中华五千多年历史上最为国泰民安的时期，由中国艺术研究院、中国社会科学院古代史研究所、山东泰安市人民政府共同举办的泰山国际文化论坛在金秋十月美丽的泰安开幕了。我谨代表主办方之一——中国社会科学院古代史研究所向论坛的召开表示衷心的祝贺！向为本次论坛召开付出辛勤劳动的泰安市人民政府表示衷心的感谢，向远道而来的各位专家学者表示衷心的感谢。

这次论坛聚集了文学、史学和艺术学等各方面的专家，是多学科专家共聚泰山，以泰山所蕴含的历史文化为主旨，共同挖掘、传承和弘扬泰山文化的一次盛会。

众所周知，泰山是中华民族最重要的象征之一，蕴含着中华民族美好的精神追求与寄托。从历史角度看，泰山对中华民族的凝聚产生过难以估量的作用。比如，早在先秦时期，泰山就受到尊崇，秦汉以降，无论中原王朝，还是周边民族政权也大都对泰山表示出真诚的尊崇和敬仰。而且，这种尊崇和敬仰当中，蕴含着中华民族共同体固有的大一统、天人合一、民本、德治的精神追求。他们在泰山这个圣地与天地对话，与往昔圣贤对话，其中固然有巩固其政治权力的目的，但也有治国安邦的意义。泰山文化内涵极为丰富，这一文化的内涵不仅在历史上对中华民族的凝聚、繁荣与发展有着巨大作用，在今天仍然有着它不朽的价值。

这次会议有来自世界各地的学者共襄盛举，他们既对泰山文化内涵进行深入探讨，又对泰山文化的现代意义进行深入阐释，探讨其在构建人类命运共同体、促进世界文明交流互鉴中的作用。我相信，这是对泰山文化的又一次发掘，是党的十八大以来，对习近平主席关于构建人类命运共同体倡议的又一次阐释与弘扬。所以，我也期望大家今后多关注泰山，多关注对泰山文化的研究。最后，祝本次论坛取得圆满成功，祝各位身体健康，工作顺利，谢谢大家！

泰山国际文化论坛开幕式上中国学者代表致辞

陈支平

厦门大学

　　尊敬的各位领导、各位专家学者大家早上好！这次我非常荣幸有机会来到五岳之首的泰山，参加泰山国际文化论坛，我们大家知道泰山是中国文化的一个重要标志，中国是一个有着五千年历史的文明古国，中华文化博大精深、笼统包容，中华文化的形成与发展历经不同时代的磨炼、成长壮大，不断拓展，始终是与它的国际性本质联系在一起的。世界上任何一种文明都是在与其他文明的交融对话中不断发展的，作为最古老的几个文明中心之一，中华文明在漫长的历史长河中既扮演着文明传播者的角色，也不断地从其他文明中汲取各种养分，在这种文明交往的世界体系中，中国文化既壮大发展了本身，也为世界文明做出了重大贡献。

　　中华民族与世界其他民族的交流早在公元前 14 世纪就已经产生了，因为地处亚洲大陆，东临大海，中华民族在早期的对外交流中率先开辟了西通西域、东出大海的两条主要通道，从而形成了中华文明与世界文明交往的基本格局。到了汉唐时期，由于中国与中亚、西亚地区以及东亚各地在经济文化上的交流密切，世界文明交往的陆上丝绸之路和海上丝绸之路逐渐形成，宋元时期的中外文化交流以更广阔的范围展开，繁荣的海外交通使得东南沿海的泉州、广州等成为东方的著名港口，产生了世界性的影响；元代的开疆拓土使中国和欧洲等西方国家有了更直接的交流与接触，明清时期中国的社会经济继续向前发展，中外文化交流出现了新的特点，"郑和下西洋"体现了中国古代航海技术的最高水平，以及中国文化对建立共存和平世界政治秩序的诉求，虽然说到了近代由于西方列强的侵扰，中国文明一度备受歧视，但是一代又一代的中华儿女在逆境中不断寻求变革之路，探索着文化的新生与重构，从林则徐、孙中山到共产党人，一个多世纪以来中国的仁人志士前仆后继地寻找、开辟着中华民族的复兴之路。纵观中华文化与世界文化的交流历史，既有欢畅的通途，也有布满艰辛的曲折，特别是近代以来，中华文明的海外传播尽管备受压抑，历经艰难，但是其顽强的生命传承始终展现出其特有的文化魅力和世界影响力。

当改革开放的春风吹遍神州大地的时候，中华文化更是在频繁的交流中不断丰富发展，越来越体现出它的包容性和进取精神。这一历史发展过程也充分证明了中华文明作为世界文明的重要组成部分，必将在今后的历史进程中更加绚丽多彩。在全球化日益增进的今天，我们有责任，也有义务，让中华文明在继承中不断发扬光大，为整个世界文明的发展与和谐共存贡献力量。我衷心祝愿本次泰山国际文化论坛在以习近平同志为核心的党中央的指引下继往开来，为继承、弘扬中华文化做出积极的贡献。

谢谢大家！

泰山国际文化论坛开幕式上外国学者代表致辞

［韩国］金度亨（Kim Dohyung）

韩国东北亚历史财团

尊敬的来宾大家好！

今天能够借泰山国际文化论坛与中国以及其他国家的人士和学者共聚一堂，我感到非常高兴。我们东北亚历史财团的宗旨是通过研究东北亚历史，解除历史纠纷，建构和平体制。在此，我谨代表东北亚历史财团向论坛的召开致以诚挚的祝贺。

位于山东省的泰山是中国的五岳之一，在前近代时期的东亚，它代表了中国的文明，包括中国的黄河也是孕育中华民族的一个非常伟大的历史地点。泰山在韩国也是非常有名的，正如朝鲜时代著名的文人杨士彦在其《泰山歌》中所称："泰山虽高是亦山，登登不已有何难。世人不肯劳身力，只道山高不可攀。"在东亚历史上，泰山所具有的象征意义或者价值，在很久以前便具备了。中国的名山泰山位于泰安市，今天能够参加在泰安举行的泰山国际文化论坛，我感到很荣幸。

最近，中国国家领导人习近平主席多次提出"构建人类命运共同体"，但是当今世界的各国，都以本国的国家利益为中心制定政策和执行政策，各国之间因宗教信仰及意识形态的差异而引发纠纷，产生对立情绪。在这样的情况下，中国提出"构建人类命运共同体"的设想，提出以超越民族国家和意识形态的"世界观"来谋求人类和平发展，我认为这是解决现在和未来诸多问题的有益倡议。

两千多年来，中国和韩国共享丰富的历史经验。韩国与日本、越南等东亚国家一起受到中国文化的影响，形成了独特的固有文化。韩中两国自1992年建交后，二十多年来一直维持着谋求友好发展的战略合作伙伴关系。当然，因为长久以来生活在同一个地区，难免有矛盾，既有好事，也有坏事。但是纵观历史，韩中两国即便面临各种困境，还是能够一起克服困难。比如19世纪后期到20世纪初期的帝国主义时期和抗日战争时期，韩中两国患难与共、同舟共济，从20世纪后期开始随着经济发展和国际地位的提高，韩中两国至今保持着良好的关系。

我认为韩中两国保持的悠久的友好关系，将成为中国领导人所提出的"人类命运共同体"的一个良好典范。过去的几个世纪，以西方为中心的世界秩序占据主导地位，但今天东方各国无论是在政治方面还是在经济方面，都获得了惊人的发展，走在了"人类命运共同体"的前沿。未来世界需要的不是建构东西方共同体，而是需要建构囊括拥有多样历史文化的各个地区的、普遍的和平共同体。

如果包括韩中两国在内的各个国家相互理解、对话、合作，就可以构建以和平、普遍及为所有人类谋求发展为基础的命运共同体，而不是构建几个世纪以来维持的以西方为中心的，以力量逻辑为基础的命运共同体。

在东亚历史上，泰山具有非常重要的象征意义，今天能够参加在泰安举行的泰山国际文化论坛，我感到非常高兴。在这次论坛中，将探讨构建人类命运共同体的普遍价值和可能性，展望未来的潜在性。在此，我谨向提供宝贵的交流平台的山东省泰安市、中国社会科学院、中国艺术研究院等机构的相关人士致以诚挚的谢意。我恳切希望今天与会的各位贵宾，为今后人类的美好未来与共同发展做出积极贡献，我们要国泰民安。

谢谢大家！

对话

文明互鉴：文学的可能

对话人：莫　言

　　　　［法国］勒克莱齐奥（Jean-Marie Gustave Le Cl é zio）

主持人：韩子勇

时　　间：2019 年 10 月 23 日（下午）

地　　点：岱庙东御座

韩子勇：各位来宾，下午好。由中国艺术研究院、中国社会科学院古代史研究所和泰安市人民政府共同举办的泰山国际文化论坛请来两位诺贝尔文学奖获得者——莫言先生和法国作家勒克莱齐奥先生，相聚岱庙东御座，展开论坛设立的重要环节——文明互鉴：文学的可能。

　　莫言先生大家都很熟悉，在座的很多人都读过他的作品，在 20 世纪 80 年代以后的中国文学中，莫言用他的如椽大笔写出了一系列奇崛瑰丽、波澜壮阔的小说。那些气息强烈、汹涌粗重、色彩斑斓或斑驳陆离的文本，是中国当代文学的重要收获之一。

　　勒克莱齐奥先生是法国作家，我临时抱佛脚，做了一些功课，读了一些他的作品和相关评论。勒克莱齐奥先生在很多国家游历、生活过，他写作的范围非常辽阔，穿越不同的国度、文明和人群。

　　登泰山以观天下。今天我们在岱庙这个令人神往的地方，聆听两位诺奖得主的精彩对谈，是山水、人文与文学相映成趣、相得益彰。

先请莫言先生，就"文明互鉴：文学的可能"这个话题发表高见。

莫言：谢谢我们的院长！很荣幸能够在泰山脚下、在历史悠久的岱庙，参加这样一个活动，这么幽雅的环境，而且是露天的，空气新鲜。昨天，终于圆了我作为一个山东人的梦想，登上了泰山。因为感觉泰山就在家门口，随时都可以上，所以一拖再拖，一直拖了几十年。孔夫子登泰山而小天下，我们是登上泰山以后感觉天下更大，感觉到中国独特的山川文化是中华文明重要的构成部分，也是世界文化当中一个独特的、非常有艺术价值的部分。这样一种文化，正是因为它的独特性，才能够流传开来，才能够吸引成千上万的各个国家的人们前来登攀观瞻，而且在这个过程中，受到灵魂的启发，得到艺术的灵感。

文学毫无疑问是人类文明进程当中最美丽的花朵之一，最丰硕的成果之一。在人类整个情感成长和发展的历史当中，它本身是成果也发挥着积极的推动作用。我经常想，如果这个世界没有文学会是个什么样子呢？当然虽然它不会像空气、阳光和食物那样直接维系着人的生命，但是它会使人的感情生活变得枯燥无味，变得苍白，正是有了文学和世世代代的作家们、诗人们的共同努力，才使我们的精神越来越丰富，越来越多彩，人跟人之间的理解也越来越深刻，因此，毫无疑问文学是人类加强理解与包容的重要的方式。当然，从作家的角度来讲，文学也是一个作家书写自己内心深处那部分最让自己感动，也希望能够感动别人的思想的一种最重要的方式。文明应该是从产生之始就处在交流的状态，随着科学的发展，这种交流的方式越来越多样化，交流的过程越来越便利化，交流的范围越来越广大化。在人类的原初阶段，这个山上的歌声会通过空气的传播，传到另外一个山头；这个原始森林的部落里的刻在树木上或者石头上的痕迹也会被外来部落的人看到，这样一种听到，这样一种看到，本身就开始了交流。因此，我觉得交流在人类社会当中，发挥着越来越重要的作用，而且在这个交流过程当中，我们会扬长避短，会下意识地吸收别人的长处，也会对自己明显落伍或者狭隘的观念进行校正。

我现在还经常回忆起，最初读法国文学时的激动。我作为一位作家，之所以可以写出来一系列的作品，取得一点不大不小的成绩，是跟我广泛地阅读外国文学分不开的。当然我是一个中国作家，我是更多地读着中国的古典文学、当代文学成长起来的，是更多地感受着、传承着中国民间的文化、民间的文学丰富起来的。但是他山之石可以攻玉，任何一个作家，都不能回避外来的文学对自己的积极的推动作用。我最早读到的当然是法国19世纪批判现实主义作品，像巴尔扎克的《高老头》，雨果的《巴黎圣母院》《九三年》《悲惨世界》，这些作品也有电影版本，这些电影，也让我们当年这一批没出过国门一直在比较小的范围内生活的人，大大地开阔了眼界，那样一种激动，那样一种振奋，那样一种灵感被激发的强烈的创作冲动，现在还是记忆犹新的。

因此，好的文学也是没有国界的，每个作家都是有国籍的，但是文学是没有国界的；每个艺术家都是有国籍的，但是艺术也是没有国界的。每个创作者都要立足在本国家和本民族的立场上和他所熟悉的生活基础上进行创作，那么这样的创作必定充满了强烈的个性，是带着鲜明的、民族的、地区的文化特征的，这样一种包容在艺术里面的而且成为艺术的鲜明标识的特殊性、地区性，也是艺术能够走向世界的通行证。这也是现在所有的文化都特别要强调的个性的保存问题。只有保存个性，才能够通向世界。

当然艺术之所以能够传播，文学之所以能够除了感动本国的读者之外，还能够感动外国的读者，是因为文学还包含着一种普遍性，当然说是"普世价值"也未尝不可，这个普遍性，或普世价值，其实就是人类感情的可以互相理解的方面，比如我们的爱，我们的恨，我们所有人的情感的方式其实没有太大的区别，表达的方式可能不一样，可能有细微的差别，但感情的本质是一样的。我们看到一个孩子对父母亲那样一种依恋，我们看到一个母亲对孩子那样一种慈爱，我们看到一个老爷爷跟小孙子那样一种令人感到温馨的、温暖的相处方式，以及年轻恋人之间那样亲密无间的一种状态，这些都是能够被全人类感知到而且认同的，所以我们的文学艺术作品，必定是以这样一种人类共同的感情作为内核，再加上我们的地区、我们的文化、我们的历史所决定的我们的特殊性，然后变成一个圆融的整体，这样的文学不仅是本国的文学，本人的文学，也是世界的文学。

我也是勒克莱齐奥教授的一个忠实读者，2008 年他获得诺贝尔文学奖之后，他的作品在中国大量出版，现在已经出版了 23 部，一个外国作家能在中国出 23 部书，这样的例子不是太多。我们大学中文系很多的学生是勒老的读者，我们中国很多的作家也是勒老的读者。他的文学给我们很深的启发，他的文学里面所包含的对各个地区的文化的包容性，让我们深为感动，尤其勒老得奖之后，对中国的大学所做出的杰出贡献是值得我们好好学习的。

我们是老朋友了，加上今天，我们已经对谈了 6 次。我们在西安、浙江、济南、北京，我们关于文学、关于历史、关于文化有过多方面多次的交流。尽管语言不通，但是心心相印。

韩子勇： 谢谢莫言先生。文明或者文学都只能在开放中生长、壮大，文明互鉴、相互学习和欣赏，是获取心灵能量、拓展精神空间重要的方式。文学家，他的种子埋在幽暗的土里，阳光、雨露、风霜雷电来自宇宙。莫言是个有深根也有星辰的人。

勒克莱齐奥先生，他在非洲、在碧波荡漾的毛里求斯，在泰国、美国等很多国家生活过，在不同文明、不同族群中穿行、浸入、体悟，转化为作品和表达。这样世界性的经历和作品，本身就镶嵌在"文明互鉴：文学的可能"这个话题中。请勒克莱齐奥先生，讲讲他在不同国度的生活和文学写作的关系。

勒克莱齐奥： 首先非常感谢泰安市政府邀请我来参加这一次对话，感谢和蔼可亲的莫言老师和韩院长。

我要感谢莫言先生，因为像刚才莫言先生提到的，这已经是我们第六次见面了，我非常喜欢与他的对话和交流，每一次都能学到很多东西。

我其实特别羡慕莫言，因为他很清楚自己出生在山东，出生在高密，他了解自己的家乡，所以他的文学具有明显的当地特征。而我没有一个很明确的文化身份，我有双重国籍，一个法国国籍，一个毛里求斯国籍，我的父亲是英国人，我的母亲是法国人，我没有非常明确的身份。所以，其实我并不知道我是谁，我的身份到底是什么，我非常感谢文学，在文学中我找到了自己的身份，这也跟我的写作语言相关，我用法语写作，因此我的书写空间非常大。我读了莫言先生的生平，是他自己写的，从这个生平中我看到了很多我们的相似点。

第一个共同点是我们都经历过饥饿。中华人民共和国刚成立的时候，经济很落后，因此莫言经历过一个饥饿的年代。而法国也经历了战争，就是"二战"时期，当时我所居住的地区被德国占领，那时的孩子们都经历过饥饿。

莫言先生的生活环境是乡村，那里种了很多的高粱。当我还是孩子的时候，因为比较特殊的身份，我家既有毛里求斯人，又有英国人，所以德国人占领尼斯的时候，我们必须逃离尼斯，住在离尼斯不远的一个小村子里。当我到这个小村子的时候，刚刚四岁，村里正在收获小麦，我就跟外婆一起去田里捡麦穗。莫言先生也提到过跟母亲捡拾麦穗的经历。唯一的区别是，我的外婆有一个磨咖啡的小机子，我们会把捡到的麦穗放在机子里磨成面粉。所以我跟莫言先生的相似点：一个是都经历过饥饿；一个是都在田里捡拾过麦穗；另外就是都喜欢讲故事。我非常感谢我的外婆，她虽然经历过非常艰难的生活，但是她在生活里学会了讲故事的方法，并把故事讲给我听。所以，在我们的故事里面，会讲到不同阶层的人，生活在不同领域的人。我跟莫言先生都经历过艰苦的日子，我们又都相信可以通过讲述故事，来创造属于我们自己的文学。

其实战后的法国，所有人的生活都非常困苦，不管是吃还是穿都非常困难，在战后几年里，法国、意大利都是接受美国救助的。中华人民共和国成立以后没过多久也经历过相同的经济和生活的困难，在生存这个问题上，我们有着相同的经历。

中国和法国都发生了各种各样的运动，为建设一个更好的未来而努力。在中国和法国，我们都有一种书写现实的现实主义倾向，主要是为了表述我们在困难时期之后的解放。在法国的这个阶段，主要有几位代表作家，分别是萨特、加缪、马尔罗，他们都以作品探讨如何让人类进步，如何达到一个更加平衡的社会，更好的社会。在中国则出现了一批像鲁迅、老舍这样的作家，他们都为中华人民共和国的成立做出了很大贡献。

我认为现实主义这个说法，其实并不指一个文学流派，我把它看成一个政治的说法，因为全人类都需要这样一种现实主义，需要书写现实。莫言老师的作品有现实主义的部分，这并不是之前说的现实主义流派的现实主义，而是更有诗意的现实主义价值。我跟莫言还有一个相同点，我们都是拉美文学的粉丝，我特别喜欢马尔克斯，尤其是鲁尔福，他们可以算作介入作家，因为他们的作品书写社会。当我读到莫言作品的时候突然意识到，这些拉美文学作家已经影响到了中国，比如，我在莫言的《红高粱》和《生死疲劳》中读到了拉美作家所创造的新的现实主义，被莫言先生转变为一种中国的现实主义。我个人不太喜欢魔幻现实主义的说法，更喜欢将其叫作充满激情的现实主义，它是将老的现实主义和现在非常强烈地表达人的生存状态的愿望结合起来。莫言先生写的这种农村生活，虽然我没有经历过，但是我能明白他所写的，因为农村生活是一个国家历史、民族历史的重要部分。

谈到莫言的家乡高密，我就想到一件趣事，我以前从北京到高密参观过他家的房子，后来他的父亲还问："之前那个低下头才能进我们家房门的高个子外国人现在怎么样了？"高密这个地方，让我有所感触的并不是它的贫穷之处，而是它所展现的真实，我们可以看到人与土地联合在一起，能看到农田的收获，那里的男男女女都表达出他们的激情和热情，这些激情，也通过莫言先生的笔墨表达出来了。

所以，我非常感谢莫言先生写了这么好的文学作品，我是您忠实的读者，您呈现出了整个人类的现状。

莫言：谢谢勒老，他非常谦虚。他对我们中国人民的感情越来越深，他在南京大学每年都讲很多课，还带出了好几个博士。博士去法国就住在他家里，这么谦恭的一位老人值得我们尊敬。光线越来越柔和，我刚才还闻到烤玉米的香气。上午我看到了多丽丝·奈斯比特夫人画的曲线，关于世界上几个国家数百年来的经济和富强状况的曲线，关于中国那条绿色的曲线在1960—1970年这个阶段是一个最低点。刚才勒克莱齐奥先生讲述的我经历过的饥饿年代，就是在这个低点。当然，现在回头来看，我们所经历过的那种贫困的生活——饥饿和孤独，已经变成了我们创作的重要资源，以及我们文学的情感出发点之一。但在当时我们没有想到，这是为文学做准备。我们当时和全国人民一样都是要千方百计摆脱掉那种困难的、饥饿的状态。我看到那一条曲线从20世纪70年代初期，就慢慢地往上扬，一直保持着现在这种上扬的势头，非常直观地让我们看到了中国数百年来经济发展的状况。

人只有亲身经历过才最有发言权，人只有写亲身经历过的东西，才能写得真切感人。但是一个作家，尤其是一个职业作家，他把写作当作他毕生的工作，要不断地写，所以这一点点的童年时期、青年时期、故乡的记忆是远远不够的，很快就会写完，这就要求一个作家能够不断地从外界吸收灵感，寻找素材。我反复地讲过，我小说里面所描述的故乡实际上是一个广义的故乡，是一个开放的故乡，是一个文学意义上的故乡，它跟真实的故乡不是一个概念。但凡发生在这个星球上的故事，实际上都可以改头换面地变成我故乡的故事。所以，虽然我看起来是在讲我家乡的故事，但实际上是在讲人类的故事，这是文学的普遍性在故事层面上的一种保障。

刚才勒克莱齐奥先生提到了很多法国的伟大作家，像萨特，也是我喜欢的。我尤其喜欢他的戏剧，因为我也是一个戏剧的创作者。我的剧本在人民艺术剧院和国家大剧院上演过，而且法国的作家好像对戏剧创作情有独钟，包括刚才提到的雨果。我的第二篇小说叫《丑兵》，灵感来源于雨果的小说《巴黎圣母院》。巴黎圣母院里有一个丑陋的敲钟人卡西莫多，这个情节就被我用到了第二篇小说《丑兵》中。我写的是在解放军炊事班里养猪的一个战士，因为相貌比较一般，经常受到战友们的嘲弄，后来他参加了战争，在战争中表现得非常勇敢，最后壮烈牺牲了。这篇小说的灵感来自外国的小说和电影，同时来自我个人在农村的长期经验。这一篇小说唤醒了我对人的尊严的一种认识。我们在农村的时候是意识不到的，小孩子都有爱美厌丑的天性，街上一旦来一个要饭的或者身体有残疾的人，大家就会追着他嘲笑他甚至欺负他，但当我读了《巴黎圣母院》之后，我就对童年时期的这种行为进行了深刻的反思：法国作家作品中所体现的人人平等的人道主义精神，永远是文学所要表现的重要内容。

至于后来，法国的现实主义高峰之后的新小说派，像罗布-格里耶、克洛德·西蒙这些作家的小说对中国作家也产生了深刻的影响。大概在 20 世纪 80 年代之后，拉美的爆炸文学，美国的福克纳、海明威这一批作家热过之后，紧接着就是法国新小说派，尤其在 1985 年克洛德·西蒙获得了诺贝尔文学奖之后，法国新小说派的很多作品被翻译过来。正是因为巴尔扎克、雨果、都德、莫泊桑这一批作家把现实主义推到了一个无法超越的高度，逼着后来的作家，只能在小说的表现形式上挖空心思寻找自己的存在感。他们的小说都运用了让我们叹为观止的、眼花缭乱的技巧，这对我的小说写作产生了很深刻的影响。可以不客气地说，也对我们这一代作家产生了深刻的影响，谁也不敢说自己没有受到法国新小说派的影响。著名的作家史铁生先生讲过，过去我们要解决小说"写什么"的问题，现在我们要解决的是小说"怎么写"的问题。

"写什么"当然非常重要，"写什么"决定了我们讲什么故事，表现什么精神，表现什么思想，虽然"怎样写"看起来是一个形式问题，一个技术问题，但实际上形式和内容是可以互相转换的。有的时候形式变成了内容，技术也包含了艺术含量，包含了思想。法国艺术家在各个方面都对我们有很大的启示，他们这种勇于探索的精神，在整个世界艺术家的行列里面，都应该站在前沿阵地上。

我前天晚上在河北廊坊，在中国中央电视台的拍摄基地刚做了一个节目，叫作《故事里的中国》，主要是重新演绎近几十年来已经成为经典的电影、戏剧，我的《红高粱》被拍成一部电影，后来被排成舞剧和很多种戏曲，所以幸运地被列入《故事里的中国》。在主持人跟我对谈的过程中，我漏掉了一个非常重要的细节，也是没有时间补充了。当时这部小说的编辑谈到了小说《红高粱》里面的浓烈的色彩问题，那种强烈的红色在这部小说里比比皆是，以至于使红高粱这样一种植物，仿佛变成了小说中最重要的形象。我想有时间我会讲一下为什么在《红高粱》这部小说里面有这样浓烈的红色，以至于后来的小说中也出现了非常强烈的黄色、绿色、黑色。这实际上得益于我在解放军艺术学院文学系读书期间，反复地研读了印象派画家的作品，尤其是凡·高、莫奈这些画家的作品。凡·高在阿尔市居住过，我在 2014 年的时候专门去看过，当时是一个疯人院，我看到了出现在凡·高画笔下的环境和一些形象。20 世纪 80 年代，当我首次接触凡·高画册的时候，立刻感觉到心中隐藏很久的一种感受被激活了，他笔下的星空是旋转的，树冠是扭曲的，像火焰一样，所有的色块都强烈得浓得化不开，由此可以想象得到，画家创作这些作品时的精神状态，毫无疑问是没有理智的，是处在一种疯狂的边缘的状态的，当然彻底地疯了也画不了。

我特别喜爱这些包括塞尚在内的画家对色彩的运用，以至于在写小说《红高粱》时，不自觉地把现代派画家的这种对色彩的感受，转换成一种语言的表现。各个艺术门类之间是共通的，我们作为搞文学的，不仅仅要看同行们的作品，要看古今中外的文学作品，小说、诗歌、话剧，还要听音乐、看画，甚至看舞蹈等，各种艺术形式都可能触发你的灵感，以至于使你的语言，使你的小说结构，使你小说的故事发生变化。

2019 年我已经去了三次日本，10 月 26 日还要再去一次。为什么这么频繁地去日本，这涉及文化方面的一个问题。2019 年 1 月，唐朝伟大的书法家颜真卿的《祭侄文稿》在日本展览。这是一件国宝，现在藏在台北故宫博物院。这件国宝公开展览的机会越来越少，在日本展览引起了强烈的反响。成千上万的中国人专门坐着飞机过去观赏这个作品，我和几位朋友一起去看《祭侄文稿》，看了之后，感受很强烈。在印刷的书籍上、在影视的画面上观看这件稀世珍宝，跟现场观看实物的感受是不一样的，尽管隔着玻璃，但还是有一种强烈的历史的文化的信息扑面而来。我受到了最高的待遇，提前半小时进场，后来的观众每人仅限 2 分钟，不能停留更多的时间。我在这一件稀世珍宝前面认真地观摩了半小时。更重要的是，在活动期间，我们访问、访看了很多日本庙宇里的古碑，古碑上有很多碑刻，越历史悠久的越跟我们中国的碑刻相似，可以看出与颜体、柳体、王羲之的书法的相似，而且字形、写法都跟中国的一样，近代，日本的汉字书写发生了变化，不仅仅字体字形在发生变化，字的结构也在变，而且生造了一些我们能认识的新字，也就是汉字在日语当中的写法，由此可见日本民族的吸附和学习能力是非常强大的，在这种学习的过程中，它不满足于简单的模仿，而是把它自己独特的东西融合进去，是一种发展，是一种创造。日本有很多庙宇，很多建筑，我们以为这就是日本的风格。后来我在浙江看到过一个很漂亮的、新建的庙宇，我对大和尚说这个很像日本的，他说"您说错了"。日本奈良时期的东西实际上是从唐朝学过去的，现在在中国的大地上很难找到一个唐代的庙宇，一种唐朝的建筑风格，但是在日本还可以看到。我想并不是完全照搬了中国唐代的建筑风格，里面必定也融入了日本建筑家、艺术家的创造，但基本还能一眼辨认出鲜明的盛唐风格。这样一种东西，我们再学过来，也不是完全的照搬，把现代的建筑艺术融合进去，那么创造的、创新的元素便体现出来了。由此可见，文学、建筑等各方面艺术来来往往的过程，就是一个不断创造、创新、提高的过程。

在日本看到的书法让我感悟很深，也使我认识到中国现在很多书法家的探索是有价值的，尽管在当下可能被人骂，可能不被大多数人接受，因为关于汉字之美，每个人都有一个固定的审美规范，如果破坏了这个规范，就认为不好看，但是再往下几十年几百年，会不会被大家接受，并且变成一种新的文化财富呢？这个不要着急下判断。

我们也很认真地考察了日本的戏剧。一个朋友偶然和我谈起，日本的宝冢歌舞是日本最大的一个文化品牌，它的粉丝、它的迷恋者成千上万，不仅日本有，而且在国际上也有，中国的很多年轻人也非常喜欢。它有好几个剧院，神户一个，东京一个，而且一票难求。所有的团员都是女性，而且是年轻女性，不准结婚，一结婚就退团。选拔的条件极其严格，据说宝冢剧院董事长的孙女，连考三年才考进去。宝冢歌舞有着非常丰富的世界文化元素，有日本的、德国的、法国的，也有美洲、拉美的，很多的风格融合在一起，而且在舞蹈、化妆、音乐各个方面，都令人耳目一新，形成了强烈的审美感受。她们的观众，95%是年轻女性，偶尔有一两个男人，一般是男朋友或者丈夫，很少有男人单独去看，所以我们这几个人就显得特别引人注目。给我感受更强烈的是日本的歌舞伎，这是日本的传统艺术。日本的歌舞伎跟中国的京剧有很多可类比的地方，歌舞伎的演员在台上只表演，有台词但是不唱，它的歌唱者就是旁边的伴奏者，但是它的化妆、舞台上的一招一式、身段都让我想到了中国的京剧或者其他地方剧种。所以，这三次去日本，我们基本上是在看日本各种各样的戏剧、各种各样的书法，甚至每个商店的招牌。这一次去日本计划还要看6场戏。

为什么频繁地看这些？因为我特别感兴趣，这里面包含了一种创新的激情，让我萌生很多意想不到的念头，以至在我的小说里会出现一些新的变化。总而言之，我想人类所创造的一切，从理论上来讲是有归属的，是属于某个国家某个民族的，但是从艺术角度来讲是属于全人类所共有的，大家都可以从里面吸收到自己需要的东西。虽然艺术家是有国籍的，但是在写作、创作的时候，要想到全人类这样一个更加广泛的受众群体。

韩子勇：我们的对话越来越深入了。可以看到，近代中国以来的环境和命运，这个"三千年未有之大变局"，促使我们的志士仁人、民族精英、文化先驱们不断地漂洋过海探索民族救亡之路，大量引入、消化，期待再造一个新的精神世界。这期间，文学艺术起到了从未有过的巨大作用。在文明互鉴中，文学艺术为历史发展和社会进步提供了前所未有的可能。许多的革命家同时也是思想家、文学家，同样，近代以来最杰出的文学家、艺术家也往往是那些绽放出夺目思想光芒的人。我觉得，文明互鉴之所以成为可能，成为颠扑不破的常识，是因为它是人类的本质，人类相依为命、休戚与共，渴望交流、学习、沟通。"道法自然"，人可以拜自然为师，甚至从动物身上看到可贵的品质，那么，文明互鉴，汲取一切于己有益的优秀文明成果，当然也顺理成章。文明因不同而需要互鉴，从人的认识的特点说，总是先看到差异的东西，不一样的东西先被识别出来，引起注意，所谓"万绿丛中一点红"，但其实相同的东西更多。从人类早期文明的考古发现看，你会发现早期的故事起点都差不多。如同婴儿都长得差不多。后来风云际会，日益复杂化，便展开更多的特色、特点、特征。但这时候又容易被眼花缭乱的特色、特点和特征迷惑，忘掉相同的东西。在全球化的今天，文明的互鉴，文学的相互学习，特别在文学艺术领域，离开世界，自我封闭，既无法创造，也无法思考。在所有的文明文化、文学艺术里，它们中最优秀的部分构成人类共有的精神财富，超越时空、族群和国度，有着共同的、普遍的、无法言说的亲切和喜悦，如同血亲，视若己出。

勒克莱齐奥先生说他没有严格意义上的故乡，我想他是以世界为故乡。他适应这种生活。我出门二十几天就想家，像植物被一个老地方吸住。一代人有一代人的心理精神，现在的年轻人像鸟，四处飞，四处都适应。从"植物"到"飞鸟"，这就是代际变化。人类的故事，是交流的故事，是相互传递的故事，是共同完成的故事。这种交流越来越快、越来越多、越来越大。

再请勒克莱齐奥先生讲讲他的生活和写作，讲讲他的流动、交流和表达。

勒克莱齐奥：在回答韩先生的问题的同时，我要提非常重要的两点。

第一点就是莫言先生也提到了的中西方文化的差异。在中国，其实很早就将艺术混合在一起了，诗歌、音乐、绘画都是混合的艺术，但是在西方，尤其是在法国，法国人喜欢分类，所以这几个艺术门类是分开的。如果问一个法国人甚至德国人或者英国人，其实他们都不太理解，怎么样能够把文学与音乐甚至绘画混合在一起，而且他们不会喜欢这样的艺术形式，他们更喜欢客观的东西。通过莫言先生的话，证明他现在对日本的书法、中国的书法非常感兴趣，也就是说文学是可以跟其他艺术混合在一起的。这就证明了，我们一直受到古代的影响，所有的艺术形式都可以混合在一起。比如，古代的诗人王维，他也是一位非常好的画家；曹雪芹的《红楼梦》里面有很多诗句，呈现出很多的美学方式，可见中国的文学传统是多元化的。艺术的多元化构成了中国艺术的现代性。现在我们非常不喜欢过去那种唯一的表达方式，而中国的艺术，可以直接从小说转到戏剧，从戏剧到绘画，从绘画到书法，从书法又回到小说，这是长期传承的结果，所以，我认为这是中国的艺术形式。

第二点我想讲的，就是韩先生的问题，关于"文化混血"，也是刚才莫言先生讲的——文学艺术是没有国界的。我们真正去看"文学混血"，会发现这并不是真的，由于国际化，所谓的"文学混血"是建立在西方的文化艺术之上的。

所以，我想表达的是很多中国人也向我表达过的一种不安，在南京大学，很多人问我，在这样一个国际化的大环境下，在全球化更加倾向于美国或者西方的价值的情况下，我们如何保留中国传统的价值？其实在法国我们也面临着相同的问题，法国的年轻人也有着相同的焦虑，都在考虑怎么样传承自己的价值，因为现在的价值观趋同非常严重，可以说是霸权主义的结果。

一些少数族裔的文明，如非洲、拉美，在西方文化统治的今天，很难表达自己的观点。有一个比较明显的例子，受影响严重的一种艺术形式，就是电影。起初的电影，不同国家有不同的形式，非常有特点。但是现在的电影有一种趋同的现象，如同复制一样，都是为了向好莱坞这样的电影公司接近，所以造成这样的结果。

而文学可以给予我们不同的方法，来解决这个问题，比如，莫言先生的作品，还有我所认识的毕飞宇的作品，都是将不同的形式，多形式的艺术，放到自己的小说里，在小说里体现自己的价值，将不同的艺术混合。莫言先生刚才提到书法，毕飞宇先生则对戏剧非常感兴趣，刚才莫言先生说对克洛德·西蒙特别喜爱，其实法国的年轻作家，也在寻求文学形式的创新，在文学里面确实能找到自己的这样一个身份。

最后我再回答韩先生刚才提出的问题，文学确实可以实现我们刚才所称的非常重要的文学或者文化的混血，同时保留传统所遗留下来的宝藏，过去所遗留下来的价值通过重要的语言来体现，在这种语言中，我们能找到自己的身份。

这也可以回应年轻人想问的问题，也就是年轻人的身份问题，我们常说现在的年青一代对文学作品不感兴趣，不喜欢读书，其实我们可以培养他们读书、写作甚至自己创作的兴趣，同时可以缓解他们对自身身份问题的不安，了解和深入自己的文化，传承文化。

韩子勇：勒克莱齐奥先生讲得非常对。文明互鉴这个"互"特别重要。文明的互鉴需要平等、包容、相互欣赏和学习。

现在存在这种情况，非英语系的文学作品，被西方社会看到的机会要少很多。而发展中国家，包括中国，对西方的主流文学是很熟悉、了解的。勒克莱齐奥先生讲的电影更是如此，电影是文化工业，到处都是好莱坞化。我看过伊朗导演阿巴斯的一些电影，很内在、很深入，平静细腻而闳约深美，比投入很多的大制作、大场面、追求视觉表面大尺度更有经久不息的震撼力。

勒克莱齐奥先生讲，东方人的思维方式是综合的，一个小说家也迷恋绘画、戏剧等方方面面，这确实是中国文化的特点。同样的，法国的文学作品，给中国的作家也带来很大的影响。在文化和艺术的领域，个性带有它自身文化和文明的基因，是不容易被抹杀的，它可能转移，也可能改换头面，但深层、本质的东西还是会保存下来。这是个没有屋顶的世界，雨会淋到所有的人，光会照亮所有的人，但万物仍会按照自己的意志和特点而存在。

习近平主席倡导文明互鉴和人类命运共同体，中国艺术研究院、中国社会科学院古代史研究所、泰安市政府共同举办泰山国际文化论坛就是这个目的，通过交流，让观点相互碰撞、交流、交换，彼此包容和理解。

时间差不多了，请莫言先生做个小结。

莫言：刚才韩院长已经总结了，我跟勒老实际上站在各自的角度阐述了各自的问题，艺术的交流、艺术的表现、艺术形式的探索，以至每个人所受的文化、教育，所生活的历史时代对每个人创作的制约。所谓的互鉴，我觉得实际上就是比较。只有在比较的过程当中，才会发现自己的特点，才会发现自己的长处和短处，也才会发现对方的长处和短处。有了比较，有了鉴别，知己知彼，然后在这样的基础上再创新，必定会把对方好的东西吸收过来。

我想这样一种文化互鉴，实际上含义是非常广阔的，不仅仅指文学，也不仅仅指美术、音乐和所有的艺术门类，还指在政治领域、经济领域里的互鉴、比较，包括社会制度，包括经济模式。在这样一种比较互鉴之后，就会产生一种包容性，没有一个人可以狂妄地认为自己是至高无上的，是完美无缺的，当人认识到本身有很多不尽完美之处，就会对别人的东西产生一种尊敬，产生一种包容。在这样的过程当中，慢慢地，我们人类的文明就会变得更加的和谐，文明需要和谐，文明不要成为冲突。在漫长的人类历史当中，几种文明之间的冲突，是会导致刀光剑影、血流成河的。当今时代，人类的智慧已经发展到足够抵制那种历史悲剧的重演。这种互鉴、这种比较、这种包容也变得越来越重要，会越来越成为世界人民的共识和世界文明发展最普遍的模式。

韩子勇：再请勒克莱齐奥先生做个小结。

勒克莱齐奥： 我非常同意莫言先生刚才所说的，我们可以通过文化之间的交流，保障世界的和平，这也是文学的任务所在。要在不同的文明之间建立交流，莫言先生和韩先生刚才都提到了文学是无国界的，这也是我不断地强调的：寻找更多的可能性，建立没有国界的文学。

另外，非常感谢所有的翻译家，所有翻译文学作品的人，可以让中国的读者读到法国的作品，可以让法国的读者读到中国的作品，从而让世界上所有的文学都有机会相遇。

莫言： 我再补充两句，文学跟音乐、美术不一样，文学需要翻译，没有翻译，就没有世界文学，或者说没有翻译，文学的世界性就不可能得以实现。只有翻译出去而且是成功的翻译，才会让文学变成世界读者共同的财产，因此感谢在座的杰出翻译家许钧先生，他是中国翻译法国文学作品的领头人。

韩子勇： 今天的对话如同盛宴。在泰山脚下，在岱庙东御座，雕梁画栋、松柏浓荫。小鸟飞来飞去，啁啾不已，不断用喙拧断柏粒洒下来。希望这样的对话一直持续下去。谢谢莫言先生、勒克莱齐奥先生！

主旨演讲

人类命运共同体：
中国为世界创造又一个新的发展大趋势

［美国］约翰·奈斯比特（John Naisbitt）

［奥地利］多丽丝·奈斯比特（Doris Naisbitt）

　　本次论坛以推动构建人类命运共同体为主题，促进世界文明交流互鉴，探讨应对全球性问题的智慧和解决方案，这个主题可谓恰逢其时。

　　能够与在座的各位专家和学者一起受邀参加首届泰山国际文化论坛，我们倍感荣幸。我们往来中国已有 40 余载。40 年间，我们见证了中国从一个落后贫穷的国家崛起为世界第二大经济体。中国已成为尖端技术领先的国家，并成为国际社会舞台上的重要角色。换句话说，中国在这 40 年间谱写了一个成功的故事。泰安市亦如是，这里呈现出的发展与文化的融合给我们留下了深刻印象。

　　中国是一个永远不会停下脚步的国家，她在不断设立新的标杆。回望 1982 年，我们在《大趋势》一书中曾探讨美国正在经历的一些变革趋势，那些大趋势都是自下而上形成的。30 年后的今天，我们见证习近平主席提出的一项发展目标：中国的"一带一路"倡议。这不是一个自下而上逐渐形成的目标，这是中国创造的一个大趋势，这是一个愿景，这个愿景不仅将改变中国，而且旨在激发国际社会的新思维：要联合而不要两极分化；要互学互鉴，互利共赢；要相互学习，互惠互利；要共同解决全球性问题。携手合作，因为我们是命运共同体；携手合作，我们将共同为全球治理方案贡献力量，避免全球性问题加剧；携手合作，我们将共同弥补已经造成的损失。在此坚实的基础之上，中国正在带头书写一个新的故事，重塑全球化，以造福大众。

让我们从过去和现在的语境看中国。中国重视语境思维，要想预测未来，我们有必要回顾一下过去。因此，在展望未来之前，我们先大体看看过去的情况，了解中国过去的故事，会为我们探索中国的未来提供坚实的基础。

就这方面而言，泰山论坛邀请两位诺贝尔文学奖得主来参加本次会议的做法非常有见地。众所周知，人类 80% 的决定是在情感驱动下做出的。诗人和作家能够触动我们的情感，激发我们的幻想。欧美大多数人对中国的看法并不是基于事实，而是基于情感。而且众所周知，这种看法与中国的实力和成就往往关系并不大。这种看法的形成是基于近 20 年来所讲述的中国故事。

中国要讲的故事很大。这个故事讲得越好，人们对中国的理解就越深入，中国想在人类命运共同体中扮演的角色就更具可信性。

讲好中国故事的起点是回顾历史。西方世界很清楚中国经济在崛起，中国自 20 世纪 80 年代开始进入经济发展的快车道，21 世纪以后，经济发展更是突飞猛进。在过去的五六年里，中国在国际社会中的地位越来越高。然而，在讲中国故事时，却很少提及这个国家在历史长河中所取得的成就。对于很多人，尤其是西方国家的人们来说，中国 2000 年以来的经济地位的变化令人惊讶。英国经济学家安格斯·麦迪森（Angus Maddison）绘制的一份图表展示了各国在过去 2000 年间的经济实力。

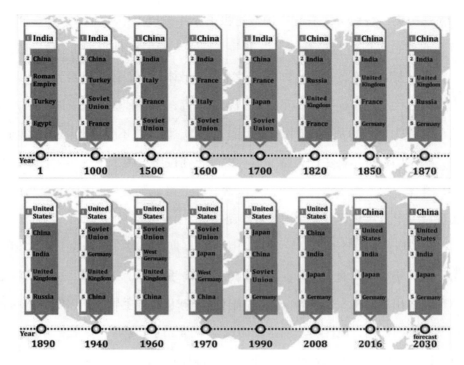

图 1　过去 2000 年间各国经济实力图

麦迪森绘制的另一张过去 1000 年的经济地位图也很好地说明了这一点。

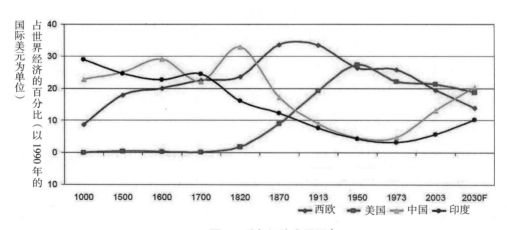

图 2　千年经济发展图[1]

1　数据来源：花旗集团根据安格斯·麦迪森在 2001 年发表的《世界经济：千年视角》和 2005 年发表
　　的《西方国家以及世界经济中的其他国家和地区：1500—2030》两种文献中的原始数据得出的估算
　　结果。《世界经济：千年视角》由位于巴黎的经济合作与发展组织发展研究中心发表；《西方国家以
　　及世界经济中的其他国家和地区：1500—2030》由位于堪培拉的澳大利亚国立大学发表。

纵观历史，我们可以看到中国在过去上千年的历史中所占据的重要地位。而且，我们也可以清楚地看到，中国并非新兴大国，而是一个重新崛起的国家，正在恢复其原有的地位，即世界最大的经济体。我们还可以看到，以西方为主导的时代正在走向终结。虽然我们无权审判，但各种迹象已表明：西方将无法再自诩为普世价值和权利的捍卫者。而这一切，并不是新趋势。事实上，任何了解中国近百年历史的人都知道，中国正在按照"两个一百年"长期奋斗目标，遵循"摸着石头过河"的方式探索发展道路。事实上，中国甚至可以提前实现第一个百年目标——全面建成小康社会。

在我们所处的这个时代，中国迎来快速发展期。2012年，也就是距实现中国第一个百年目标还有大约十年的时候，我们着手合著了一本书，这本书就是2015年1月出版的《大变革》。这本书描述了全球从西方主导向新兴经济体崛起的转变。书中指出，此次转变的推动力就是中国，时至今日，这股推动力依然来自中国。中国从过去到现在一直都在利用自身的经济实力和能量赋能新兴经济体。

受到中国积极影响的国家很多，我们会发现这些国家其实已经形成了一条环球经济带。因此，我们将这些国家统称为"南环经济带"。

在2012年合著该书时，我们首先阅读了习近平主席提出的"一带一路"倡议，还摘录了部分进行解读。新华社启动大型系列报道——"新丝路 新梦想"，首篇文章《世界如何实现共赢？中国正在破题》即描绘出宏伟格局。五年过去了，我们可以看到中国的愿景正在徐徐展开。

中国的目标是连接"一带一路"国家，建设基础设施，开放商品和金融市场，协调经济发展，加强各国人民之间的联系。如果对于这些雄心勃勃的目标能否实现尚有疑虑，那么回顾一下中国的发展历程，我们便会相信这个国家能够实现这些目标。

1981年，中国的贫困人口比例为88%；2015年，这一比例降至0.7%；中国已使近8.5亿人摆脱贫困；习近平主席还提出了到2020年消除全部绝对贫困的目标。在支持"一带一路"国家方面，2015 年设立中非产能合作基金，起始资金 100 亿美元。除了贫困以外，污染和气候变化也是全球社会面临的主要问题。中国的碳排放量虽然占全球的 28%，但中国的可再生能源产量占全球的 45%。中国还是世界上为数不多的森林覆盖率快速增长的国家之一。我们并非要轻视全球变暖所带来的挑战，但全球因贫困而死亡的人数要远远超过全球变暖导致的死亡人数。虽然这只是中国过去几十年来所取得成就的一小部分，但充分彰显了中国应对挑战的能力。

现在，我们来看看中国未来的一些目标。

1. 基础设施建设

基础设施是中国自身经济发展的关键。除了普通火车外，中国还拥有世界上最庞大的高速铁路网。中国的高铁网络达 3.5 万千米，占全球高铁总里程的 60% 以上，客运能力超过 15 亿人次。中国拥有世界上最大的公路网（500 万千米）和高速公路网（15 万千米）。目前世界上最长的跨海大桥是港珠澳大桥，全长 55 千米，在其通车前，胶州湾大桥曾经是世界上最长的跨海大桥，全长 42.23 千米。

中国的经验证明，在相对较短时间内高效发展基础设施大有可能，这对于"一带一路"沿线国家的经济发展至关重要。由铁路、公路和港口系统组成的基础网可将那些基础设施落后、几乎没有交通能力的国家连接起来。

2. 经济协调发展

中国希望开放金融准入机制。未来，新的多边开发银行和主权财富基金投资形成组合，加上中国政策和商业银行的参与，将在"一带一路"沿线国家中构建一个全新的金融架构。2015 年至 2017 年，中国已经成为全球最大的对外直接投资（FDI）来源国，也是第二大外商直接投资（FDI）的流入国。2018 年上半年，中国吸引外商投资流入量约 700 亿美元，成为全球最大外商直接投资（FDI）流入国。

3. 贸易开放

"一带一路"沿线国家之间通信网络的升级融合及开放关系的构建将让贸易和商业往来变得更加容易。这将提高人民的生活质量，为"一带一路"沿线国家建设带来更大的稳定性，继而降低新兴市场的投资风险。

4. 经济工业区

中国正将自己特有的经济贸易特区发展模式作为平台为"一带一路"沿线国家的发展提供支持。截至 2016 年 6 月 30 日，中国已在 18 个国家和地区建立了 52 个经济贸易合作区。

5. "一带一路"沿线国家互联互通

政策沟通，是指国家之间就其发展需要和面临的挑战开展的定期政策沟通。这一举措将使各个国家能够根据实际需要以及互通信息和发展愿景重新确定目标。

6. 生态文明与绿色发展

通过提出生态文明与绿色发展的理念，中国正在摆脱过去"先污染后治理"的老路。为尽可能地减少环境破坏，中国愿意致力于探索经济效益和环境效益并重的合作模式。

2017 年，中国在绿色能源领域投资约 1270 亿美元，占全球投资总额的 45%。同时，中国丝路基金将为全球绿色转型项目提供绿色发展和绿色金融服务，其中包括大型的新能源、绿色交通、环境治理以及其他基础设施项目。

7. 文化交流

增进相互了解历来是中国最关注的问题之一。自 2004 年第一家孔子学院在韩国设立之后，孔子学院成为促进文化交流、增进国际社会了解中国的主要途径。中国至今已在全世界设立了 550 余所孔子学院，开设从书法、烹饪到太极拳等丰富多样的中国文化课程，全球各地正在掀起"汉语热"。

中国已成为全球最大的电影市场。然而，在情感上能打动西方人的中国电影仍然稀缺。我们都知道，一图胜千言。一部能够打动人心的电影可能比所有讲述中国成功故事的报道更能影响人们对中国的看法。那么，对于如何在国际社会中构建一个能够促进交流互鉴的共同体，我们提出的建议是什么？要唤起国际社会理性的理解和支持，首先要触动人心。人心是智慧的守门人。我们是喜欢还是厌恶一个人、一个社区、一个城市或一个国家，取决于这个守门人。与事实和数据相比，中国人民的故事更容易打动世界。就像大熊猫已经成为中国动物保护事业的最佳大使一样，中国的成功故事源自为这个国家和人民所做出的努力。这是让 8.5 亿人摆脱贫困的故事；这是让近 5 亿人成为中产阶级的故事；这是 129 家中国企业登上《财富》世界 500 强榜单，在企业数量上超过美国（121 家）的成功故事。自 20 世纪 90 年代该榜单推出以来，榜首国家首次易主。

如果说，"美国梦"是一个努力工作即可创造财富的承诺，那么要实现"中国梦"和"构建人类命运共同体"的目标，不管是个人还是国家，需要的是能够让这一切变为可能的环境，以及让世界相信这个目标所需的情感交流。

泰山与中国历史上的大一统政治文化

卜宪群

中国社会科学院

尊敬的张市长、各位领导、各位专家：

我今天向各位汇报的主题是"泰山与中国历史上的大一统政治文化"。

在中华民族五千多年的发展史上，泰山以其雄伟的自然风貌、深厚的文化遗产，成为中华民族的精神家园，成为中华各族儿女心中的一座丰碑。古往今来，无论是帝王将相，还是史学家、思想家、文学家及人民大众，无不把泰山视为一片圣土，视为一种寄托，视为天人合一的象征。因此，历代关于泰山的记录与颂辞史不绝书，构成了中华文明一道独特的风景线，也给后人留下了无数可以追寻的足迹。

今天，我仅就泰山与中国历史上的大一统政治文化关系谈一点自己的看法。

一、大一统是中国历史的特点

中国历史有四个基本特点：大一统、中央集权、多民族、延续性。其中我认为大一统是列在首位的，是中国历史最重要的特点。大一统的思想在先秦时期就已经产生。先秦早期政治家、思想家关于"四方""四土""四海""五服""九州"等的概念，虽无实际内涵，但已经从空间、距离、亲疏等级上构建出包容有序的"统一"理想。少数民族与汉族之间的血缘文化认同也开始产生。例如黄帝不仅成为华夏族的始祖，也开始被周边民族认同。春秋战国的经济与社会发展，带来了政治上的重大变革，有力地推动了大一统从思想到实践的演变。至战国晚期，希望"定于一""天下为一"的呼声不绝于耳，统一已经成为不可阻挡的历史大势。秦汉王朝的统一与再统一，最终将大一统从理想、思想转化为政治现实。这是一个巨大的历史变革。至汉代，董仲舒说《春秋》大一统者，天地之常经，古今之通谊也"，西汉中晚期"兼通五经"的经学家王吉说《春秋》所以大一统者，六合同风，九州共贯也"，这是儒家思想把大一统上升到历史规律，并给予尊崇与解释的一种反映。

"事在四方，要在中央"，中国历史上大一统的政治基础就是"要在中央"的中央集权。中央集权是指中央与地方的关系，是一种行政管理方式，也是一种治理制度，其核心是郡县制体系。秦统一后"海内为郡县，法令由一统"，形成了以郡县制为主体的治理体系，历代基本延续不变。郡县治，天下安。历代政治家、思想家对郡县制体系表现出高度的认同，认为这是不随人的主观意志为转移的客观历史规律，无疑是一种远见卓识。

中国历史上的大一统思想与实践绵延了数千年，展现出五个基本特点。

一是追求统一。统一是大一统中央集权的前提。尽管有的成功有的失败，但历史上诸多王朝的统治者都不懈地追求统一，比如秦灭六国、晋灭吴、前秦伐东晋、东晋北伐、隋灭陈、元灭南宋、明的北伐、清军入关等。统一与分裂是中国历史上不可回避的问题。有人认为，分裂也有利于经济社会文化的竞争与发展，中央集权则可能带来对社会的制约，抑制、破坏地方的发展，这个看法是不正确的。中国历史上的确有相当长的分裂时期，也确有个别地区经济社会文化因为分裂政权的某些政策的制定，以及自然环境、人口流动、地理位置等因素而有一定的发展，但这并不是历史主流，分裂带给国家与社会更多的是战争与灾难。从历史的角度看，中国历史上分裂的主要因素是政治失当和民族矛盾，而经济、文化、宗教因素不占主导地位，这就使中国历史上的分裂没有深厚的基础。因此，无论中国历史上怎样分裂，无论分裂的主体来自哪个民族，最终还是要走向统一。中国历史上的中央集权与君主专制相伴随。某些时期，由于专制君主昏聩自傲，好大喜功，滥用民力，过度使用中央集权，致使经济崩溃，社会混乱，民不聊生，政治走向黑暗。但这不是中央集权制度本身的原因，中央集权的基本制度设计，符合幅员辽阔、人口众多、民族复杂国情的实际，在历史上的积极作用不能否定。

二是民为邦本。大一统促进了中国特有的民本思想的衍生与发展。"大一统"这个词出现在《公羊传》中，意指王者受命，要整齐万物，这是战国时期走向统一的政治现实在思想意识上的反映。那么什么是大一统?《说文解字》解释"大"的含义时说："大，天大、地大，人亦大。故大象人形。"唐代杨倞注释《荀子》说："大，重也。"因此，"大一统"并不仅仅是"大统一"，而是重视一统，包含着政治清明、社会稳定、经济繁荣、民众安宁诸多要素。否则国家虽大，也不能称之为大一统。中国传统的民本思想与大一统是互为表里的。

三是社会治理。大一统决定了历代国家是社会治理的主体。在统一的政治体制下如何完成礼乐教化、社会救助、基层治理、疏通言论渠道等任务，是历代王朝面临的重大问题。通过这些具体问题的落实，历代王朝将大一统的思想与实践贯彻在社会之中。中国历史上的所谓盛世或治世，都是大一统社会治理比较好的时期，如文景之治、光武之治、贞观之治、康乾之治等。

四是德主刑辅。德主刑辅是大一统的主流意识形态。德的概念在先秦已经产生，后逐渐与儒家的礼治思想相结合，构成儒家思想的重要内核。但在秦及西汉的早期，德在政治实践中的运用并不突出。伴随着汉武帝时代社会转型的需要与儒家的推动，德主刑辅的主流意识形态才逐步确定，并贯穿在整个封建社会的法治观与社会价值观中。

五是权力制衡。大一统需要强有力的中央政权，需要一大批维护中央政权运行的官僚队伍，但又必须建立一套制衡包括君权在内的机制，防止君权的滥用与官僚的腐败。我国历史上政治思想上的民本论、天谴论，制度上的三公九卿、三省六部等，以及谏官言官制度、监察制度等，都在一定程度上对君权与官僚权力产生了制衡作用。

二、泰山与大一统文化的关系

上述问题与泰山有什么关系呢？从思想史、政治史和文化史的角度看，泰山与中国历史上的大一统文化有很深厚的关系。而且这种关系与我谈的上述内容大都可以联系起来。

山川崇拜及其与王朝政治的联系在中国有着古老的渊源。泰山本是齐鲁之地的一座高山，《诗经》说"泰山岩岩，鲁邦所詹"，《孟子》说"孔子登泰山而小天下"，都是把泰山作为一座高山来崇拜的。为什么要崇拜山？因为在古人看来山可以通天地，和阴阳，降雨露，生万物。（《孔丛子》）但更为重要的是山与国，山与君主，山与王朝的关系。《尚书·尧典》说尧"东巡守，至于岱宗，柴，望秩于山川"，《舜典》说舜"肆类于上帝，禋于六宗，望于山川，遍于群神"，表明尧舜时期已经有了以泰山为中心的关于山川的等级祭祀。这当然极可能是后人的附会，却反映了远古时期泰山在人们心中的地位，以及泰山与政治权力的结合。春秋战国时期，山与国家政治、与君主的关系更加明确。《国语·周语上》说，夏商周的兴起与崇山（嵩山）、丕山、岐山出现的祥瑞有关。《鲁语下》引孔子话说"山川之灵，足以纲纪天下者，其守为神"，《管子·形势》篇说"人主犹山也"，《管子·牧民》篇说"不祗山川则威令不闻"，《左传·成公五年》说"国主山川"，《墨子·天志下》说三代圣王以及尧舜禹汤文武"率以敬上帝、山川、鬼神"，《公羊传·僖公三十一年》说"山川有能润于百里者，天子秩而祭之。触石而出，肤寸而合，不崇朝（不到一个早晨）而遍雨乎天下者，唯泰山尔"。在这些表述中，山是君主与国家的象征，具有纲纪天下的象征意义，因此，圣明的君主都应该掌握祭祀山川的权力。

中国有许多名山大川，那么最重要的山是哪座山？无疑是泰山。将泰山的政治地位明确下来的应该是《管子》这部书。《管子·封禅》篇将泰山与封禅说相联系，记载了无怀氏、伏羲、神农、炎帝、黄帝、颛顼、帝喾、尧、舜、禹、汤、周成王12王在泰山的封禅，据本篇说古代还有72家封禅，但已没有记录。值得注意的是本篇梳理出了一个历代封禅系统，这个系统与古史传说中的系统基本一脉相承。他们封禅的原因都是受命之王，曾经一统天下。比如齐桓公想以"九合诸侯，一匡天下"的功绩表明自己就是"受命"之王，希望进行封禅，这正说明受命与一统的理念，至少在春秋时期已经出现了。

根据传统的主流历史认识，中国的历史是从黄帝开始的。司马迁写《史记》对纷繁复杂的中国古史系统做了一个梳理，并把黄帝放在首位。司马迁把黄帝放在首位的意图，就是试图从历史的角度把黄帝描述成华夏与蛮夷的共同祖先，华夏与蛮夷同源共祖，有共同的血缘关系。从黄帝到汉武帝，传承有序。司马迁的这个思想应当是春秋公羊学大一统思想在史学中的反映，并对其后中国大一统的政治实践产生了深远影响。在《史记·五帝本纪》中，司马迁记述了黄帝被诸侯尊为"天子"，巡狩四方，"东至于海，登丸山，及岱宗"之后，"万国和，而鬼神山川封禅与为多焉"。虽然很难说这都是历史事实，也不是关于泰山和封禅的最早记载，但黄帝以天子身份登泰山，却是司马迁试图将大一统的观念，通过对黄帝的历史叙述与泰山相结合在史书上的反映。此前的封禅说，司马迁没有采纳。又根据《史记·封禅书》的记载："及秦并天下，令祠官所常奉天地名山大川鬼神可得而序也。"则秦统一后，建立了一套统一的、以秩序祭祀名山的方法。从秦始皇封禅泰山看，泰山应排在首位。此后，正如顾祖禹所说："秦汉以下，言封禅者必于泰山。"

秦汉以降历代帝王封禅泰山的情况众所周知，我不再叙述，但其与大一统的关系却往往被忽视。封禅需要功至、德洽、符瑞、受命等条件，这些条件往往是与大一统密切相关的。避开符瑞与受命的迷信，这里我仅谈一下功与德的问题。

首先谈功至。大一统是秦汉以后帝王最大的追求，也是最大的功。秦始皇二十八年（前219）泰山刻石中说："二十有六年，初并天下，罔不宾服。亲巡远方黎民，登兹泰山，周览东极。"应劭《风俗通》记汉武帝泰山封禅刻石说："四守之内，莫不为郡县，四夷八蛮，咸来贡职，与天无极。"《晋书·苻坚载记》载苻坚说："吾每思天下不一，未尝不临食辍餔。"其秘书监朱彤建议灭东晋后应当"回驾岱宗，告成封禅"。《初学记》载后魏高允说："敢昭告于岱宗之灵：正趾坤元，作镇东夏，齐二仪以永固。"《宋书·礼志》载西晋封禅："圣德隆茂，光被四表，诸夏乂清，幽荒率从。"北宋王旦《封祀坛颂碑》说宋真宗封禅："梯航万国，冠带诸酋，四运远来。"陆游《放翁家训》说："宋兴，海内一统，祥符中天子东封泰山。"虽然不能确定上述所说是否都属实，但反映了封禅与大一统的关系。追求一统、认可一统、完成一统，才可以封禅。说明了封禅与一统之间不可分割的关系。

其次谈德治。历史上的大一统讲求德治，追求盛世或治世。泰山封禅中的许多内涵，正与大一统所追求的国泰民安、以民为本、礼乐教化、德主刑辅的思想相统一。以法家思想为主流意识形态的秦始皇在泰山刻石中既强调"作制明法，臣下修饬"，又强调"既平天下，不懈于治""诸产（百姓）得宜，皆有法式""男女体顺，慎遵职事"。在儒家思想被确立为主流意识形态后，汉武帝在封禅泰山的刻石中说"事天以礼，立身以义，事亲以孝，育民以仁……人民蕃息，天禄永得"。（《风俗通》）张纯在奏光武帝刘秀封禅时说"治世之隆，必有封禅""臣伏见陛下受中兴之命，平海内之乱，修复祖宗，抚存万姓，天下旷然，咸蒙更生，恩德云行，惠泽雨施，黎元安宁，夷狄慕义"。（《后汉书》）唐代裴光廷认为唐玄宗封禅是"所以告成功也。夫成功者，恩德无不及，百姓无不安，万国无不怀"。（《旧唐书》）宋真宗封禅泰山也被认为是"为民祈福"。（北宋《禅社首坛颂碑》）虽然宋以后帝王多采取遣官祭祀泰山的方式，但德治、民本的理念在祷辞中都有体现。例如明太祖朱元璋就以"国为新造，民为初安"为由，向泰山之神解释他为什么不能亲自前往。这些都包含着大一统中的德治思想。没有德治，没有人民的安宁、海内晏然，帝王也就无法在泰山封禅，向上天祷告，甚至还要受到上天的谴责。

统治阶级的思想是在每个时代占统治地位的思想。历代王朝对泰山的祭祀，无疑也极大地巩固了泰山在人民心目中的地位。祭祀泰山神的东岳庙遍布各地。泰山被视为中国人死后魂归之处，如"生属长安，死属太（泰）山"就是汉代人的思想。泰山还是普通大众祈福之地，周家台秦墓简牍《病方》中就有"病心者，禹步三，曰：'皋！敢告泰山，泰山高也，人居之'"的记载，是秦人以向泰山祷告的方式治疗疾病的真实记录。

总之，泰山与中国大一统政治文化有着密切的关系，是中国大一统政治文化、制度文化、精神文化的物化象征。在数千年的民族发展史上，无论哪个朝代，无论出自哪个民族的政权，无不把泰山视为神圣的地方，无不把祭祀泰山视为检验国家治理好坏的一种方式。避开符瑞、受命等唯心史观不论，泰山所蕴含的大一统政治理念，是中华优秀传统文化的组成部分，还需要我们深入挖掘，实现其创造性转化、创新性发展。

以上是我的发言，谢谢大家。

论 文

区域研究范式存在的问题及新路径思考

代洪亮

济南大学

中国区域社会研究的发展，在很大程度上与借鉴国外人文社会科学学科理论、方法以及与不同学科学者的合作有一定关系。[1] 中国社会史领域中区域研究的兴起与中国社会史学术发展脉络有关，同时也与西方史学理论尤其是"年鉴学派"在中国的影响逐步扩大相关，而且还与美、日中国学研究范式转变密不可分，区域研究兴起的思想背景也无法忽视后现代思潮的影响。

自从中国社会史发生区域社会史研究转向以来，已经形成两个值得关注的学术趋向："一个趋向是在区域社会史研究中力图勾画区域社会的整体状貌，及其由传统向现代化的演化转变，即全局的、系统的整体区域社会史；另一个趋向是运用'宗族''神庙系统''市场体系''水利系统'等分析工具，从'自下而上'和'自上而下'的不同视角探讨'国家'与'社会'的关系，通过'小地方'的研究深化对'大历史'的认识。"[2] 而区域社会史研究热潮自从20世纪90年代中期形成以来，区域社会研究已经扩展到华南、华北、西南、江南、西北、徽州等广大区域，然而，区域社会研究范式在近三十年的研究中不断成熟并且暴露出一些问题，需要我们进一步思考如何突破现有问题并走向新的路径。

---

1 参见王先明《"区域化"取向与近代史研究》，《学术月刊》2006年第3期。

2 胡英泽：《"跨区域研究"的区域社会史——"区域社会史比较研究"中青年学者学术讨论会综述》，《中华读书报》2004年10月27日。

一、区域研究范式的基本内容

在区域社会史研究的实践中，学者们对于区域社会史研究的对象、划分区域的标准、区域研究的方法等问题不断讨论，为进一步研究奠定了基础。

（一）区域社会史的研究对象

唐力行指出："区域史研究是以区域社会整体历史作为自己的研究对象的。因此举凡该区域曾经出现过的人以及由人的活动所造成的经济、文化、社会等各种事物均属区域史研究的范畴。举其大端则有经济方面的商人、土地制度等；文化方面的方言、文书、教育科举、民居园林等；社会方面的宗族制度、民间组织、社会风尚、社会生活、社会分层、社会矛盾与社会冲突等。"[1] 这种观点受到年鉴范式的整体史影响。陈春声认为"要理解特定区域的社会经济发展，有贡献的做法不是去归纳'特点'，而应该将更多的精力放在揭示社会、经济和人的活动的'机制'上面"[2]。科大卫研究华南区域社会认为就是发现地方社会的模式，观察国家制度的扩张，以及国家制度在地方社会被接纳的过程[3]；或者通过民间社会的宗教与礼仪分析与中国文化大一统观念的关系。萧凤霞对于区域社会研究也有明确的表述，研究区域社会中的文化、社会、族群、宗族、国家等，"不仅仅是历史内容，而更是史料的建构过程；不仅仅是文化分类本身，而更是文化分类变异和具体化的过程；不仅仅是行政建制强加的制度性的权力，而更是权力作为一套语言如何渗透在人们日常的观感和文学想象之中"[4]。"华南学派"在华北的代表赵世瑜则指出"结构过程"是历史人类学区域

---

1 唐力行、吴健华、徐茂明等：《论题：区域史研究的理论与实践》，《历史教学问题》2004 年第 5 期。

2 陈春声：《历史的内在脉络与区域社会经济史研究》，《史学月刊》2004 年第 8 期；《走向历史现场》，《读书》2006 年第 9 期。

3 参见 [英] 科大卫《告别华南研究》，《明清社会和礼仪》，香港中华书局 2019 年版，第 246 页。

4 [美] 萧凤霞：《廿载华南研究之旅》，《清华社会学评论》2001 年第 1 期。

研究的重要内容。[1] 赵世瑜对于历史人类学研究区域社会的"结构过程"的分析，不仅解释了历史人类学区域研究的研究对象，而且指出"结构过程"同样适用于其他区域研究，只是历史的节点不同而已。

（二）划分区域的标准

柯文认为中国的区域性与地方性的变异幅度太大，要想对中国整体进行把握，需要把整体分成区域来认识。把中国按照"横向"分解为区域、省、州、县与城市，以及展开区域与地方历史的研究。[2] 施坚雅划分区域的标准有四个，一是从大城市的势力范围入手，将一些高等级中心城市所能覆盖的最大范围的经济腹地视为区域。二是根据城市或城镇间贸易量的大小，比较小城市在城市体系中和哪一个城市的贸易量大，就归入这个城市的区域体系中。三是利用一些关键的经济资源来划分，如人均收入、需求量、单位面积的农业产值、耕地或可耕地面积等，并以人口密度作为衡量经济资源的主要标准。那些人口密度高的区域作为该经济区的核心部分，两个核心区之间的人口密度最低的边缘地带就是经济区的边界。四是从自然地理特征着手，山脉是天然的分界线，江河流域可以作为划分区域的要素，结合起来山脉形成的江河的分水岭常常成为区域之间的分界线。[3] 根据这四个标准，施坚雅把 19 世纪的中国划分为长江下游区、岭南区、东南区、西北区、长江中游区、华北区、长江上游区、云贵区和东北区九大区域。[4] 这种区域划分及其包含的省份，对后来的美国中国学及中国学者的研究都产生了较大的影响。经济史学者李伯重在谈到界定"江南"区域

---

1 参见赵世瑜《结构过程·礼仪标识·逆推顺述——中国历史人类学研究的三个概念》，《清华大学学报（哲学社会科学版）》2018 年第 1 期。

2 参见 [美] 柯文《在中国发现历史——中国中心观在美国的兴起》，林同奇译，中华书局 2002 年版，第 178、201 页。

3 参见 [美] 施坚雅《中国封建社会晚期城市研究——施坚雅模式》，王旭等译，吉林教育出版社 1991 年版，第 151—152 页。

4 参见 [美] 施坚雅《19 世纪中国的区域城市化》，《中国封建社会晚期城市研究——施坚雅模式》，王旭等译，吉林教育出版社 1991 年版。

时指出:"不仅由于地理上的完整性与自然——生态条件的一致性,而且也由于长期的历史发展所导致的该地区内部经济联系的紧密与经济水平的接近,使此地区被人们视为一个与其毗邻地区有显著差异的特定地区。"[1]李伯重强调了地理完整性与自然——生态条件的一致性,以及区域内经济联系的紧密与经济水平的接近,非常类似于施坚雅对于区域的认识,他只不过更加具体地应用到对历史时期"江南"的研究。

中国人类学者对于施坚雅强调以经济标准划分区域提出质疑,认为区域类型与观念形态中的空间格局有着密切的联系,民众的本土空间的观念,可能影响着居住地、市场和政治中心的选择。一个地域共同体之所以成为共同体,并非仅仅是因为交换行为、运输资源与地貌特征的因素,而很大程度上是由于交换的主体之间的社会关系和族群——区域认同意识所致。[2]张利民指出,因为划分"区域",而"区域"是地理学的空间概念,是地理学研究的基本单元与核心,所以"区域史研究对区域的空间界定,应遵循最基本的自然和人文环境的准则,尤其是地理学的理论和方法"[3]。常建华整合学界的观点:"从空间上,以地理、行政区、市场等标准划分地区单位,将自然、社会、经济、政治、文化纳入一个完整的体系内做综合的历史探讨,这是区域史研究的方法。"[4]可以说,区域社会史研究中对于"区域"的划分标准是多元的,或者从行政区划,或者从市场体系,或者从自然地理特征等方面入手,不同的划分标准,带来了对于区域社会史研究的不同认识,也采用了多种多样的区域研究方法。

(三)区域社会史研究的方法

一是跨学科方法尤其是地理学方法的采用。地理学方法的应用在区域社会

---

1 李伯重:《简论"江南地区"的界定》,《中国社会经济史研究》1991年第1期。

2 参见王铭铭《社会人类学与中国研究》,生活・读书・新知三联书店1997年版,第141、146页。

3 张利民:《区域史研究中的空间范围界定》,《学术月刊》2006年第3期。

4 常建华:《中国社会史研究十年》,《历史研究》1997年第1期。

史研究中非常常见，在区域社会的划分标准中，常常依据自然的地理标志划分；在水利社会史研究中，与河流湖泊有关的地理特征需要注意；在分析区域社会时，区域的空间边界需要地理学的确认等。跨学科方法还包括人类学、社会学等学科的理论与方法。二是整体史与长时段。这是年鉴学派尤其是勃罗代尔对于区域研究的总结。年鉴学派强调问题意识，注重结构分析，提倡长时段与总体史，主张打破学科界限，从社会学、人类学、经济学、地理学、心理学、人口学、统计学等学科中借鉴理论与方法。长时段的历史运动以世纪为基本单位，这种运动非常缓慢，变动也不剧烈，其中社会结构、经济结构、文化结构、政治结构的变动、自然生态环境的变迁、人与自然关系的变动等是这种历史运动的表现形式，属于长时段。长时段是第一层次的历史，传统史学关注历史运动的短时段，强调对个人与事件的研究；而以年鉴学派为代表的新史学则关注长时段、中时段，强调经济史、社会史。[1] 三是比较史学方法。区域社会史研究不仅仅立足于小地方、小社会，而是通过对小地方的分析与研究，达到分析大社会的目的，要分析大社会又需要超越空间的边界，若要超越空间的边界，则需要进行区域间的比较分析与研究。"在比较中关注互动区域间的相互沟通、相互作用和相互知觉，有助于我们更好地把握区域的特质，揭示区域之间的内在联系，更为深入、全面地认识社会运动的规律和社会的结构。"[2] 通过区域间的比较分析与研究，才能真正实现区域间的整合，达到整体研究的目的。四是计量史学方法。区域社会史研究由于有特定的空间范围界定，所以能够对于区域空间范围内的资料进行较为全面的搜集，经济、人口、文化、思想等无所不包，而区域空间内的民众的经济行为与人口及其文化行为的分析与研究，需要借助计量史学的方法，进行有效的统计，并在研究中积极地采用。

1　参见何兆武、陈启能主编《当代西方史学理论》，上海社会科学院出版社 2003 年版，第 408—409 页；[法] 费尔南·勃罗代尔：《历史和社会科学：长时段》，载蔡少卿主编《再现过去：社会史的理论视野》，浙江人民出版社 1988 年版，第 51—59 页。

2　唐力行：《超越地域的疆界：有关区域和区域比较研究的若干思考》，《史林》2008 年第 6 期。

二、区域研究范式存在的问题

区域社会史研究成就斐然，在中国社会史研究中占有举足轻重的地位。但是近年来，区域社会史研究也遭受了不少的批评，各种各样的批评的确指出了区域社会史研究中存在的一些问题，同时能够推动区域社会史研究的进步。

（一）"只见树木，不见森林"

区域社会史研究明显受到后现代主义思潮的影响，这种思潮强调微观研究，善于挖掘原来处于边缘的学术话题，并使其成为学术研究的中心。这种微观社会的关注虽然一定程度上对于地方社会的认识更加清晰，但是不少研究者特别是一些青年学者一旦步入区域社会研究之后，就难以跳出区域狭小空间的束缚，造成"只见树木，不见森林"的认知偏见。陈支平曾经批评区域研究中的"孤立化"。所谓"区域社会经济史研究的孤立化"，就是把区域社会经济史研究当作单纯的个案研究，只见树木，不见森林，研究的题目日益细小琐碎，埋头于"老鼠打洞"而较少顾及个案与个案之间、区域与区域之间、区域与整体之间的联系。其结果或是以偏概全，或是浮光掠影，没有特点。[1]进行区域社会史研究的不少学者，首先是从区域文献入手的，比如地方志、各地碑刻资料以及关于该地的文集等，对于地方文献的搜集相对容易，地方志中有初步的系统整理，再结合在地方的田野调查资料，不少学者认为在地方史料的掌握上基本做到了无所不知，但是对于国家典籍却了解不多。对于区域社会变迁了解甚是透彻，对于国家制度变迁相对模糊。一些区域社会史的研究者由于对于地方文献非常了解，所以对于区域社会历史的结构与变迁非常熟悉，但是对于国家相应制度的变迁却不甚了解。比如宗族研究是社会史研究中一个长盛不衰的课题，很多做区域社会史研究的学者也选择宗族的研究课题，关于地方宗族的研

1　参见陈支平《推进区域社会经济史的比较研究》，《中国经济史研究》1996 年第 2 期。

究论著甚多 [1]，可是不少研究论著只是就地方宗族而论地方宗族，对于国家宗族制度各方面的制度变迁细节缺乏应有的了解。以徽州宗族研究为例，由于徽商的原因，不少学者侧重从社会经济角度分析徽州宗族组织化的原因，这就相应忽视了国家制度的影响力，无论是在徽州还是在其他区域史社会，地方宗族组织化的过程都是国家政治影响力扩展、宗族习俗与国家、士大夫的教化实践相结合的产物，尤其明清乡约宣讲对于宗族组织化有着重大影响力。[2] 从区域社会中抽象出来的观点与结论，常常盲目地上升到一般性原理的普适性高度，造成理论与方法的应用性困难。问题意识狭隘，缺乏创造性的宏观问题关注。

（二）"进村找庙，进庙抄碑"

区域社会史的研究者，在田野调查中，有一个非常重要的资料来源，那就是碑刻资料，乡村社会中保留的碑刻中较多的是民间信仰碑刻，所以"进村找庙"与"进庙抄碑"成为田野调查中的一项重要工作。杨念群指出："中国社会史研究逐步变成了'区域社会史'研究，而'区域社会史'研究又成为'进村找庙'的同义词。"杨念群之所以这么说，是因为"中国农村中的信仰很难像西方那样可以轻易地定位为'宗教'。'庙宇'在村落中基本不会表现为一种纯粹的宗教空间，或具有什么纯粹的'宗教'意义，它更多地起着凝聚社区世俗活动的作用。……中国乡村实际上并不存在可以独立支撑纯粹宗教信仰的空间，即使在形式上有可能发现某种相似的空间，也往往与村落的生活需求密不可分。这样一来'庙宇'很可能在不同地区的作用差异极大，在一些地区起核心作用，换个地方其作用又可能极其微弱。所以，单纯挪用西方的'表演理

1　参见常建华等编著《新时期中国社会史研究概述》，天津古籍出版社 2009 年版，第 371—824 页。

2　参见常建华《习俗与教化：徽州宗族组织的形成——以休宁范氏为中心》，《政治与社会文化史研究年鉴》2006 年 61 卷第 6 期；《明代徽州的宗族乡约化》，《中国史研究》2003 年第 3 期；《明代宗族研究》，上海人民出版社 2005 年版等论著。

论'来单独地寻求'庙宇'的文化象征意义,效果自然是相当有限的"[1]。针对"进村找庙""进庙抄碑"的批评,学术界也有不同认识。王铭铭、科大卫等人类学者认为研究文字相对缺乏的乡村历史,如果不"进村找庙",没有这些分析工具,乡村社会研究就缺乏操作的可能。[2]赵世瑜指出,"国之大事,在祀与戎",祭祀与战争在国家生活中占据核心地位,而祭祀除了国家祭祀体系之外,还有民间信仰体系,这两方面有密切联系。民间信仰作为区域社会史研究中的一个重要课题,我们除了利用国家祀典资料之外,就主要是地方志书与文集、笔记等资料了。随着人类学方法被引入社会史研究,社会史研究进行田野调查成为一种风气,走向田野,"回到历史现场",我们能够发现很多以前没有进入学界视野或者没有书面记载的资料,除了访谈资料之外,尚有契约文书、碑刻资料等。在中国乡村社会中,与庙宇有关的信仰资料是丰富多彩的,这些资料成为进一步研究与分析乡村社会的基础。"进村找庙""进庙抄碑",反映了区域社会史研究者扩大了的史料观念,但是史料的利用不当,也会带来研究成果的"碎片化"后果。

(三)"鸡零狗碎的社会史"

学术界对于区域社会史研究的另外一种较为典型的批评是"碎片化",甚至有学者曾称之为"鸡零狗碎的社会史"[3]。可以说多方面的原因导致中国社会史尤其区域社会史研究的"碎化"。第一,区域认定标准不一致,而且"区域"的范围有越来越小的趋势,最终村落成为非常典型的代表。"区域史研究中空间呈现出边界越缩越小、封闭性越来越强的趋势,'破碎的历史'已经成为不

1　杨念群:《"地方性知识""地方感"与"跨区域研究"的前景》,《天津社会科学》2004 年第 6 期。

2　参见胡英泽《"跨区域研究"的区域社会史——"区域社会史比较研究"中青年学者学术讨论会综述》,《中华读书报》2004 年 10 月 27 日。

3　在 2004 年中国社会史第十届学术年会上,刘平教授在学术沙龙讨论时的一句"鸡零狗碎的社会史"可谓振聋发聩,激起了与会学者的热烈讨论。

争的事实，而地方史研究者们也大多失去了对社区外部的穿透力。"[1] 第二，受后现代主义的影响，学术研究的主题越来越细化，学者们越来越关注日常琐碎的象征与事件，微观研究的选择，与现代性的宏大叙事之间形成对比。第三，跨学科方法的应用，改变了社会史的研究对象，尤其人类学理论与方法在区域社会史研究中的广泛应用，进一步强化了区域社会史研究的"碎化"倾向。历史人类学"为中国社会史研究向更深层次的拓展开辟了宽广的道路，但也面临着必须回应中国历史'局部'与'整体'解释之间存在巨大差异的挑战"[2]；区域社会史过度关注底层社会层面的运转，很容易忽略对上层制度和政治运行的把握。第四，由于微观社会资料搜集尤其是调查资料较易获得，个别学者投机取巧，不愿意花费大工夫把梳更大区域的史料，也没有提高自己的理论与方法修养，导致深深扎根于狭小的区域之中，无法进行相对宏观的关注。第五，中国社会史研究在复兴之初，一度深受现代化宏大叙事的支配，只是在区域社会史与历史人类学转向发生后，研究对象的多元化与微观化，难以寻觅历史的规律性，与此前的研究相比，很容易给人"碎化"的感觉，这是历史研究范式转换带来的后果。第六，中国社会史研究选题过小导致"碎化"误解。中国历史专业研究生，选题往往小处着眼，以小见大，希望通过对小问题的探讨去理解一些更重大的历史事件与历史问题，这些问题日积月累的沉淀，对于我们解决重大历史问题会有极有益的帮助。这样"碎化"反而是历史研究一个必要的过程。第七，中国社会史研究没有处理好整体与局部、宏观与微观的关系，研究者视域狭窄，不能超脱狭小的区域与选题，不了解整体研究的需要，闭门造车，造成研究的碎化。"华南学派"历史人类学研究的第二代代表人物温春来曾经指出："目前许多历史学者缺乏哲学、社会科学的深厚素养，在这个方向上行进有力不从心之感，往往看似积极对话，实则人云亦云，成为既有研究的注脚。更有甚者，有的学者缺乏与相关理论对话的自觉性，陷入琐碎的细节中

---

[1] 常建华：《跨世纪的中国社会史研究》，载常建华主编《中国社会历史评论》第 8 卷，天津古籍出版社 2007 年版，第 364—397 页。

[2] 杨念群：《中国历史学如何回应时代思潮（1978—2008）》，《天津社会科学》2009 年第 1 期。

难以自拔，完全就事论事。"[1]中国社会史研究的"碎化"，需要把整体和部分、上层精英与下层民众、国家与社会、宏观与微观等很好地结合起来。

三、区域社会史研究的新路径

区域社会史研究的确需要注意上述问题，区域社会史研究已经开始在跨区域研究、区域比较研究、局部与整体的统一等方面加强力量，并开始涌现出新的成果。

（一）区域比较研究

针对区域社会史存在的问题，社会史界开出了"区域比较研究"的药方。比较史学是西方史学发展中的一个重要流派，诞生于 20 世纪上半期，代表性人物是年鉴学派大师马克·布洛赫。针对区域社会经济史研究中的"孤立化"和"自夸化"现象，陈支平认为应当加强区域社会经济史的比较研究："区域社会经济史的比较研究应当是多方面的，可以从纵向、横向进行比较，也可以从顺向、逆向进行比较，其比较研究的手段和类型也可以是多种多样的。"[2]区域社会史的比较研究，在历时性或共时性的视角下进行历史史料、历史现象、历史过程、结构功能的比较，而且注重比较区域的选择。比较区域的选择非常重要，"进行区域比较，首先要注意两地地理区位条件以及由此而决定的区域经济文化的异同。……其次，根据研究对象选择恰当的研究方法"[3]。进行区域社会史的比较研究，选择区域要有可比性，否则难以操作。陈支平也指出，区域比较在选择区域时要注意三项："第一，注重地区间的差别，在不同的地区之间

1　温春来：《历史人类学实践中的一些问题》，爱思想网。

2　陈支平：《推进区域社会经济史的比较研究》，《中国经济史研究》1996 年第 2 期。

3　唐力行：《超越地域的疆界：有关区域和区域比较研究的若干思考》，《史林》2008 年第 6 期。

进行比较研究。……第二，注重阶段性的差异，进行同一地区不同历史发展时期的比较研究。……第三，注重不同国家间的区域性比较研究。"[1] 区域比较研究，要求对于作为研究对象的两个区域熟知且资料丰富，需要超越两个区域的固定疆界，在一个更大的背景下考察。考察两大区域之间的人口流动、物资流通与文化交流，考察两个区域之间的合作与竞争及其在历史发展中的作用，考察两个区域的政治、经济与社会结构，从而总结区域社会发展的规律，为认识和理解中国整体历史提供学术资源的帮助。在区域社会史研究区域比较的实践中，学者常常对一些大区域如华北与华南、华北与江南、江南与华南等区域进行比较研究；或者两个较大区域的构成部分的比较，或者区域内部某些大区的比较，如华北区域内部山西、山东、河北、北京、天津等之间的比较，江南内部苏南、上海、浙江等地的比较，华南区域内部广东、福建、台湾、香港等地的比较研究。区域之间的比较主要是共时性比较，内容涉及区域与环境的互动关系、区域与国家的纵向互动关系、区域与区域的互动关系。[2] 赵世瑜指出进行区域比较研究时，不能简单地把华北与华南相比，因为华北"不能像华南那样，从今天依然可见的历史遗存中，结合历史文献去确定那些明代以来的重要的结构性要素"，因为华北的历史开发远远早于华南，所以华北区域研究需要更长的历史时段，结合考古发现，解释华北区域社会的"结构过程"和"再结构过程"。[3] 不只是华北和华南，即使开发时间都相对较晚的区域，东北与西南也大相径庭。所以说，各个区域在长时期的历史发展进程中，形成了各自的风格与特色，区域之间的特色与价值往往是通过区域间的比较研究凸显出来的。

1　陈支平：《推进区域社会经济史的比较研究》，《中国经济史研究》1996 年第 2 期。

2　参见唐力行《从区域史研究走向区域比较研究》，《上海师范大学学报（哲学社会科学版）》2008 年第 1 期。

3　赵世瑜：《结构过程·礼仪标识·逆推顺述——中国历史人类学研究的三个概念》，《清华大学学报（哲学社会科学版）》2018 年第 1 期。

（二）跨区域研究

区域研究之弊，主要在于深陷区域社会之中，不能自拔；在对该区域社会进行深入考掘的同时，无法顾及其他区域。区域社会史界认为："区域只能是研究对象，也就是人的区域，随着人的流动，区域也是流动的，区域的边界并非僵硬的地理界线。"[1] 如此，区域并没有固定或者"僵硬"的界限，如果有，也是研究者画地为牢而已，跨出区域或者进行跨区域研究，并没有理论与方法的障碍。所以"如何选择区域，以及区域的边界如何划定取决于研究者所研究的问题"[2]。对于区域社会史研究面临的批评与质疑，华南历史人类学研究者刘志伟提出"区域史研究的人文主义取向"。"在历史认识中的地域观念，不只是历史学家为研究的方便而划出来的范围，更是人们在自己的历史活动过程中划出来的历史的和流动的界线，历史学家的睿智是将这种流动性呈现出来。要做到这一点，就必须以研究人的活动、人的精神以及他们的生存环境的互动过程为中心，通过人的历史活动去把握历史时空的互动关系，而不是把历史时空固定化、概念化之后，再作为研究的出发点。"[3] 这种"人文主义取向"非常富有针对性，区域社会史研究由于深受年鉴学派影响，注重长时段与结构分析，鲜活的生命个体似乎消失在历史的结构之中。"华南学派"的代表英国学者科大卫率先提出"告别华南研究"，走向跨区域的整体研究。科大卫认为，通过对于众多的不同地点的深刻研究，就可以真正得到关于整个中国历史的结论。"从理性方面来想，也知道现在是需要扩大研究范围的时候。从华南的研究，我们得到一个通论，未来的工作就不是在华南找证据。我们需要跑到不同的地方，看看通论是否可以经得起考验。需要到华北去，看看在参与国家比华南更长历史

---

1 刘志伟：《引论：区域史研究的人文主义取向》，载姜伯勤《石濂大汕与澳门禅史——清初岭南禅学史研究初编》，学林出版社 1999 年版，第 6 页。

2 张俊峰、殷俊玲：《首届区域社会史比较研究中青年学者学术讨论会综述》，《历史研究》2005 年第 1 期。

3 刘志伟：《引论：区域史研究的人本主义取向》，载姜伯勤《石濂大汕与澳门禅史——清初岭南禅学史研究初编》，学林出版社 1999 年版，第 6 页。

的例子是否也合乎这个论点的推测。需要跑到云南和贵州，看看在历史上出现过不同国家模式的地区（我是指南诏和大理），如何把不同的传统放进地方文化。我们不能犯以往古代社会史的错误，把中国历史写成是江南的扩大面。只有走出华南研究的范畴，我们才可以把中国历史写成是全中国的历史……我们最后的结果，也不能是一个限制在中国历史范畴里面的中国史。我们最终的目的是把中国史放到世界史里，让大家对人类的历史有更深的了解。"[1]

（三）跨文化研究

这是比跨区域研究的更高层次，赵世瑜教授指出："更为重要的是跨文化，即不仅在空间上，也在不同的人群、不同的文化传统中，我们都可以找到他们的'礼仪标识'，并通过'礼仪标识'，这些人群、文化传统，甚至空间被区分开来或者整合起来。"[2]

（四）局部与整体的统一

在区域史研究中需处理好局部与整体的关系。局部与整体是相对的，区域相对于国家是局部，相对于区域内部的要素又是整体。整体大于局部相加之和。因此，当我们研究区域时，首先要将该区域的要素提炼出来，从局部与局部，以及局部与整体的互动中揭示区域的整体特征。"但是，区域整体特征的揭示，绝不能以区域的疆界为限。除了区域内部的互动外，区域与外部环境间的互动，也是揭示区域整体特征的重要方面。"[3]局部与整体的统一，前提是要对整体和局部有清晰的认知，只知整体，不知局部，这种宏观取向可能导致空

---

1 [英]科大卫：《告别华南研究》，《明清社会与礼仪》，香港中华书局 2019 年版，第 246—247 页。

2 赵世瑜：《结构过程·礼仪标识·逆推顺述——中国历史人类学研究的三个概念》，《清华大学学报（哲学社会科学版）》2018 年第 1 期。

3 唐力行：《超越地域的疆界：有关区域和区域比较研究的若干思考》，《史林》2008 年第 6 期。

洞无物或者空中楼阁；只研究局部，不了解整体，视野就会囿于一隅，目光短浅，一叶障目不见森林，最终无法真正了解局部或者整体。只有二者统一起来，才能在局部研究中回应整体，在整体分析中观照局部，这才是真正意义的总体史追求。华南研究的代表人物陈春声指出："在中国，所有的地方性知识都带有国家制度的色彩，典章制度的色彩，这个道理正是我们千万千万要记得的。不懂得国家的制度，去讨论地方性知识，是无法让读者找到对历史脉络的感觉的。"[1] 研究一个相对狭小的区域，研究者并非仅仅关注这个狭小区域，这个狭小区域是与更大的区域联系在一起的，再通过更大的区域与上一层的区域联系起来，乃至于整个国家或者更大的区域范围。在中国社会史具体实践中，虽老一辈学者是从政治史、经济史研究转向社会史研究的，但在社会史研究中，他们深厚的整体史学术积累，不会使他们被局部遮蔽了认识整体的视野，而是很自然地把二者结合起来。惜乎一些步入研究领域的青年学者，本是从狭小的选题出发，再加对整体史把握的学术积累严重不足，对整体政治、经济制度变迁所知甚少，而更善于从理论到理论，善于移植西方化的概念与术语，便把中国社会史肢解得支离破碎。赵世瑜认为中国社会史研究并没有回避重大历史变革，研究者并没有回避政治史，也没有回避变化，他们回避的不过是"从传统向现代化"的转变支配下的话语与语境。[2]

中国区域社会史界已经行动起来，改变区域社会史研究的困境。在区域社会研究中，应避免"通史区域化"和"区域史地方化"倾向，开始强调华南研究者提出的区域的历史建构说；开始重新思考国家—社会关系分析框架，意识到典章制度对于中国古代社会研究的重要性；历史研究应该"走向历史现场"，尊重历史发展的内在脉络与历史发展的全貌；历史研究的社会科学化进程赋予

1　陈春声：《从地方史到区域史——关于潮学研究课题与方法的思考》，载潮汕历史文化研究中心、韩山师范学院编《潮学研究》第 11 辑，汕头大学出版社 2004 年版，第 18—44 页。

2　参见赵世瑜《多元的时间和空间视阈下的 19 世纪中国社会——几个区域社会史的例子》，《北京师范大学学报（社会科学版）》2008 年第 5 期。

历史学强大的解释工具，但以后需要关注具有实践性的理论框架和分析工具。[1]
区域社会史研究的目的是更好地理解中国历史整体发展的进程，因此需要从区
域研究出发，或者从整体研究出发，走向另一个端点。

1　参见张小也《历史人类学：如何走得更远》，《清华大学学报（哲学社会科学版）》2010 年第 1 期。

泰山"神山"形象与世界未来

杜贵晨

山东师范大学

《诗经·鲁颂·閟宫》毛序云:"颂僖公能复周公之宇也。"诗有云:"泰山岩岩,鲁邦所詹。奄有龟蒙,遂荒大东。至于海邦,淮夷来同。莫不率从,鲁侯之功。"鲁僖公是春秋时期鲁国第十八任君主,公元前 659 年—前 627 年在位,在位 33 年。上引诗说泰山为鲁国之镇。又《韩诗外传》载:"齐景公曰:'美哉国乎,郁郁泰山。'"齐景公(?—前 490),春秋齐国国君,在位 58 年,与孔子(前 551—前 479)同时而为上一辈人。这两处是孔子以前最早把泰山与一"邦"一"国"联系起来颂扬备至的文字。后者明显包含了泰山为"国山"之义,通于近世某些学者的提倡。

泰山何以能为"国山"?提倡者或不过是受到历代封禅、祭祀泰山之"国礼"的启发。但是,泰山自古为天子帝王封禅、祭祀之地,并不仅在于其高峻奇特"东天一柱"的特点,更在于其自古就是华夏最具代表性的"神山"。

泰山虽因封禅祭祀而地位越尊,越显得神圣,但首先是因其被认为神圣才得享有历代封禅、祭祀之国礼。若非泰山自古被认定为负载了华夏信仰的"神山",又何能有享受历代封禅祭祀之最高国礼的待遇?所以,笔者以为,与其推崇泰山为"国山"却长期以来未得举国上下一致的响应,还不如实事求是揭蔽、光大泰山的"神山"本相,抓住了根本,因"神山"而为"国山",来得更加自然,也更符合"全球化时代"弘扬名山文化,泰山进一步走向世界的需要。因拟此题，以论泰山"神山"形象与世界未来。

一、人类命运与共同信仰

古今中外，对"神"和一切人或物的崇拜都可归之为一定的信仰。从某种程度来说，虽理论上人可以没有信仰，但实际上所有人都自觉或不自觉地遵循某种信仰而生活。可以认为，有信仰是为信仰，但没有信仰本身，其实也是一种信仰。

例如，1954 年 3 月 24 日，爱因斯坦在给一位工人的回信中说："你所读到的关于我信教的说法当然是一个谎言，一个被系统地重复着的谎言。我不相信人格化的上帝，我也从来不否认而是清楚地表达了这一点。如果在我的内心有什么能被称之为宗教的话，那就是对我们的科学所能够揭示的这个世界的结构的无限的敬仰。"[1] 这就是说，他不是一个有神论者，没有宗教家对人格神的信仰，他只是敬仰科学。那么，我们能否说爱氏没有信仰呢？我随手翻看《中外格言精华辞典》，看到的是爱因斯坦的一段话："科学是无止境的，它是一个永恒之谜。"[2]

虽然笔者愿意相信爱氏这一论断是科学的认识，但是他既然认为"科学是……一个永恒之谜"，岂不是把科学当作了一种信仰？爱氏的德国同胞哲学家沃尔特·考夫曼（Walter Kaufmann）曾这样定义"信仰"说："一种强烈的信念，通常表现为对缺乏足够证据的、不能说服每一个理性人的事物的固执信任。"[3] 那么爱氏既然说科学是一个"谜"，他对"科学"的信任岂不也就是"缺乏足够证据"的一种"固执信任"即"信仰"了吗？因此，正如作家蒋子龙在一篇文章中所写："没有道理就是最大的道理。"[4] 我们也可以说：爱因斯坦的没

1　转引自李子迟《多情爱因斯坦》，京华出版社 2009 年版，第 184 页。

2　吴健生等主编：《中外格言精华辞典》，中国国际广播出版社 1991 年版，第 19 页。

3　转引自杨兴林《加强实践视角的中国特色社会主义理论研究》，《新视野》2017 年第 3 期。

4　蒋子龙：《回忆五台山车祸》，《福建文学》2003 年第 2 期。

有信仰就是最大的信仰。

尽管爱氏声明自己并不信神，但是当今读书界还是把未必是他说过的"科学的尽头是神学"的话，说成是他说的。这应该不仅仅是宗教家或好事者假借他的大名以传播或说明神学，而是这句话确实可以与爱氏对科学之信念顺接无碍。"永恒之谜"与"神"的存在，岂不是相去仅以毫发计！

人类是思想的动物，人生有极限，人的思想也必有极限，而思想的极限就是信仰。有信仰从而有社会，"人心不同，各如其面"，不同的信仰造就不同的群体和不同的民族，进而形成不同的政党、社会、国家、联盟、阵营等。总之，人类社会因信仰而形成和存在，又因信仰之千差万别而民族、国家林立，以致矛盾重重，吵吵嚷嚷，甚至兵戎相见，战火连绵……人类的历史证明，未来社会无论走向东西方各种宗教所共同憧憬而又各不相同的"天堂"，还是走向东方儒家理想的"大同"，以及今天各种对未来社会美好的憧憬，说到底都不过是基于某种信仰的追求。

这也就是说，思想支配行动，人类社会行动的一致——矛盾多方的妥协乃至一时或理想中最终得到适当的解决——必然都要通过信仰的彼此理解与接近，求同存异，取长补短，借鉴融合，美美与共，以达到理想中人类信仰的最终的统一，如中国儒家所谓的"大同"。这似乎遥不可及，但人类自直立行走，天天向上，从未放弃过"天堂"或"大同"的梦想。毫无疑问，如果人类不能在信仰上彼此日益宽容、理解和接近，人类社会将不可能和谐发展，世界将不可能永享太平。

人类信仰的核心是价值观，人类社会共同的信仰最终必须也只能建立在共同的价值观之上。因此，一如"仁爱"不仅是中国儒家的价值观，"民主""自由"等所谓"普世价值"，也不应该只是西方世界的专利，而应该是由地球人共同定义、共享话语权的概念。中国人受排斥久了，应该有自己的主张，发出自己的声音，但是站起来的中国人不必也不应该有自外于人，凡事必别树一帜的心理，包括不轻易放弃、积极参与对"普世价值"观念的定义与建构，应该引起所有中国人的注意。

幸而人类社会进入 21 世纪，我们高兴地迎来大国外交致力于构建"人类命运共同体"的时代。这是一个伟大的构想，崇高的使命，宏伟的愿景。这一愿景的"人类……共同"性质，决定了其终极之义和践行之道，都需要经过全人类信仰即核心价值观的逐步增进交流，加深理解，相互接近乃至不断加强的融合，以思想带领行为，才有可能真正向"人类命运共同体"迈进。

因此，从逻辑上说，习近平主席倡导构建"人类命运共同体"的伟大战略，必然包括了致力于不断减少并最终消除人类社会各种信仰与观念上的根本差异、矛盾与对立，求同存异，共存共荣，融合创新，逐步升华出全人类共同的信仰与价值观，以利于未来的发展。

《周易·系辞上》中说："二人同心，其利断金。同心之言，其臭如兰。"这个道理对于全人类也是一样的。这也就是说，人类共同的信仰和价值观是"人类命运共同体"的根本，为了"人类命运共同体"美好愿景的实现，中国必须提出人类共同信仰和价值观的讨论与建设，以主动出击，争取中国人应该有的人类共同信仰与价值观理论的话语权和定义制定权。

这是下文具体讨论泰山为"神山"形象的基础。也就是说，尽管泰山为"神山"形象只是一个历史的事实，但揭蔽这一事实的意义并不仅是为了丰富我们的"国学"，更是与建设"人类命运共同体"的伟大使命有密切的正向关联，所以好像是绕了一个大圈子远远道来。

二、世界"神山"有泰山

人类最早无不以为万物有灵，从而人生天地间，最突出的感觉是天地为大，遂以天地为人生最原始最大的信仰。而苍天之下，在迄今人类所唯一能够生存的地球上，居住生活的环境又是所谓"三山六水一分田"，所以古往今来，国内外各地域民族虽皆知"择高处立，就平处坐，向宽处行"为趋避之妙道，但为生计所迫，又不能不"靠山吃山，靠水吃水"，从而由天地崇拜又衍生出山水崇拜，世界各地，神山圣水，所在多有。

自古至今各国之"神山"论，若不论影响之大小久暂，就所能知者并进一步推测，可说有一种文明，有一种宗教，有一个民族，有一个国家，就有一座或多座"神山"。但是若以影响巨大深远而举世闻名者论，则在中外大多数人的共识中，大约以下几座为最。先说外国的。

一是圣殿山。圣殿山位于耶路撒冷老城，原名摩利亚山，又名锡安山。其虽然被称作"山"，实际只是一座并不高大的小丘。由于各种复杂的历史原因，这座山被犹太教、伊斯兰教和基督教尊为本教的圣地即事实上的"神山"，并坚执互不相让，引发过各种大小宗教矛盾与斗争。圣殿山今属以色列管辖，但其地位至今未能很好解决。因此发生的矛盾往往牵动中东乃至世界局势的变动，影响重大，从而也应了我国那句老话，所谓"山不在高，有仙则名"，圣殿山不高，却是世界范围内的一大"神山"。

二是奥林匹斯山（又译奥林波斯山、奥林帕斯山）。奥林匹斯山位于欧洲东南部巴尔干半岛南端希腊国的北部，爱琴海塞尔迈湾北岸，海拔 2917 米，是希腊最高的山。但是，这座山之有名，是由于希腊神话说她是以天神宙斯为首的众神聚居的地方，有许多爱恨情仇的故事，即著名的希腊神话。希腊神话随同航海贸易和连绵不断的战争不胫而走，由希腊而欧洲而向全世界传播，使奥林匹斯山成为希腊乃至欧洲著名的"神山"。近世现代奥林匹克运动会的诞生，使这座"神山"的形象更加深入人心。

三是富士山。富士山在日本，是一座跨越在静冈县（富士宫市、裾野市、富士市、御殿场市、骏东郡小山町）与山梨县（富士吉田市、南都留郡鸣沢村）之间的活火山。高 3776 米，是日本的最高峰。在日本有许多关于富士山的神话，从而自古被誉为灵峰而受其一国上下之崇拜。岁时祭祀，使富士山成为日本的象征，同时在世界范围内成为广为人知的"神山"。

以上欧洲、中东和亚洲日本的三大神山有一个共同的特点，就是代表或象征了一种宗教、一个民族或一个国家的共同信仰。这种信仰是由其各自的历史、风俗和性格等久惯形成的，如山一般坚固、稳定、久远并永远。从而成为该宗教、民族或国家独立于世界人类群体之林的象征。

后说中国的。这样的"神山"在中国，如今媒体上流行，最为人称道的是冈底斯山脉的主峰冈仁波齐山，又称须弥山，海拔 6638 米（一说海拔 6714 米）。"冈底斯"的藏语意为"众山之主"，又被称作"世界之轴"。作为冈底斯山脉的主峰，冈仁波齐山即须弥山，被印度教、藏传佛教、中国西藏雍仲本教及古耆那教公认为神山和世界的中心，也在世界范围内被公认为神山，有"神山之王"的美誉。中国略通佛教者均耳熟能详，当然也是被普通中国人认可的佛教"神山"。

但是，对于我国来说，佛教虽然早已中国化，并且自汉唐以降中国就逐渐成了世界佛教的中心，但是在中华五千年历史上，佛教毕竟外来后起，在尊重须弥山为中国"神山"的同时，应当考虑偌大中国，五千年文明，还有没有可以代表中国本土宗教、文化的"神山"呢？

答案是肯定的，就是号称"五岳独尊"的泰山。比较我国藏南须弥山的存在，位于华夏文明中心区齐鲁腹地的泰山，才是中国最大最古最具代表性的"神山"。甚至就其影响的巨量外溢性而言，泰山实堪称"东方神山"。

近代以来，随着崇尚科学，破除迷信，泰山自然美的一面更多被发现和推崇，其历史悠久的"神山"属性却似乎被忽略、抛弃、淡忘，可能以为不足道、无所谓、不值一提，而不常被人提起了。一个重要的迹象是，陕西有祭祀黄帝陵，曲阜有祭孔，均称国祭，泰安却没有以同样规格祭祀泰山。

泰山虽为中国儒家、道教等多宗教所尊之山，但今天学者从"四书五经"中得到的主要认知是，泰山与孔子一体，为儒家文化的象征。与孔子形象总体上并未成为真正的神祇一样，在古代中国多数朝代以儒学立国的历史上，虽然能够发展出泰山为"国山"的认知，却从来没有学者揭蔽泰山为"神山"的实质与真相，甚至近世被有意无意地模糊遮蔽了，是很令人惋惜的。

为此，笔者认为，与代表了犹太教、伊斯兰教和基督教，希腊神话，日本浅间信仰和佛教的四大神山相比，无论如何，中国泰山也可以并且应该被纳入世界"神山"之列，至少可以与四大"神山"并驾齐驱。

三、泰山的"神山"属性

在华夏五千年的历史上，以较为清晰的商周以下地域版图论，虽然泰山既不是华夏之域最高的山，也不是地理上最为居中的高峰——这从其作为"五岳之首"，却高（1532.7米）不过西岳华山（2154.9米）、北岳恒山（2016.1米），又偏在东方号称"东岳"的位置，就可以知道了；但是，泰山的"神山"属性，更早于商周二代，超越其他四岳而能"独尊"华夏第一"神山"。何以见得？

何新在《诸神的起源》一书中认为：

从二十世纪以来的考古发掘看，位于中国东部以泰山曲阜为中心的泰沂山区，乃是华夏古文明最重要、最集中的起源地之一。一九六五年以来，在沂源县土门千人洞，相继发现了旧石器时代人类活动的遗迹。一九八一年，此地又发现了距今四五十万年前的猿人头骨化石。一九六六年，在泰山东部新泰县乌珠台，发现了一颗少女牙齿化石，经鉴定，距今也已有五万多年的历史。凡此均证明了，在泰沂山系地区，远在四十到五十万年以前，就已有人类生存活动了。至于新、旧石器时代，此地的文化遗迹就更多了。本世纪（按：指20世纪）初叶，在章丘龙山镇发现了著名的龙山文化遗址。龙山文化以其上承仰韶而不同于仰韶的独特文化风格引起了人们的注意。五十年代以来，又相继在泰沂山系及其周围，发现了著名的大汶口文化。其荦荦大者，如泰安大汶口、莒县凌阳河、日照东海峪、诸城前寨等，宛如群星辉烁。其文物之灿烂与文化发展水平之高，我国其他地域的同期文化遗址盖无能望其项背者。而这一地域，却正是古传说中黄帝族起源的主要区域，也是在中国上古史上迸发出夺目光彩的殷商王朝崛起的重要根据地。

许多材料表明，崇拜太阳的黄帝族不仅起源于泰山地区，而且把泰山看作他们本族的神山、天山——昆仑山。因此，他们也把这座大山看作祖先世代所居的圣山。由此遂产生了对中国文化影响至为深远的一种"木高千丈，叶落归根"的观念。无论在怎样的流离迁徙中死去，先民们也仍然怀有这样的心愿——把骸骨归葬于泰山下，使千秋万载后，魂魄归返于故园。

……所以在中国文化中，泰山具有不同于任何其他山的神圣意义。天地之中，历代帝王登基者都要到此朝拜、封禅，而封禅祭天就称作"升中"。至今泰山顶上有南天门和玉皇殿。而登泰山者向来有观东海日出之俗。根据我们的考证，这种习俗实际上可以一直追溯到起源于黄帝时代的日神和泰山崇拜。其由来真可谓尚矣！除此之外，泰山在古代又一直是一座死神之山，是中国人魂所归的故国家山。……中国上古史中的有虞、陶唐、夏、商、周之祖，竟无一不葬于泰山者。

归纳以上所论诸点，……我们当可确凿无疑地论定，古昆仑山其地望与今日西北的祁连、昆仑二山毫无关系。实际上，它就是华夏民族一直目为神圣之山的泰山。[1]

这是迄今为止关于泰山为"神山"的最深刻的认识，没有之一，故本文贪婪而繁引之。当然也因为何新这一有关华夏上古文明的重大发现，一直没有受到学界应有的重视，理当鸣鼓而弘扬之。

泰山得为"神山"，绝非华夏文明初启一时文化演进的结果，而是经过了包括后世五千年一贯更加长期的过程，除何新先生论及者外，其间另有许多促

1　何新：《诸神的起源》，生活·读书·新知三联书店1986年版，第99—102页。

成的重大因素应予以重视和分析。

首先，有存世可见各种记载的历史传说中，历代天子帝王封禅、祭祀泰山不断加强了泰山为"神山"的地位与影响。按，封禅，一曰"封"，一曰"禅"。"封"为祭天，"禅"为祭地，乃一代王朝肇兴告拜天地的最高仪式。其意义若通俗而言，犹今之结婚领证、买车挂牌，是新兴王朝向上苍祷告求取"合法性"的仪式。毫无疑问，虽然其实质"神道设教"是最大的宗教与政治骗局，但在中国自上古即逐渐形成的"天人合一"文化传统下，泰山封禅与祭祀对于一代王朝收拾人心、震慑不轨，巩固统治，不啻以虚求实，歪打正着，故能绵延数千年而后才废。《管子·封禅第五十》载：

> 桓公既霸，会诸侯于葵丘，而欲封禅。管仲曰："古者封泰山，禅梁父者，七十二家，而夷吾所记者，十有二焉。昔无怀氏封泰山，禅云云。虙羲封泰山，禅云云。神农封泰山，禅云云。炎帝封泰山，禅云云。黄帝封泰山，禅亭亭。颛顼封泰山，禅云云。帝喾封泰山，禅云云。尧封泰山，禅云云。舜封泰山，禅云云。禹封泰山，禅会稽。汤封泰山，禅云云。周成王封泰山，禅社首。皆受命然后得封禅。"[1]

此节为《史记·封禅书》引用之，并追论曰：

> 自古受命帝王，曷尝不封禅？盖有无其应而用事者矣，未有睹符瑞见而不臻乎泰山者也。虽受命而功不至，至梁父矣而德不洽，洽矣而日有不暇给，是以即事用希。[2]

但是，即使如此，在周成王之后，司马迁之前，也还先后有秦始皇、汉武

---

1 黎翔凤撰，梁运华整理：《管子校注》，中华书局 2004 年版，第 952—953 页。
2 司马迁：《史记》，中华书局 1959 年版，第 1355 页。

帝封禅泰山。汉武帝甚至九至泰山，七次封禅。汉武之后，虽仍旧"即事用希"，但先后还有汉光武帝、唐高宗、唐玄宗和宋真宗规模盛大的泰山封禅。这些崇拜泰山神的政治盛举，固然因泰山为"神山"而起，但反过来也强化了泰山的"神山"属性和地位。即使宋代以后泰山封禅未再实行，清乾隆朝以后泰山祭祀废止，至今更几乎很少人承认泰山首先是一座"神山"了，但如果不是泰山有历史上形成的"神山"品格的支撑，则不仅历史上千里巡狩的封禅、祭祀不会发生，恐怕连孔子也未必多次光顾或登临。"山不在高，有仙则名"，导致泰山历代封禅、祭祀不绝，至今既是世界自然遗产又是世界文化遗产的根本原因，就是她的"神"性。

其次，泰山是华夏人文的核心象征。应当说，黄帝传说与泰山神的联袂使二者各自的神圣地位相得益彰。按，黄帝自古被奉为华夏"人文始祖"，其生地葬所，虽说法不一，但从近世祭黄帝陵看似乎已定于一尊，暂已不大可能展开新的讨论和发生改变，兹不具论，仅为一提的是，如上引何新论"黄帝时代的日神和泰山崇拜"意味着黄帝与泰山的关系，《史记·五帝本纪》司马贞索隐引皇甫谧云"黄帝生于寿丘"[1]，必非无稽之言，至少应该与他说受到同样的重视，而两存之。至于何新又论黄帝以下"有虞、陶唐、夏、商、周之祖，竟无一不葬于泰山者"，可备一说，也应该引起重视。至少泰安人需要重视起来。同时值得注意的是，虽然《史记·五帝本纪》有载"黄帝采首山铜，铸鼎于荆山下。鼎既成，有龙垂胡髯下迎黄帝"仙去云云，东汉曾为泰山太守的应劭作《风俗通义》，其《正失篇》引《封禅书》却说"黄帝升封泰山，于是有龙垂胡髯下迎黄帝；黄帝上骑"[2]。对于二者明显的不合，笔者曾分析提出："因疑黄帝升仙故事源出《史记》之前，或有异说，或《史记》原本载发生于泰山，而后人改易。总之，其与泰山必有联系，可备为一说。"[3]此说最大的价值是"人文始

1　司马迁撰，司马贞索隐：《史记·五帝本纪》，中华书局缩印四部备要本 1998 年版，第 1 页。

2　应劭著，王利器校注：《风俗通义校注》，中华书局 1981 年版，第 81 页。

3　杜贵晨：《杜贵晨文集》第十一卷《齐鲁人文景观论证设计三种》（上），台湾花木兰文化出版社 2019 年版，第 87—88 页。

祖"的生地葬所均在泰山（曲阜寿丘距泰山不远），表明华夏"人文始祖"与泰山同在，泰山是华夏民族上层社会的信仰之山。

其三，泰山是上古神话传说中众神聚会之山。《史记·封禅书》载："黄帝时万诸侯，而神灵之封居七千。"应劭注曰："黄帝时诸侯会封禅者七千人。"《韩非子·十过》载："黄帝合鬼神于泰山之上，驾象车而六蛟龙，毕方并辖，蚩尤居前，风伯进扫，雨师洒道，虎狼在前，鬼神在后，腾蛇伏地，凤皇覆上，大合鬼神，作为清角。"此说"合鬼神于泰山"实与黄帝封禅说暗相关联，是后世帝王泰山封禅"朝会诸侯"反观想象黄帝当年的变相，亦足以证明黄帝与泰山的联系是上古文化一个重要的内容，并因缘而生后世黄帝于泰山受九天玄女天书、置碧霞元君等七玉女于泰山之类传说[1]，林林总总，不必细述，但可总而言之曰：泰山是神话之山。

其四，泰山作为"东天一柱"雄踞人间，既以其挺拔高峻为所谓通天之阶，其下又因"泰山治鬼"之说为"泰山地狱"之所，堪称沟通天地人三界，过去、现在、未来之津梁，其在古人心目中的神圣之灵性不言而喻。后人不可能抹杀，今人也不应该掩蔽，而应该将其作为泰山文化的一个重要特点，光明正大地揭示出来。

其五，泰山神（又称东岳大帝）与碧霞元君（全称东岳泰山天仙玉女碧霞元君，又名泰山娘娘、泰山老奶奶、泰山老母、万山奶奶等）的庙宇祭祀遍及海内外华人圈。明清以降，虽然泰山封禅早已不行，朝廷遣官祭祀之礼亦渐废止，但自民间兴起的对泰山"神山"崇拜的兴趣与热潮，从未消减，反而与日俱增，使泰山为"神山"的信仰与崇拜进一步普及到下层民众中，泰山成为国内外华人文化圈众望所归之"神山"。

总之，中华人文历史五千年，泰山是"人文始祖"生降死葬和战斗（工作）过的"神山"，是历朝历代国家民族信仰之"神山"，又是海内外千古民俗

---

1 参见杜贵晨《杜贵晨文集》第十一卷《齐鲁人文景观论证设计三种》（上），台湾花木兰文化出版社 2019 年版，第 87—88 页。

崇拜之"神山"。

尽管泰山自明清以降未能持续得到政府和宗教的强力支撑，至今其作为"神山"的一面在我国已明显暗淡，但事实俱在，她是比世界各大"神山"更早，影响更为全面久远的"神山"。其真面如此，光彩在此，维系华夏一统的意义也在于此。

总之，泰山作为"神山"，并且只是作为"神山"，才有更充分理由高居世界名山之林。不仅因其自然美，更因其为华夏信仰之山和民俗崇拜之"神山"而堪与世界"神山"美美与共。因此顺理成章，为着与世界有更进一步的融合，创造人类共同的美好未来，现在是我们刷新认识，重提泰山是华夏"神山"形象之一面的时候了。

四、"泰山神"话与世界未来

重提和刷新泰山作为"神山"的真面，使其再放"神山"之光彩，在当今有如下几个方面的意义。

第一，泰山作为"神山"是"国泰民安"的象征，可视为当今人类"普世价值"内涵的一个重要方面，而与世界共享。这虽然是一个老问题，但现在看来，历代天子帝王封禅、祭祀之义根本在此。即使秦皇汉武封禅泰山有乘龙升仙之想，宋真宗封禅泰山甚至诈称得"天书"之旨为天大的政治笑话，但是无论如何，其公开的理由还是为了祈求"国泰民安"。虽然古今有异，但亿万年来，神州大地还是这一片土地，华夏民族还是这一方百姓，从而无论谁何，向往和鼓吹"国泰民安"理想的一面总是美好的。而中国好，保一方平安，自然也是世界人民的利好。因此，"国泰民安"作为人类社会的理想，古今中外，概可共享，一世以至万世，形成共识，必有助于世界未来的美好发展。

第二，泰山作为民众信仰之"神山"，是众神聚会之山，至今有各家各类寺庙庵观和大量宗教场所遗址，是国内外华人世界民间信仰最为集中之地，是华人世界精神上沟通的不朽桥梁与纽带。因此，充分利用泰山信仰的多元化内涵，可以设想以泰山多宗教祭祀场所为平台，联系海外华人乃至世界各大"神山"，促进中国"神"与世界"神"的交流，一定能利于推动人类社会现实的融合与发展。

第三，泰山"神山"作为神话之山，可以开展与世界"神山"故事的对话。神话在欧洲曾是希腊艺术的摇篮，泰山神话自古，后又有小说等文学作品的增益，层出不穷，屈指难数，丰富多彩，而且多寓意美好，生动感人。如黄帝、王母、九天玄女、玉皇大帝、东岳大帝、阎王、孔子等，皆泰山所独有或以泰山之所有为最的文化遗产。讲好、演好、弘扬好这些"泰山神"话，即是一代代泰安人传承泰山文化的责任，也是当今独辟蹊径，使泰安文化旅游"弯道超车"发展的新路。讲好用好"泰山神"话，传播泰山故事，是现在与未来团结海内外华人、儒家文化圈、国家与人民，乃至与世界各民族、国家沟通的重要途径。

第四，泰山作为世界"神山"之一与世界诸神山的共性，可以促进泰安市与世界"神山"所在地的联系与交流，以共同的"神山"文化为纽带，带动推进与该地学者民众的往来，扩大包括弘扬"神山"文化在内的城市和地域间全方位双向的国际交流，以助益双方经济文化建设，造福人类，为"人类命运共同体"的建设捡柴助火，添砖加瓦。

改善中日关系　构建人类命运共同体

江　静

浙江工商大学

自 2012 年 11 月中共十八大明确倡导"人类命运共同体"意识以来，习近平总书记在多个场合阐述了人类命运共同体的思想，在 2017 年十九大报告中，更是明确指出：构建人类命运共同体，建设持久和平、普遍安全、共同繁荣、开放包容、清洁美丽的世界。现在，这一思想已深入人心，并逐渐成为世界人民的共识。

就中日关系而言，中国政府提出的构建人类命运共同体的主张有助于双方构筑契合新时代要求的中日关系，推动两国关系持续、健康、稳定地向前发展。

回顾中日两千多年的关系史，虽然有冲突、战争等不和谐的声音，但是，和平友好始终是主旋律，文化交流延绵不绝。这种交流使两国之间有了相通的情感和相似的文化，培养了共同的思想基础和文化基础，对缩小两国认知差距，消除两国民众心理与文化上的隔膜和排斥感，增进彼此的理解与包容，发挥了很大的作用。今天，如何将两国文化交流的成果用于推动民心相通的实践，是我们要研究的重要课题。

以泰山文化为例，作为泰山主神的"泰山府君"，也就是"东岳大帝"信仰是泰山文化的重要组成部分。这一信仰在唐朝的时候非常盛行，并在唐宣宗大中元年（847）被来唐求法的日本天台宗僧人圆仁（793—864）传到了日本。泰山府君到日本后，成为日本天台宗的护法神——赤山明神，之后，又受到日本阴阳道信仰及传统神道教思想的影响，成为日本民俗信仰中的重要神祇，是日本民众护国安邦、延寿招福、避邪消灾的祭祀对象。可以说，泰山府君信仰是中日两国共同的文化传统和历史遗产，我们应珍惜并有效利用好这一文化交流的成果，增进两国人民的认同感、亲近感，聚同化异，减少冲突和摩擦。

虽然和平友好是中日关系史的主旋律，但是，我们也看到，最近一二十年，中日关系出现了许多令人担忧的状况，两国民众对对方国家的总体印象一度持续下降，特别是日本民众对中国的好感率比较低。造成这一现象的原因是多方面的，有一点与"中国威胁论"有关。随着中国经济的快速发展，许多日本人开始担心，重新强大的中国会不会威胁日本的发展。一些敌视中国的文人政客也趁机通过各种媒体宣传"中国威胁论"，挑动日本民众对中国的不信任情绪，影响中日关系的正常发展。中国政府提出的构建人类命运共同体的主张向世界传递了一个很明确的信息，中国坚持和平发展道路，坚持互利共赢的开放战略，坚持与世界各国共同发展繁荣，正所谓"美美与共，天下大同"。这就有力地回击了"中国威胁论"，可以在很大程度上消除日本民众对中国的担心和敌意，有利于两国关系的改善和发展。

事实上，2019 年以来，中日两国政治关系正在往好的方向发展，两国民众对对方国的好感度也在持续上升。据 2019 年 10 月 24 日发布的中国外文局和日本言论 NPO 共同开展的"中日关系舆论调查"结果显示，两国受访者关于对方国家总体印象正在持续改善，对当前中日关系"看好"的受访者持续增加，对两国发生军事冲突的担忧有所下降，对进一步加深中日关系，尤其是对加深中日两国国际合作和民间交往抱有较高的期待。笔者以为，这是"人类命运共同体"与"文明交流互鉴"理念逐渐深入人心的结果。

然而，我们也要看到，"中日关系舆论调查"结果显示两国关系发展的民意基础仍不牢固，我们要充分发挥民间交流的作用，深入挖掘两国文化价值观的共同点，积极推动民心相通，增进两国民众之间的相互理解和友好感情，以此改善中日关系，共同为人类命运共同体目标的实现努力奋斗。

封禅视角下泰山文化内涵浅探

姜玉芳

中国艺术研究院

文化部和国家旅游局合署，文化和旅游部的成立，是新时期的大事。自 20 世纪 80 年代以来就号称"朝阳产业"的旅游事业，遇到了全新的机遇，当然，也是全新的挑战：富起来的中国人，不再满足于到哪里随便晃晃，而是更关注旅游产品的内涵，今天的旅游，必须是文化旅游，必须突破文化搭台、经济唱戏的旧框子，也必须深入传统、挖掘内涵、与时代风气相摩相荡，才能抓住这个时代的机遇、赢得挑战。

据说 2018 年泰山接待国内外游客的数量超过 2000 万，相当于一天六七万人。如果从泰安全市来看，一个数据显示 2018 年上半年全市接待游客数量超过 3300 万，相当于一天接近 20 万人。盆满钵满数钱的时候，是否有人想过，这样的旅游热度，究竟因何而起？

先不说泰山，先说比较容易说清楚历史的武汉市黄鹤楼。在百度词条中，说得很清楚：黄鹤楼始建于三国时代吴黄武二年（223），三国时期该楼只是夏口城一角瞭望守戍的"军事楼"，晋灭东吴以后，三国归于一统，该楼在失去其军事价值的同时，随着江夏城地发展，逐步演变成为官商行旅"游必于是""宴必于是"的观赏楼。唐代诗人崔颢在此题下《黄鹤楼》一诗，李白在此写下《黄鹤楼送孟浩然之广陵》，历代文人墨客在此留下了许多千古绝唱，使得黄鹤楼自古以来闻名遐迩。

在崔颢题诗之前，也有传说故事，所谓三国时期的蜀国大将费祎成仙后，曾经骑着黄鹤经过这里。在崔颢之后，同是唐人的阎伯理写了《黄鹤楼记》，其中有"事列《神仙》之传，迹存《述异》之志"的说法，是说东晋葛洪所著的《神仙传》记录了费祎成仙的故事，南朝梁任昉编写的《述异记》则称有人于此遇见了"驾鹤之宾"。经过了古代小说和诗歌的渲染，黄鹤楼才慢慢沉淀为一个著名的文化旅游胜地。这种文化积淀的内在力量，大到令人瞠目结舌——黄鹤楼在历史上被屡修屡废，最后一次重修是 1981 年，竟然离开了原址 1000 多米，即使如此，游客依然蜂拥而至。据说 2018 年国庆长假期间，黄鹤楼连续三天每天接待四万多人。当代人可以修、已经修的楼不可谓不多，有几个有如此大的魅力？

旅游产品的文化内涵具有如此强大的能量。泰山的文化内涵，无论历史深度、意义广度都远超黄鹤楼，对此的挖掘，意义深重。

一、五岳之首

当代颇有人纠结于泰山并非五岳中海拔最高的山、何以成为五岳之首，遂自作聪明地找出很多自然环境的理由来阐释泰山五岳最尊的说法。而在中华典籍中，我们的祖先至少在汉代的时候就已经形成了如下共识：

汉班固等撰写，清陈立疏证的《白虎通疏证》卷六《封禅》曰：

> 王者易姓而起，必升封泰山何？报告之义也。始受命之日，改制应天，天下太平功成，封禅以告太平也。所以必于泰山何？万物之始，交代之处也。

这个五岳之首的定位非常独特和高大上，泰山是改朝换代之后"王者"向授予自己君权的天报告成绩的特定位置。为什么必须在泰山做这个"报告"？

理由是泰山乃"万物之始，交代之处"。陈立在疏证中说：

> 东方，万物始交代之处，《续汉志》注引袁宏云："夫东方者，万物之始也。"

在班固之后的其他典籍中，亦有相同的论述：

> 岱，始也；宗，长也。万物之始，阴阳交代，故为五岳长。《白虎通》云：岱者，言万物相代于东方也。(《毛诗正义》卷十九)
>
> 必先于此岱山者，言万物相代于东方，故岁二月东巡守至于岱宗。宗者，尊也。岱为五岳之首，故为尊也。(《礼记正义》卷第十一)

五岳中居于东方、象征着万物之始，而这个"始"，当然也是一种更替，万物更替交换，因此以这种象征意义，帝王易代要到这个"交代"之所来报告。这是泰山、岱宗之所以称尊于五岳的文化渊源。

二、帝王与封禅

封禅是泰山最重要的活动功能，也是泰山历史文化内涵形成的最初原动力。《毛诗正义》卷十九有云：

> 《尧典》注云：遍以尊卑次秩祭之是也。言至于方岳之下者，每至其方之岳，皆为告祭之礼，非独东岳而已。告祭则四岳皆然，其封禅者，唯岱宗而已。余岳不封禅也。

古者帝王"望于山川，遍于群神"。(《尚书·尧典》)但是这种"遍于群神"的望祭，到了泰山，就成为更加隆重和慎重的事情——"封禅"。

> 聚土曰封，除地曰禅。变墠言禅，神之也。
>
> 故升封者，增高也。下禅梁甫之基，广厚也。(《白虎通疏证》卷六)

在泰山的绝顶，封一个更高的土堆；在旁边的小山，扫地而墠。为了神化其意义，后来更"墠"为"禅"。这个活动，看起来虽简单易行，其必备条件却很苛刻：

> 封禅必因巡守，而巡守不必封禅。何则？虽未太平，王者观民风俗而可以巡守，其封禅必太平功成，乃告成于天，非太平不可也。(《毛诗正义》卷十九)

封禅的王者，必须达成天下太平，才有资格登上泰山来封个土堆和扫一下地，向上天汇报：我接受您的命令做了改朝换代的工作，并且据说还做得很好……对帝王而言，封禅是一种荣耀。对泰山而言，封禅是它文化内涵最大的根基。这其中，封禅告成的形式，一方面巩固着君权神授的帝制；另一方面，却因必须以"太平功成"为前置条件，反映出朴素的民本思想。这一思想，在泰山上历代绵延，不绝如缕。

典籍中普遍记载着孔子和管仲的说法，认为历代封禅泰山的有七十二君。在春秋战国之后，又有很多皇帝跟封禅泰山有了关联，其中有实际封禅的、有想要封禅而不得的、有谦虚着不肯封禅的。形形色色，展示了不一样的文化心态。

《礼记正义》卷十一提到舜封泰山的细节，除了接见诸侯外，更有"问百年者就见之。命大师陈诗以观民风，命市纳贾以观民之所好恶、志淫好辟，命典礼考时月，定日同律，礼乐制度，衣服正之，山川神祇有不举者为不敬，不敬者君削以地"。可知上古之帝王封禅和巡守是结合在一起的，观察民风，体恤人民，对当时社会发展最重视的历律、礼制等都进行考订整理。他们也重视祭祀山川神祇，把祭祀山川神祇作为领导者"敬"的表现，"不敬者君削以地"。放到今天来说，那么重视祭祀自然山川和托身自然的神祇，必然生态方面的考量是非常重要的，大肆破坏环境的事情肯定不能发生在"敬"神的领导者身上。舜作为上古仁君的典范，从封禅的角度，也留下了典范的做法：他以帝王至尊，恪守着代天牧民、以民为本的职分，接见地方官、访民疾苦，甚至即时解决现实问题。

舜之后，秦始皇的封禅也很典型。

即帝位三年，东巡郡县，祠驺峄山，颂秦功业。于是征从齐鲁之儒生博士七十人，至乎泰山下。诸儒生或议曰："古者封禅为蒲车，恶伤山之土石草木；埽地而祭，席用葅秸，言其易遵也。"始皇闻此议各乖异，难施用，由此绌儒生。而遂除车道……从阴道下，禅于梁父。其礼颇采太祝之祀雍上帝所用，而封藏皆秘之，世不得而记也。

秦始皇把封禅当成自己炫耀功德、垂名万世的机会，"上自泰山阳至巅，立石颂秦始皇帝德，明其得封也"。(《史记》卷二十八《封禅书》)之后，他并没有像舜那样到处接见官吏和人民、关心民生，而是"遂东游海上，行礼祠名山大川及八神，求仙人羡门之属"。(《史记》卷二十八《封禅书》)所以司马迁在《史记》中也借着儒生之口，狠狠讽刺了他：

诸儒生疾秦焚诗书，诛僇文学，百姓怨其法，天下畔之，皆讹曰："始皇上泰山，为暴风雨所击，不得封禅。"此岂所谓无其德而用事者邪?(《史记》卷二十八《封禅书》)

妄想天下一统万世的始皇帝虽然也封禅了，却背离了封禅的民本思想，在史书上留下了被讥诮的污名。跟他相似的，是汉武帝。

汉武帝的封禅，是司马迁《史记·封禅书》中记录的当时的大事，也是司马迁着力最多的部分。汉武帝锐意武功，到处开疆拓土，此外，便迷信神仙方术，渴求不死仙方。司马迁认为"自齐威、宣之时，驺子之徒论著终始五德之运，及秦帝而齐人奏之，故始皇采用之。而宋毋忌、正伯侨、充尚、羡门子高最后皆燕人，为方仙道，形解销化，依于鬼神之事。驺衍以阴阳主运显于诸侯，而燕齐海上之方士传其术不能通，然则怪迂阿谀苟合之徒自此兴，不可胜数也"。秦始皇封禅的时候开始抬头的阴阳五行学说，到了汉武帝，发展为变本加厉的谶纬学说，迷信的风气更为浓厚。燕国和齐国有一个出方士的传统，虽"不能通"驺衍的"阴阳主运"学术，却也能随着时代风气站上潮头，尤其汉武帝那么渴望长生久视。

司马迁说汉武帝"尤敬鬼神之祀"。这个"敬"，貌似是延续了舜帝上古时代对于山川鬼神的敬重，实际上却只是他无尽贪欲的一个重要出口。富有四海、一统天下、高度集权，汉武帝所缺少的，只有长寿、长生。李少君言上曰："祠灶则致物，致物而丹沙可化为黄金，黄金成以为饮食器则益寿，益寿而海中蓬莱仙者乃可见，见之以封禅则不死，黄帝是也。臣尝游海上，见安期生，安期生食巨枣，大如瓜。安期生仙者，通蓬莱中，合则见人，不合则隐。""于是天子始亲祠灶"；方士少翁被封为文成将军，文成言曰："上即欲与神通，宫室被服非象神，神物不至。"汉武帝立即照办；胶东栾大，大言能致神仙，被封为五利将军，奉命入海求仙，身配六印，贵震天下；公孙卿则借着汾阴后土营出土的一个大鼎，编了一个黄帝封禅得仙的故事，鼓动汉武帝封禅：

卿曰："申公，齐人。与安期生通，受黄帝言，无书，独有此鼎书。曰'汉兴复当黄帝之时'。曰'汉之圣者在高祖之孙且曾孙也。宝鼎出而

与神通，封禅。封禅七十二王，唯黄帝得上泰山封'。申公曰：'汉主亦当上封，上封则能仙登天矣。'"（《史记·封禅书》）

公孙卿的故事极其不经，他甚至说黄帝铸鼎既成，有龙垂胡须下迎黄帝。"黄帝上骑，群臣后宫从上者七十余人，龙乃上去。余小臣不得上，乃悉持龙髯，龙髯拔，堕，堕黄帝之弓。百姓仰望黄帝既上天，乃抱其弓与胡髯号，故后世因名其处曰鼎湖，其弓曰乌号。"（《史记·封禅书》）

如此荒诞不经的说法，英明神武却鬼迷心窍的汉武帝也信了。封禅的时候，皇帝会写一个祝祷的文辞，所谓玉牒书，封藏在泰山上。而这种封藏是秘密的，除了皇帝本人，无人可知文辞的内容。跟着公孙卿起哄、鼓动封禅的齐人丁公的说法跟公孙卿等人都一样："封禅者，合不死之名也。"在这样的文化意义下谋求封禅，汉武帝所写在玉牒书上与上天沟通的，能是什么呢？

秦皇、汉武把不死的妄想镌刻进神圣的泰山。这种扭曲，世所共嗤。所以到了唐玄宗封禅的时候，他故意把一直都秘而不宣的玉牒书内容公之于世：

> 玄宗问前世何为秘玉牒。知章曰：玉牒以通意于天，前代或祈长年，希神仙，旨尚微密，故外莫知。帝曰：朕今为民祈福，无一秘请。即出玉牒，以示百寮。（《新唐书·礼乐志》）

唐玄宗都能封禅，而文治武功都很突出的唐太宗李世民为什么没有封禅呢？

李世民也想要封禅，贞观十五年，"帝将有事太山，至洛阳，星孛太微犯郎位。遂良谏曰：陛下拨乱反正，功超古初，方告成岱宗而彗辄见，此天意有所未合"。（《新唐书·褚遂良传》）仅仅是一个"天意有所未和"，李世民便把这个流芳百世的机会放弃了，诏罢封禅。

比起秦皇、汉武的一心求长生，唐玄宗放下个人私欲、为民祈福，所谓拨乱反正，对于封禅、泰山来说，唐玄宗此举是很重要的转折。唐太宗虽然未能封禅，其行为却如清风时雨，冲刷着秦皇、汉武以私欲、愚昧玷污过的地方，亦值得泰山铭记。

也有的皇帝，犹抱琵琶半遮面，东汉光武帝刘秀很典型。"建武三十年二月，群臣上言：即位三十年，宜封禅泰山。诏书曰：即位三十年，百姓怨气满腹，吾谁欺，欺天乎？曾谓泰山不如林放，何事污七十二代之编录？桓公欲封，管仲非之。若郡县远，遣吏上寿，盛称虚美，必袭，兼令屯田。"从此群臣不敢复言。但是到了三月，他不知何事就到了鲁国，经过泰山，"告太守以上过，故承诏祭山，及梁父"。到了建武三十二年正月，"上斋夜读《河图会昌符》曰：赤刘之九，会命岱宗，不慎克用，何益于承。诚善用之，奸伪不萌。感此文，乃诏松等复案索《河》《洛》谶文言九世封禅事者。松等列奏，乃许焉"。（《后汉书·祭祀上》）他嘴上喊着不能欺天盗名，心中却痒痒着想要这个名。委曲婉转地，最终还是利用了谶纬学说，给了自己一个得以封禅的名分。

光武帝这一脉，自欺欺人，比秦皇、汉武赤裸裸寻求长生还不如。而这一脉，也有传人，那就是历史上最后一位完成封禅的皇帝宋真宗。他和王钦若两个人串通一气，导演天书自降的把戏，这个签订了不平等条约"澶渊之盟"的皇帝竟然也封禅成功。其间多少臣子在名利进退之间失去了气节，封禅至此，已经完全失去了最初的文化意义，成为封建君主玩弄名分的工具。到了明代，出身草野的朱元璋以人君没有资格参与封神为由，给泰山神去封号，除了常规祭祀外，不再封禅。山东布政使司的官员万历年间重刻《去东岳封号碑》的时候在背阴刻文，赞美朱元璋此举"力洗陋制，谢封禅不议"，实在堪称"鸿谟卓越千古"。

封禅所起，在于泰山作为自然神代表了万物之始、万物更替，于是代天牧民的帝王便在这里与授命的上天沟通、汇报，这里实在是民本思想的发源地。当它堕落为帝王玩弄名分的工具时，便失去了初心，朱元璋大刀阔斧去封，还泰山自然神的本位，貌似是结束了封禅，其本质却有拨乱反正的意义。

三、臣下与封禅

除帝王之外，臣下对于封禅的态度，也应被纳入泰山文化。

一种当然是赞成的。

> 玄宗开元十二年，四方治定，岁屡丰稔，群臣多言封禅，中书令张说
> 又固请，乃下制以十三年有事泰山。(《新唐书·礼乐志》)
>
> 会帝(玄宗)诞日，(崔)日用采《诗》大、小雅二十篇及司马相如
> 《封禅书》献之，借以讽喻，且劝告成事，有诏赐衣一副、物五十段，以
> 示无言不酬之义。(《新唐书》卷一百二十一列传第四十六《崔日用传》)

宰相张说曾劝玄宗祠祭汉武帝时建立的脽上祠，以此进封中书令。之后就
劝封禅。对崔日用和张说而言，封禅比终南捷径还便捷。

这些积极倡议封禅的人，他们脸上都被史笔描了一道白灰：如崔日用，
《新唐书》说他擅长"乘机反祸取富贵"，而他也曾经自我反思说："吾平生所
事，皆适时制变，不专始谋，然每一反思，若芒刺在背云。"张说在封禅大典
中积极引用自己人，"多引两省录事、主书及所亲摄官升山，超阶至五品"(《新
唐书·张九龄传》)，张九龄责备他滥用天下公器，必然招谤，果然"众怨其
专"。(《新唐书·张说传》)

也有一种臣子，虽然未能表达自己赞成与否的意愿，在封禅中的行为，却
可圈可点。如唐玄宗封禅归来，在宋州驻扎的时候与从官欢宴，特别表扬了几
个臣子：

> 今朕有事岱宗，而怀州刺史王丘饩牵外无它献，我知其不市恩也；魏
> 州刺史崔沔遣使供帐，不施锦绣，示我以俭，此可以观政也；济州刺史
> 裴耀卿上书数百言，至曰"人或重扰，即不足以告成"，朕置书座右以自

戒，此其爱人也。(《新唐书·裴耀卿传》)

皇帝封禅巡守，地方官有贡献所需的义务，也是阿谀之臣借机诏上的时机。但王丘只老老实实提供了皇帝需要的吃喝和牛马等必需品，崔沔提供的帐篷等都很朴素，裴耀卿老实、不客气地上书讲不能扰民，不然就不配向上天汇报功绩。这个裴耀卿之后到宣州做官，他的民本思想依然如故：之前被洪水冲坏的河防，"诸州不敢擅兴役，耀卿曰：非至公也。乃躬护作役，未讫，有诏徙官，耀卿惧功不成，弗即宣，而抚巡饬厉愈急，堤成，发诏而去"。(《新唐书·裴耀卿传》)

这一组三人的群像，亦是泰山文化形象的有机组成部分。

另一种是不赞成封禅的。

比较远的是管仲。齐桓公想要封禅，管仲不以为然。

管仲曰："古者封泰山禅梁父者七十二家，而夷吾所记者十有二焉。昔无怀氏封泰山，禅云云；虙羲封泰山，禅云云；神农封泰山，禅云云；炎帝封泰山，禅云云；黄帝封泰山，禅亭亭；颛顼封泰山，禅云云；帝喾封泰山，禅云云；尧封泰山，禅云云；舜封泰山，禅云云；禹封泰山，禅会稽；汤封泰山，禅云云；周成王封泰山，禅社首。皆受命然后得封禅。"桓公曰："寡人北伐山戎，过孤竹；西伐大夏，涉流沙，束马悬车，上卑耳之山；南伐至召陵，登熊耳山以望江汉。兵车之会三，而乘车之会六，九合诸侯，一匡天下，诸侯莫违我。昔三代受命，亦何以异乎？"于是管仲睹桓公不可穷以辞，因设之以事，曰："古之封禅，鄗上之黍，北里之禾，所以为盛；江淮之间，一茅三脊，所以为藉也。东海致比目之鱼，西海致比翼之鸟，然后物有不召而自至者十有五焉。今凤皇麒麟不来，嘉谷不生，而蓬蒿藜莠茂，鸱枭数至，而欲封禅，毋乃不可乎？"于是桓公乃止。(《史记》卷二十八《封禅书》)

管仲是齐桓公称霸的帮手，为什么不愿意促成齐桓公封禅呢？司马迁没有说，但是他记叙下来的这个故事，已然含着他的态度。管仲一开始就不乐意，举了三皇五帝的例子，大意就是说"他们都是受命来统治天下的，你一个诸侯，你配吗"。齐桓公不死心，反复讲自己成就霸业如何厉害，管仲就又编出一大套不知真假的话，说必须有特别瑞祥之事发生才能封禅，终于阻止了齐桓公的妄想。

作为臣子，不迎合君主、坚守原则极力劝阻，管仲在封禅故事中的角色定位闪耀千古。

这种角色，在后代，亦层出不穷。而他们在史书中的形象，普遍比较正面。如褚遂良谏阻唐太宗，明君贤臣一时遇合，不仅没有遭到打击报复，还"迁谏议大夫兼知起居事"。此后仍然以耿直行事，当唐太宗想要看看他记录的皇帝起居录内容的时候，他不卑不亢地说："今之起居，古左右史也，善恶必记，戒人主不为非法，未闻天子自观史也。"唐太宗又问："朕有不善，卿必记邪？"他态度不变："守道不如守官，臣职载笔，君举必书。"唐太宗也因而说出了"朕行有三，一监前代成败，以为元龟；二进善人，共成政道；三斥远群小，不受谗言。朕能守而勿失，亦欲史氏不能书吾恶也"的誓言。这一对君臣，虽然未能登上泰山封禅，但是唐太宗做皇帝的胸襟、褚遂良为臣子的品格，都有站上泰山的资格。

隋末大儒王通断言：

封禅之费非古也，徒以夸天下，其秦汉之侈心乎。(《中说》卷一）

他对封禅下了一个论断：封禅劳民伤财，是帝王们在发展秦皇、汉武私欲无穷的豪侈之心。这一论断，被后世有气节的文人士大夫普遍认同。宋人阮逸注解《中说》这一句话的时候提出一个"事天致诚之本"的说法：

费，费耗国用也，三代以前无此礼，齐桓公欲封太山、禅梁甫，管仲言七十二君，须得远方珍贡乃可封禅，特设词谏止耳，非典礼所载之实。始皇东巡，上太山，立石封祠，下禅梁甫，以颂秦德。汉武帝用齐人公孙卿言，封禅登仙，遂升中岳，又上太山，封土，有玉牒，使方士求神仙千数，无验而回。此皆夸侈以欺天下，非事天致诚之本。

这个"本"，虽然以"事天"为宗旨，然事天在本质上仍然以要求皇帝代天牧民、把真正的民生事业做好为核心，所以仍然是民本思想的闪耀。

宋代二程也赞同文中的论断，认为"此言极好"，"古者封禅，非谓夸治平，乃依本分祭天地，后世便把来做一件矜夸底事，如周颂告成功，乃是陈先王功德，非谓夸自己功德"。（《二程遗书》卷一）

汉武帝封禅之前，曾经从已经死了的司马相如家里拿到一份司马相如生前写下的《封禅文》，劝汉武帝封禅。这件事，作为典故，也被后世不断提起，除了《文心雕龙》赞扬其文学成就外，这篇文章，带给司马相如的是万世骂名。

北宋诗人林逋名满天下，他很爱惜自己的名声，所以提前给自己写了墓志铭："湖上青山对结庐，坟头秋色亦萧疏。茂陵他日求遗稿，犹喜曾无封禅书。"所谓"茂陵他日求遗稿，犹喜曾无封禅书"，就是庆幸自己虽然经历过宋真宗封禅的闹剧，但是自己并没有沆瀣一气，其中就拿司马相如的《封禅文》说事儿，彻底把司马相如钉在了历史的耻辱柱上。南宋大儒黄震对于封禅深恶痛绝，他在《黄氏日抄》中引用宋仁宗时候蜀人黄晞所写的《聱隅子》里的话——"天生财以阜吾民，今竭其财以奉天，犹割肉以啗其口"，以此来表明自己鲜明的民本思想立场。为此，他痛诋相如："文人无行，不与吏事，以赋得幸，与倡优等，无足污简册者，亦无足多责。惟《封禅书》，祸汉天下，于身后且祸后世，罪不胜诛。"（《黄氏日抄》卷四十六）不仅如此，黄氏还直接把赞同封禅与否作为臧否士人的重要标准，如《黄氏日抄》卷四十七"司马相如"条又云："相如素行不谨，立朝专是逢君之恶，或者犹以其文墨取之。不知《大人》等赋、《封禅》等书，正其逢君之具也。"卷四十七"兒宽"条云："宽为内史，劝农桑、缓刑罚，殆循吏也。而曲说傅会，以赞封禅之决，卒与相如同科，惜夫。"赞成封禅的人就可惜了。卷五十："谏议公田锡、内翰王公禹偁、侍讲孙宣公奭，三君子，皆太宗、真宗时从班名臣也。锡质重，禹偁明峭，奭刚正，皆以直言闻当时。然当是时，太平日久，所最防者，祷词邪说也。锡请封禅，奭力谏，禹偁不谏亦不请。风节虽相上下，学识有不同者矣。"

结　语

泰山本只是天地间一座山而已，它的所谓文化，是人类赋予的。人类的活动、人类的认知、人类的思想，在泰山上留下了痕迹，这些痕迹流传下来，积淀为泰山的文化内涵。这其中，并非越古越值得显扬，也并非越名气大越值得显扬。时序迁移至当代，迁移至文化旅游大发展的时代，需要当代人拿出眼光来，拣择辨析其间的合理内核，扬弃糟粕，让上古时代即崇高于天地间的泰山再次焕发它伟大的文化魅力：

这里是万物之始、万物更替的地方；

这里是民本思想最初的发源地；

这里是崇尚气节的文人士大夫倾心守护的优秀文化传统的象征。

在这样的泰山文化内涵的支撑下，才能做好当代泰山文化旅游的优秀策划，让旅游业的盘子和文化事业的空间同步增长，取得社会效益和经济效益的双丰收。

宗藩关系的真实面貌：17—18世纪朝鲜
对清危机意识和防御措施

李花子

中国社会科学院

清在入关之前，为了解除后顾之忧，两次攻打了朝鲜（指李朝）。一次是在天聪元年（1627），朝鲜国王仁祖避入江华岛，双方结成了兄弟关系，史称"丁卯之役"，朝鲜称"丁卯胡乱"。另一次是在崇德元年（1636），皇太极亲征朝鲜，史称"丙子之役"，朝鲜称"丙子胡乱"，其结果是朝鲜战败投降，朝鲜国王仁祖出南汉山城，向清太宗皇太极称臣纳贡，双方结成了宗藩关系。根据"南汉山城盟约"，朝鲜要岁时朝贡，奉清朝正朔，不得修筑"新旧城垣"。清军按照约定撤回到鸭绿江以北，朝鲜得以保存宗庙、社稷。这种宗藩关系一直维持到光绪二十一年（1895）甲午中日战争结束为止。

虽然清朝与朝鲜结成了宗藩关系，但是朝鲜内心充满了仇恨和鄙视。在入关前的女真部落时期，女真人曾经对明朝和朝鲜同时纳贡和接受官职，学者们称之为两属状态，朝鲜称女真人为"藩胡"。长期以来被朝鲜视为夷狄、在文化上落后的女真部落，不但建立了国家（后金，后改国号为清），还攻打明朝和朝鲜，使朝鲜成为其藩属国。这对于以华夷观念武装起来的朝鲜来说，是难以接受的，其心态的复杂性可想而知。

在两次遭遇"胡乱"的过程中，成千上万（50多万）的朝鲜人被掳去，沦为清人的奴隶，因此朝鲜对清充满了仇恨。国王被迫出南汉山城行三拜九叩头礼，心里又充满了耻辱感，时刻想着复仇和雪耻。清入关以后，经过康、雍、乾三代的开疆拓土，版图越来越广大，国力日益强盛，这对于文弱的朝鲜来说，难免心生戒备。这种复杂心态充斥于17—18世纪的朝鲜，影响了其内政及对清关系的展开。

学界对以华夷观为代表的朝鲜对清的认识，已有不少研究，如通过《燕行录》看朝鲜士人对清认识的变化，从17世纪到18世纪初，朝鲜士人认为清朝是夷狄而加以鄙视，18世纪后期认同清朝，认为清朝虽为夷狄，但在文化上已和中华无别，进而掀起向清朝学习的"北学运动"等。但是学界对于朝鲜对清的戒备和防御措施，尤其是以"宁古塔败归说"为中心的对清的危机意识，谈得并不多。

朝鲜对清的危机意识，并不是针对清朝再次入侵朝鲜产生的危机感，因为双方已结成了宗藩关系，而主要是对清入关以后能否在中原稳固地进行统治有所怀疑而产生的危机感，认为清朝早晚要败归老巢宁古塔，在败归途中由于受到蒙古的夹击，会转入朝鲜境内，经由朝鲜平安道和咸镜道，转向宁古塔。对此做出积极的防备，就是"宁古塔败归说"的核心内容。

总之，对清"危机意识"也好，"宁古塔败归说"也好，一方面与清初国内局势动荡有关，如清朝发生三藩之乱及蒙古准噶尔部叛乱等，使朝鲜对清朝的中原统治能力缺乏信心，担心清朝的内乱会殃及朝鲜，提出积极防备；另一方面是朝鲜人根深蒂固的"华夷观"在作怪，即所谓"夷无百年之运"，认为清朝作为夷狄入主中原，其统治不会长久，早晚要退回老巢宁古塔，这是相比于元朝统治中原的年份不足百年而言的，是华夷观和反清思想的集中表现。

以"宁古塔败归说"为代表的对清的危机意识，最初产生于三藩之乱期间。康熙初年，由平西王吴三桂、靖南王耿精忠、平南王尚可喜的儿子尚之信等，对抗康熙帝的撤藩令发动的叛乱，历经8年（康熙十二至二十年，1673—1681），席卷中国的西南、东南、西北10个省的广大地域，给入关不久的清朝带来巨大的危机与挑战。三藩之乱的消息是在次年（康熙十三年，1674）3月通过朝鲜使臣传回朝鲜的。同年6月，当清朝使臣将要到达汉城（现首尔）的消息传来时，都下震动、讹言四起，相传清使是为了向朝鲜请兵而来的。三藩之乱的消息对于仇清心理严重的朝鲜来说，无疑是个莫大的鼓舞，在朝鲜国内一时兴起"复仇雪耻"的北伐论。

在领议政许积的带动下，朝鲜突破"南汉山城盟约"不得修筑"新旧城垣"的限制，在西、北两边（平安道、咸镜道）设置镇堡、筑城，采取了加强关防的措施。如康熙十五年（1676）在开城修筑了大兴山城，康熙十八年（1679）11月，在咸镜道栎山、丰山两镇筑城。

继许积之后，国王肃宗（1661—1720）强调"宁古塔败归说"，是为了在首都汉城之外经营保障地，以作为应急避难所。康熙三十一年（1692），朝鲜完成了江都筑城。康熙三十三年（1694），在江都对岸修筑了文殊山城。康熙五十一年（1712）在汉城以北修筑了北汉山城。在之前一年（1711），清朝曾通告朝鲜注意海贼，朝鲜抓住机会回咨表示"关防守备另加修缮"，这显然是突破"南汉山城盟约"的，但清朝对此无任何反应，表明入关以后清朝对朝鲜的戒心已完全消失，于是朝鲜放心地修筑了北汉山城。

国王英祖（1694—1776）即位后，主要担心的是蒙古准噶尔部的叛乱。康熙帝的三次亲征，增强了朝鲜的危机感，为此朝鲜采取了一系列防御措施。如雍正十一年（1733），朝鲜修了平壤中城，乾隆九年（1744），修筑了江都外城。不仅如此，朝鲜还改善丁卯（1627）、丙子（1636）年以山城为主的防御体系的弊端，重视在贼路要冲打击敌人，从鸭绿江、图们江边到朝鲜内地，形成了从江边把守、烟台到沿边镇堡，再到岭路、隘口的设施及内地镇堡的相对完备的关防体系。

除了在西、北两边及贼路要冲加强防御以外，继康熙五十三年（1714）朝鲜要求清朝兵民不得靠近图们江边作舍、垦田，又于雍正九年（1731）、乾隆十一年（1746）两次要求清朝撤回在鸭绿江边莽牛哨设汛的计划，使清朝兵民不得靠近江边居住和设立军事设施。这成为一个惯例，一直维持到清朝解禁开发的同治、光绪年间。朝鲜利用清朝的封禁政策和对朝鲜的怀柔政策，在鸭、图二江以北的清朝境内构筑了一个无人缓冲区，台湾学者张存武称之为"片面瓯脱"，显然这是出于防备清朝的军事目的，其根源是对清的危机意识和戒备心理。

清朝单方面空出边疆地区而不是移民实边，主要是考虑朝鲜对清朝构不成威胁。在之后的 100 多年里，双方通过"统巡会哨制"来维持江北封禁格局，一方面禁止关内流民移入和开垦，另一方面禁止朝鲜边民越境，使两国边境得以相安无事。然而到了同治、光绪年间当清朝准备解禁开发时，却引来了一江之隔的朝鲜边民的越境开垦，双方围绕边务的纠纷及两次共同勘界，与此有关联。表明清朝单方面空出边境地区对巩固清朝边疆是不利的。

如上，朝鲜突破"南汉山城盟约"不得修筑"新旧城垣"的规定，构筑首都防御体系及从边疆到内地的关防体系，从经营自己国家的角度来说，加强"阴雨之备"是必要的。虽然在现实中清朝与朝鲜早已结成宗藩关系，双方在朝贡册封体系下保持和平局面，清朝对朝鲜并不构成军事威胁的情况下，朝鲜却花费大量人力、物力来构筑从边疆到内地的防御体系，显然夸大了危机，助长了国内紧张气氛，不利于双方民间往来及文化交流，也妨碍了朝鲜对边疆地区的开发。

尤其在民间贸易方面，在有清一代，除了少数几处（庆源、中江等）边境互市以外，边贸并不发达，民间贸易主要借助一年数度的朝鲜使臣往来时形成的私贸易，分别在栅门、沈阳及北京会同馆等处进行，栅门私贸易又叫"栅门后市"，会同馆私贸易又叫"会同馆后市"。但是民间贸易往往受到双方政治关系的影响而起起落落，如雍正年间受"辱咨事件"（朝鲜商人欠清人债未还，雍正帝在免除朝鲜债务的同时，通过礼部咨文斥责朝鲜国王"柔懦无能，权移于下"）的影响，栅门后市和鸭绿江边的潜商受到了沉重打击，这里的私贸易从此衰退。另外，在对清敌意和危机意识充斥国内，对清缺乏信任感的情况下，不可能期待民间的自由往来和贸易的大发展。

朝鲜完全克服对清敌意和危机意识是在 18 世纪后期的正祖时期（1752—1800）。此时，朝鲜的风气大变，保持了一百多年的华夷观显得不合时宜，对清朝的看法有了根本的改观，这与年轻君主正祖的开明态度息息相关。正祖强调尊明大义，他认识到清朝经济、文化的发展和朝鲜的落后，注意倾听北学派的进言，以开放的姿态吸收先进的乾隆文化。

正祖所关心的不再是清朝有无危亡之兆，而是清朝的文物制度，"利用厚生"之制，特别是编纂《四库全书》等文化事业。位于京畿道水原的华城是正祖时期筑造的一座新城市，吸收北学派的主张采用了中国先进的筑城方法。如砖城在朝鲜并不多见（多为石城），但在华城第一次大规模使用了砖，这也是包括朴趾源的《热河日记》等实学派的使行录里经常提到的。在筑城过程中，实学家丁若镛参考西洋传教士邓玉函、王徵写的《奇器图说》，使用了举重器、滑车等以提高筑城效率，还仿造北京的筑城方式筑造了瓮城、烽墩等。另外，在防御体系方面，华城不像汉城和南汉山城那样是两个分离的二重防御体系，而是将邑城、山城的功能有机结合起来，按照地形筑城以建立整个邑的统一的防御体系，这在朝鲜王朝历史上还是第一次。华城既具有军事防御功能，又具有商业功能，体现了正祖的民本思想和政治理想，也体现了文化上的开放姿态，是结合中朝两国筑城艺术的东方城郭的典范之作。

故宫藏《圣迹全图》及相关问题

孔德平

中国艺术研究院

孔子（前551—前479）的意义，无论对传统中国还是现代中国，均毋庸多言。历代对其思想的层累式解读，在很大程度上构成了中国传统思想的核心。历代对孔子的崇赞亦所在多有，帝王屡加其称号，士人奋笔其赞文，坊间争传其典故；或诉诸诏令，或镌之金石，或凿之枣梨，或行之口耳。与之相伴随，历代描绘孔子的各类图像，亦构成了文字之外的另一形式的孔子形象发展史，在一定程度上推动了历史对"孔子"的形塑。

表现孔子形象的图像，自孔子时代至今，数量之多几不可数，题材之广超乎其人生平，而其中，能较全面地展示孔子一生行迹的图像形式，莫有过《孔子圣迹图》者。

《孔子圣迹图》是用多幅画面表现孔子一生事迹的图画形式，其以早先表现孔子事迹的单幅绘画为基础，可能也受到佛教绘画用连续的多幅画面表现佛传故事的方式等影响，逐渐发展而成。以多幅画面表现孔子事迹的连环图画，据相关记载，唐宋时期或已产生。[1] 至元代，孔子五十三代孙孔津曾于大德年

1　参见阿英《中国连环图画史话》，山东画报出版社 2009 年版，第 38 页；（清）黄崇惺《草心楼读画集》"陈老莲渊明簪花图"条，载邓实、黄宾虹编《美术丛书》初集第一辑，浙江人民美术出版社 2018 年版，第 109 页。

间（1297—1307）编刊过《孔子圣迹图》[1]；王振鹏绘制的《圣迹图》是 10 幅画面的绘本形式，曾经为大收藏家项元汴所藏。[2] 至明代，监察御史张楷（1398—1460）于正统九年（1444）所绘《圣迹图》，画面已达数十幅。其后，《孔子圣迹图》日渐丰富，图幅数量从十几幅到二百余幅不等，并随着版刻业的发展，各版本尤其是木刻印本，流传日渐广泛。郑振铎先生曾收有《孔子圣迹图》8 种，国家图书馆所藏至少 3 种，北京大学图书馆所藏 11 种，其中明清刻（拓）本即达 10 种。[3]

在目前所存不少于四十个版本的《孔子圣迹图》中，故宫藏《圣迹全图》是较为特殊的一种。兹略述之。

一、于敏中与《圣迹全图》

故宫藏《圣迹全图》为手绘本，不分卷，全图共 112 幅图，分装为二函四册，每册 28 幅图。图册开本纵 11.2 厘米、横 7.8 厘米，经折装，画面跨左右两半页合为一图，画心纵 8.2 厘米、横 13 厘米。全图以墨笔绘成，无设色；每图题字以蝇头小楷书写，记述该图所描绘的内容。

《圣迹全图》是清宫旧藏，最后一图左下方有于敏中"乾隆丁卯（1747）长至月臣于敏中敬书"的落款，知此图册与清代重臣于敏中相关。于敏中（1714—1780）字叔子，一字重棠，号耐圃，江苏金坛人。清乾隆二年（1737）[4] 一甲一名进士，授翰林院修撰。后累迁侍讲，典山西乡试，督山东、浙江学政。十五年（1750）入值上书房，后官至军机大臣、户部尚书、文华殿大学

1　参见谢巍《中国画学著作考录》，上海书画出版社 1998 年版，第 626 页；（清）黄虞稷《千顷堂书目三十二卷》卷三，《丛书集成续编》第四册，台湾新文丰出版公司 1989 年版，第 158 页。

2　参见沈津《〈圣迹图〉版本初探》，《孔子研究》2003 年第 1 期。

3　参见李云《孔子"圣迹图"绘刻与收藏初探——记北京大学图书馆藏"圣迹图"》，《长沙大学学报》2005 年第 1 期。

4　据《清史列传》卷二十一，中华书局 1987 年版，第 1545 页。按，《清史稿》作乾隆三年（1738）。参见赵尔巽等撰《清史稿》卷三百十九，中华书局 1977 年版，第 10749 页。

士，任《四库全书》馆正总裁，又充国史馆、《三通》馆正总裁。曾屡典会试，任上书房总师傅，兼翰林院掌院学士。乾隆四十五年十二月二十日丁巳（1780年1月14日）病故，谥文襄。

有文认为，《圣迹全图》是于敏中在第一次督山东学政期间所绘写，然未明所据。[1] 考之于敏中履历，他曾两次任山东学政，第一次是乾隆九年（1744）十二月至十一年（1746）迁侍讲；第二次是十八年（1753）九月至十九年（1754）擢升兵部右侍郎。两次督学山东之间，又于十二年（1747）九月典山东武乡试，数月后调任浙江学政。由此可知，《圣迹全图》绘写完成的乾隆十二年六月，恰在于氏首次任职山东学政之后，和到山东典武乡试之前，并非首次督学山东期间。当然，如果考虑到一百余幅图画的绘制需要较长时间，于氏在任职山东学政期间即已开始此项工作，延续数年方才完成，亦有可能。

二、《圣迹全图》的内容

《圣迹全图》112幅画面，主要描绘了孔子一生的事迹，也包括其生前和身后之事，有的内容则纯属传说甚或附会。除了首图是并无具体事迹的孔子小像外，其后各图基本按照事迹的时间先后顺序安排。依所表现的内容，全图可分为三个部分：第一部分包括图二"尼山致祷"、图三"麒麟玉书"、图四"二龙五老"和图五"钧天降圣"共4幅图，描绘的是关于孔子出生之前和出生之际的事迹，多有传说成分；第三部分包括图一〇七"治任别归"、图一〇八"三陇植楷"、图一〇九"杏坛植桧"、图一一〇"哀公立庙"、图一一一"汉高祀鲁"和图一一二"真宗祀鲁"共6幅图，表现的是孔子逝后之事；第二部分是全图的主体，包括图六"俎豆礼容"至图一〇六"梦奠两楹"共101幅图，描绘了孔子一生所历主要事迹和思想贡献，包含了孔子志学、立教、为官、周游

1　参见（清）于敏中绘《圣迹全图》"前言"，故宫出版社2013年版；（清）于敏中绘，东耳译注《观照孔夫子——圣迹全图赏析》"引言"，故宫出版社2013年版。

和著述等多个方面。

《圣迹全图》所描绘的孔子事迹，主要取自《史记·孔子世家》《论语》《礼记》《孔子家语》等书，也有部分取自他处，如图一〇二"圣门四科"见载于《史记·仲尼弟子列传》，图九七"杏坛礼乐"见载于《庄子·杂篇·渔父第三十一》，图一〇三"赤雀衔书"见载于《抱朴子·内篇·辨问》，等等；至于图五所言"孔子四十九表"，则见载于宋代孔传的《东家杂记》、金代孔元措的《孔氏祖庭广记》、明代张岱的《夜航船》、清代江永的《乡党图考》等多种书，《孔府档案》对此说亦有记录。

三、《圣迹全图》的图像

《圣迹全图》的绘制，虽然并不在或不完全在于敏中任职山东期间，但该图的形成，很大可能与他在山东的职历有关。作为孔子故乡的山东，历来尊孔崇儒，描绘孔子的各类图像历代不乏。曲阜孔府、孔庙对孔子图像的收存更是重视，现在所存亦雄冠他方。在于敏中来山东之前，曲阜所存《孔子圣迹图》，至少有三个版本，分别是：其一，大约绘制于明成化、弘治年间（1465—1505）、现仅存36幅的彩绘绢本《圣迹之图》，图前有清世宗雍正七年（1729）的题跋。其二，明万历二十年（1592）十二月完成刻石、现在曲阜孔庙圣迹殿北壁的《圣迹之图》。该图刻石120方，除却图前题字、邵以仁《圣图殿说》和张应登《圣图殿记》等文字内容外，有图112幅。其三，明末清初据前述圣迹殿石刻本，或据原藏木刻本复刻的木版《圣迹之图》，现存图104幅。

于敏中在首次督山东学政的一年多时间里，很可能看过曲阜所存的这些图像，并作为其后创作图像的主要参考。将《圣迹全图》各幅图像与曲阜图像对照，可发现其中高度相似处。这种图像之相似，尤其表现在图中的人物数量、占位、姿势、服饰等方面；甚至一些画幅中的动物形态和器物形状，以及主要的建筑和景物等，也都可在曲阜图像中找到所本。

后世绘者沿用前代图像，是中国绘画的古老传统。除了极少数杰出艺术家能够创造出新的图像样式，大多数绘者则视前贤创造为圭臬，取为己用。即使杰出艺术家，也非时时能有新图像的创制，往往也得反复使用既有图像——或自己的过往创造，或前贤的经典图像。古代所谓之"粉本"，即是这种图像被不断重复使用的明证。

这种直接沿袭前代图像，或对原图像略有增删损益，形成新版本的情况，也体现于《孔子圣迹图》系统。曲阜圣迹殿石刻版《圣迹之图》，即是依据孔庙原有的木版图像予以复刻而成。原木刻版图像"散在各庑"，因担心易毁，山东巡按御史何出光于明万历十九年（1591）提议改为石刻，并建圣迹殿加以保存。此次复刻，听从次年按部都曲阜的山东按察副使张应登建议，增加"克复传颜""孝经传曾""合葬于防""过庭诗礼""望吴门马""杏坛植桧"和"三陇植楷"等图，将原稿增至现有幅数，于年底完成，后置于现址。[1] 其后曲阜再刻木版，则删去石刻版之"合葬于防""叶公问政""尊君不驾""说人五仪""杏坛植楷"等 10 幅画面，增添"孔子延医" 1 幅。

《圣迹全图》参考旧图像，于敏中亦未避讳。如图八十七"琴吟盟坛"，于氏在"孔子出鲁东门，过故墟，历阶而上，顾谓子贡曰：'兹臧文仲誓盟之坛也。'睹物思人，命琴而歌之"后，另书按语："《史记》《家语》俱不载盟坛鼓琴事，而歌词亦不类圣人语，因旧图所有，仍列之。"图一〇四"题季札墓"，在"季札墓在江南江阴申港，有孔子石碑，古篆，曰：'呜呼！有吴延陵季子之墓。'"后，另写道："史传不载孔子游吴事，旧图所引，无可考据，所载檀弓文又与此无涉，但碑刻有此，谨从志乘录之。"

于敏中的按语一方面表明其图渊源有自，非己所创；另一方面，对于查无史据的所谓孔子事迹，提出疑问，展示了于氏作为文人官员对待学术之谨严态度。诚然，于氏的谨严，亦不无遗憾处。如图二"尼山致祷"题："周灵王十九年，实鲁襄公二十年，圣母颜氏祷于尼邱，明年乃生孔子。生而首上圩，

---

1 （明）张应登：《圣图殿记》，石刻在山东曲阜孔庙圣迹殿北壁。

顶象尼邱，因以命名。"周灵王十九年（鲁襄公二十年），为公元前553年，"明年乃生"，盖言孔子生于周灵王二十年（鲁襄公二十一年），即公元前552年。这不仅与史实不符，亦与图四"二龙五老"所言"鲁襄公二十二年十一月庚子，孔子诞生之辰"相抵牾。于氏之图二题字所误者，亦见于曲阜图像，再次证明其图有所本。

于敏中与曲阜孔家后来成为姻亲，于女嫁与世袭衍圣公孔昭焕（1735—1782）[1]之子孔宪培（1756—1793）[2]。宪培曾随妻父于敏中在京读书，后父亲病故，才因承奉祭祀事务回到家乡曲阜。此题外话。

《圣迹全图》中，关于泰山的画幅有二，图二〇"泰山论政"和图五〇"望吴门马"。"泰山论政"内容见载于《孔子家语》等书，引出孔子"苛政猛于虎"的为政思想。图题："孔子过泰山侧，有妇人哭而哀。夫子式而听之，使子路问之，曰：'昔者吾舅死于虎，夫与子又死焉。'夫子曰：'何为不去？'曰：'无苛政。'子曰：'小子识之，苛政猛于虎也。'""望吴门马"内容见载于《论衡》等书，并引发出王充等人的哲学思考。图题："孔子与颜渊俱上鲁泰山，孔子东南望，吴阊门外有系白马，引颜渊指以示之，曰：'若见吴阊门乎？'曰：'见之。'曰：'门外何所有？'曰：'有如系练之状。'孔子抚其目而正之。"吴门去泰山千里之遥，颜子不能望见，孔子亦不可能望见，遑论白马系练，故此图之寓意高于其史实，对孔子的神圣化倾向显而易见。

四、于敏中的贡献

《圣迹全图》是于敏中专门为皇帝而作、贡献给皇帝披览的图书，图中多

1　据江庆柏编著《清代人物生卒年表》，人民文学出版社2005年版，第95页。按，孔昭焕卒年，《清史稿》作清乾隆四十八年（1783）。赵尔巽等撰：《清史稿》卷四百八十三，中华书局1977年版，第13310页。

2　据江庆柏编著《清代人物生卒年表》，人民文学出版社2005年版，第95页。按，孔宪培卒年，《清史稿》作清乾隆五十九年（1794）。赵尔巽等撰：《清史稿》卷四百八十三，中华书局1977年版，第13310页。

处所题按语均以"臣"自称，自是彼时之常例。末图落款"臣于敏中敬书"云云，表示各图题字出自于氏之手，但该图册之图像出自何人，似未明确。虽然该图像同为于氏所绘，如有文所论[1]，并无证据可以反驳，但同样无据可证。考之于氏生平，未见其绘事之记录；查之文博机构，亦未见其绘画作品之收藏。虽然他曾于乾隆四十二年（1777）任《西域图志》总裁之一，但似乎也不说明他亲擅图画。至若于氏题字，于传统文人官员言，书法自多有高手。于敏中任职朝中多年，书法颇得皇帝赏识，曾应皇帝命，补勾宫中所藏明末董其昌《戏鸿堂》所刻唐柳公权书《兰亭诗》之漫漶处。

无论《圣迹全图》之图像出自何人之手，其在沿用前代图像时，亦有改造。主要有三：其一，各图幅顺序与他本有所不同，尤其第二部分。其二，在主要图像元素遵循原本的前提下，各图像俱有不同程度的增删改易之处，晕染、渲淡手法的使用，较之石刻或木刻之单纯线条描绘，增强了画面的层次感；图像元素部分位移，密处越密，疏处越疏，强化了画面的聚散感和节奏感，使之越显生动有致。其三，盖限于图册画幅过小，无法如其他版本在较大画幅内极尽精细刻画之能事，所绘多有简略处，尤其人物形象，由此而显呆滞无神之态。整体画幅的聚散生动，被这细节的呆滞削弱不少。

当然，《孔子圣迹图》的作者和艺术性，从来不是其第一要义。"一幅传达孔子仁德的画像是鼓舞人心的，而画像作于何时、出自何人之手则并不重要"，"那些因受人委托而绘成的孔子画像表达了委托者所认可的价值，这类形象亦可用于促进意识形态的正统或促进集体认同感的形成"[2]，或许这才是这类图像不断出现、复制、传播的出发点和目的地。

《孔子圣迹图》无论石刻线画本、木刻版画本，还是手绘本，多为士子和普通民众而作，宣传孔子事迹，阐扬儒家思想，促进正统意识形态认同，稳定

1　参见（清）于敏中绘《圣迹全图》"前言"，故宫出版社2013年版；（清）于敏中绘，东耳译注《观照孔夫子——圣迹全图赏析》"引言"，故宫出版社2013年版。

2　孟久丽：《遗珍与楷模：宋元时期孔裔族中及书院中的孔子"遗像"之研究》，载《美术史研究集刊》第34期，台湾大学艺术史研究所2013年版，第2页。

社会秩序。作为最高统治者的帝王，虽然也有机会阅览此类图像，但多在出游等极少的特殊场合，且所历时间短暂。清康熙四十四年（1705），皇帝南巡松江，道经青浦之孔宅，孔氏后人将《孔氏画图》、墨刻《孔宅圣迹图》等进呈御览。其时，孔宅四壁所嵌《圣迹图》刻石有焉。康熙、乾隆二帝多次至曲阜，游孔庙，拜孔子，观圣迹殿图像，《圣迹之图》在焉。因此，《圣迹全图》专为皇帝而创作，供其随时披览，对皇帝实施儒家教化，确是于敏中的一个创举。作为皇帝专门阅览的图像，图册中的"哀公立庙""汉高祀鲁""真宗祀鲁"，以及"泰山问政""哀公问政"等画幅，也便因此而显示出与其他场合面对其他受众之图像不同的特别意义。

民国泰山的政治文化建构

李俊领

中国社会科学院

由秦至清，泰山在王朝政治的祀典中地位尊崇，可谓至高无上的神圣祭坛。辛亥鼎革，泰山虽未被列入中华民国的国家祀典，但仍在政治文化中占有重要的地位。时人于泰山题刻"民国泰山"四字[1]，用以表示泰山迎来新的历史时期。1929 年 7 月 12 日，南京国民政府主席蒋介石携宋美龄、政训处长周佛海等人登上泰山之巅，在玉皇顶挥毫写下了"泰山永固，民国长安"八个字，将其作为中堂，悬挂于玉皇顶东屋。[2] 这一题词以泰山象征民国，希冀国家长治久安。至此，民国泰山被赋予了独特的政治文化意义，也因而成为中华民国的重要政治符号。

学界对于民国泰山政治文化建构的研究为数甚少，目前仅见周郢从中华民族的历史、地域、族群、信仰与精神等方面考察了泰山作为王朝时代"国山"的多重意蕴，并梳理了先秦至民国时期泰山"国山"地位的形成历程。[3] 本文拟在继承已有研究的基础上，从政治象征与文化认同的角度进一步揭示民国时人对符号化泰山的建构方式及其时代意蕴。

1　泰山上的"民国泰山"题刻有两处：一处位于泰山玉皇顶稍南盘路东侧石壁，其跋语云"中华民国八年七月，偕鄞县穆耀枢君参岱，书此志感，浙杭黄郛"；另一处也位于泰山玉皇顶稍南盘路东侧石壁，落款为"中华民国八年"，未见署名。袁明英主编：《泰山石刻》第 5 卷，中华书局 2007 年版，第 1289、1362 页。

2　参见王文彬《泰山一日游》，《采访讲话》，三江书店 1938 年版，第 169 页。

3　参见易君左等原著，周郢续纂《泰山国山议：文献校释与学术新诠》，五洲传播出版社 2013 年版。

一、"泰山"的革命话语与政治象征

在民国时期的话语与观念中，"死重泰山"是高度肯定烈士牺牲价值的革命话语，不过这里的"泰山"已经在语义上发生了重要变化。

古人常以"重于泰山"形容人对待自身生命的态度。《燕丹子》一书称，荆轲对太子说："闻烈士之节，死有重于太（泰）山，有轻于鸿毛者，但问用之所在耳。"[1] 其意是说，烈士注重节操，有时把死看得比泰山还重，不轻易付出生命，有时把死看得比鸿毛还轻，随时可以付出生命，看重还是看轻的关键在于用生命追求什么。此即言烈士因为节操与信仰对待自身生命的慎重或放达的态度，而不是死亡本身的价值。司马迁在《报任安书》中云："人固有一死，或重于泰山，或轻于鸿毛，用之所趋异也。"[2] 他沿袭了荆轲对烈士节操的态度，认为一个人在付出自身生命时看重还是看轻，取决于是否用生命献祭自己追求的道义。如果为追求道义，就不把自己的生命看得多么重；否则，就要把生命看得很重，比泰山还要重。秦汉以降，"重于泰山"一语因为帝王封禅大典而进一步成为称颂生命牺牲价值的文化符号。

清末民初，知识界较早运用"死重泰山"一语作为评价烈士牺牲的意义。1910 年，梁启超在《从军乐》的歌词中写道："男儿死有泰山重。为国民，舍生命，含笑为鬼雄，含笑为鬼雄。"[3] 其意是军人为国民而牺牲的价值比泰山还要重大、崇高，此说可谓民国时期以泰山象征革命牺牲精神的滥觞。1917 年，康有为在北京为袁崇焕庙题联云："其身世系中夏存亡，千秋享庙，死重泰山，当时乃蒙大难；闻鼙鼓思东辽将帅，一夫当关，隐若敌国，何处更得先生。"[4] 康氏此联所言"死重泰山"，不是说袁崇焕本人如何把自己的死看得重于泰山，而是肯定袁崇焕之死对于当时华夏文化的存续至关重要。在其看来，袁崇焕蒙

1　无名氏撰，程毅中点校：《燕丹子》（附（晋）葛洪撰《西京杂记》），中华书局 1985 年版，第 12 页。

2　（清）吴楚材、吴调侯选评：《古文观止》，中华书局 2010 年版，第 106 页。

3　梁启超：《从军乐》，《梁启超全集》第九册，北京出版社 1999 年版，第 5388 页。

4　康有为撰袁崇焕挽联，1917 年题刻，位于北京龙潭湖公园袁崇焕庙。

冤而死，不仅加速了明朝国祚的终结，而且也在客观上失去了保卫中华道统与治统、阻挡清军入关的最后屏障。在这里，"死重泰山"一语已成为高度评价牺牲者的标志性话语。1919年，参加五四运动的北京大学文科预科班学生郭钦光因悲愤过度，吐血而亡。5月18日，北京各校五千多人在北京大学法科礼堂召开郭钦光追悼大会，郭的遗像两旁书有"力争青岛，死重泰山"八字。可以说，经过清末民初知识界的演绎，"死重泰山"四字已成为称颂为民族国家正义事业而慷慨赴死者的通行话语。作为其前提的泰山之"重"在于这座山岳是中国文化观念中代表天神之意的最神圣的祭坛。不过，当时知识界的"死重泰山"观念不再强调泰山代表天意的特性，只是借用了这一具有深远历史传统的话语表达形式。

经过孙中山的阐释，"死重泰山"成为赞颂革命牺牲者的政治话语。1921年12月10日，他在桂林对滇赣粤三省革命军的演说中称："军人之勇，于技能以外，更有明生死之必要，不明生死，则不能发扬勇气。……故死有重于泰山，有轻于鸿毛者，死得其所则重，不得其所则轻。"[1]在其看来，革命军人的死分为两种：为革命而死，死得其所，这种死的价值重于泰山；不是为革命而死，这种死的价值就轻如鸿毛。他在这次演讲中解释了革命军人死亡价值的差别："虽然均一死也，有泰山、鸿毛之别。若因革命而死，因改造新世界而死，则为死重于泰山，其价值乃无量之价值，其光荣乃无上之光荣。"[2]可见，孙中山为军人牺牲意义设立了价值判断尺度，即"革命"与"改造新世界"，并将此尺度形象化为泰山。1923年10月15日，孙中山在国民党的恳亲大会上发表演说，对泰山与革命牺牲的意义做了进一步的阐释。他说："像黄花岗的七十二烈士、打死孚琦的温生财（才），……他们那些人的牺牲，真是虽死犹生，死在九泉之下都是很瞑目的。古人说：'死有重于泰山，有轻于鸿毛。'盖人类牺

<hr>

1 《在桂林对滇赣粤军的演说》（1921年12月10日），载中国社会科学院近代史研究所中华民国史研究室等合编《孙中山全集》第六卷，中华书局1985年版，第34页。

2 《在桂林对滇赣粤军的演说》（1921年12月10日），载中国社会科学院近代史研究所中华民国史研究室等合编《孙中山全集》第六卷，中华书局1985年版，第35页。

牲的价值，有比生命还要贵重的，就是真理和名誉。"[1]在孙中山看来，泰山代表了超越生命的真理和名誉，是生命的终极意义之所在。

国民党人逐渐广泛认同孙中山对"死重泰山"一语内涵的政治性转换。孙中山逝世后，建国联军川军第二军军长汤子模为其写了挽联，联云："日月并明，时雨咸润，泰山比峻，沧海与深，为社会一致钦崇，中外英贤齐俯首；国际平等，天下为公，种族泯争，民生均产，造世界无穷幸福，始终心血在同胞。"此联赞扬孙中山像泰山一样高大，赢得海内外的广泛尊崇。此后国民党多以"死重泰山"赞誉为革命牺牲的将士，比如在抗战中捐躯的国民革命军第二十七军第二十三师师长李必蕃、国民党陆军中将周复等人。[2] 1933年，张学良为在长城抗战中阵亡的营长安德馨烈士题词"重侔泰岱"。1938年，蒋为战死在台儿庄的王铭章将军题词"死重泰山"。

梁启超、康有为、孙中山等人之所以借用"死重泰山"的传统话语评价牺牲者的意义，一个重要原因是泰山是中国文化历久弥新的特殊象征符号。正如黄炎培在1915年出版的照片集《泰山》的序言中说，泰山的风景秀不如匡庐，奇不如黄山，但其浑厚磅礴，气象万千，一时无与伦比。除了"岩岩"气象外，泰山因为历代君主的眷顾，积淀了"制胜天然"的人文历史。由于在自然风景与人文历史两方面的优势，泰山在中国虽"不敢谓足压倒一切"，但"固已深种于一般妇孺之心理"。[3]因此，人们在描述尊崇又有势力可倚托的人或物时，无不以泰山为比喻。这一说法揭示了一个事实，即民国时期泰山虽然不再作为国家的祭祀对象，但其被赋予的政治文化象征意义却深入人心，得到普遍的认可，甚至孙中山在《临时大总统告海陆军将士文》中比喻称"拥树民国，

---

1 《在广州国民党恳亲大会的演说》(1923年10月15日)，载中国社会科学院近代史研究所中华民国史研究室等合编《孙中山全集》第八卷，中华书局1986年版，第286页。

2 参见《死重泰山名垂青史，李故师长忠棫抵湘》，《中央日报》1938年5月27日；《死重泰山，昨在杭建堂举行周复追悼会》，《中央日报》1943年11月6日。

3 黄炎培、庄俞编纂：《泰山》"弁言"，商务印书馆1915年版。

立于泰山磐石之安"[1]。因此，"死重泰山"作为生命价值的评判语既有深厚的文化根基，又有近代意义的话语建构与内涵转换。

泰山不只是作为赞颂烈士牺牲意义的政治话语，还在自然实体上被赋予政治象征意义。自先秦以来，泰山即是中国王朝政治的神圣祭坛。民国肇兴后，在国民党人与仁人志士的推动下，泰山成为民国革命忠烈纪念的山岳载体。这主要体现于国民党人在泰山上对孙中山与辛亥滦州起义烈士的纪念。

其一，孙中山"比峻泰山"的纪念。1929 年，孙中山奉安队伍两次经过泰安，当时驻泰安的国民党山东省党部与山东省政府及泰安县党政机关、社会各界为此举行了盛大的纪念仪式。是年 6 月 1 日，山东省各界人士共同在泰山歇马崖以北、柏洞以南的盘道东侧建立了"总理奉安纪念碑"，以泰山象征孙中山的革命精神。该碑高 9.27 米，底座为五棱形，代表孙中山先生提出的"五权宪法"；碑身上部呈三棱形，象征着其倡导的三民主义；碑的正面刻着"总理奉安纪念碑"七个隶体大字。碑身正面下端镌刻着孙中山遗嘱的全文。碑基是一个十二角星的图案，象征着国民党党徽。此碑生动表现了孙中山的政治思想和革命功绩，又将其与泰山融为一体。山东省政府还要求在泰山南麓的金山和蒿里山植树造林，并命名为"中山林"。至此，孙中山可以与"泰山比峻"，不仅名至，而且实归。经过国民党山东省党部、山东省政府与各界人士的集体塑造，泰山成为彰显孙中山革命精神与政治事业的重要符号，从而获得了民族国家时代的新的神圣性。

其二，辛亥滦州起义烈士的泰山纪念。辛亥滦州起义在辛亥革命中占有重要地位，在起义中牺牲的王金铭、施从云与白雅雨等烈士深得后人赞誉。冯玉祥为滦州起义的主要领导者之一，于 20 世纪 30 年代在泰山上建造了辛亥滦州起义纪念祠与纪念碑。[2] 1933 年 10 月，隐居于泰山的冯玉祥在该地普照寺东

1　孙中山：《临时大总统告海陆军将士文》，载中国社会科学院近代史研究所中华民国史研究室等合编《孙中山全集》第二卷，中华书局 1982 年版，第 4 页。

2　参见贺利平《冯玉祥与泰山滦州起义烈士祠》，《泰安教育学院学报岱宗学刊》2007 年第 2 期；王新峰《泰山辛亥滦州起义纪念碑记事》，《泰安教育学院学报岱宗学刊》2002 年第 1 期。

侧建成了烈士祠，以纪念滦州起义的死难烈士及郭松龄、张绍曾、郑金声与郑振堂等人，祈愿滦州起义烈士之英灵与泰山齐寿。他在《辛亥滦州起义烈士祠记》中云："今者新祠落成，英魂有托，馨香俎豆，当为泰岳为无穷。"[1] 在其看来，滦州起义中死难烈士的英灵与泰山合为一体。杨绍麟题书颂称冯玉祥修建此烈士祠的义举，"不特使诸烈士享祀东岳，与泰山并垂不朽，且可昭示来兹，使后世之人闻风兴起"[2]。还有人为泰山烈士祠落成题写了纪念诗，其中一句云："黄花岗外添新泪，一死真能重泰山。"[3] 这些文字均称颂辛亥滦州起义烈士为人间道义牺牲，其精神永垂不朽，与泰山同在。正如李宗仁为烈士祠题写的挽联所云："百世名犹存，众所瞻依，祠巍泰岱；三代道未泯，闻兹义烈，气肃冰霜。"[4] 在冯玉祥的助手邱山宁看来，泰山是宇宙的象征，其为辛亥滦州起义烈士纪念祠题刻的《泰山》诗云："泰山何其雄，万象都包容。泰山何其大，万物都归纳。泰山何尊严，万有都包含。一切宇宙事，皆作如是观。"[5] 以此而言，辛亥滦州起义烈士纪念于泰山，即意味着其革命精神与天地同尊同寿。1936 年，经冯玉祥呈请，南京国民政府批准在泰山为辛亥滦州起义烈士建造纪念碑。该碑位于泰山辛亥滦州起义烈士纪念祠南面约二百米的龟岭上。翌年 5 月 26 日，该纪念碑落成。

冯玉祥选择在泰山上为辛亥滦州起义烈士建立纪念祠与纪念碑，意在更形象化地表明这些烈士"死重泰山"。此外，还有一个值得注意的重要原因是他对革命道义的追求及对死亡的态度。他在 1932 年 5 月 24 日的日记中写道："一个人终是有死的一天，不过要须死得其所，即为大众革命而死也。古人云：'死或重于泰山，或轻于鸿毛。'必死如泰山之重，然后始可谓得其所也。"[6] 8 月

---

1 袁明英编著：《凌汉洞天》，中国文史出版社 2003 年版，第 115 页。

2 袁明英编著：《凌汉洞天》，中国文史出版社 2003 年版，第 107—108 页。

3 袁明英编著：《凌汉洞天》，中国文史出版社 2003 年版，第 96 页。

4 袁明英编著：《凌汉洞天》，中国文史出版社 2003 年版，第 103 页。

5 袁明英编著：《凌汉洞天》，中国文史出版社 2003 年版，第 96 页。

6 冯玉祥：《冯玉祥日记》第三册，江苏古籍出版社 1992 年版，第 629—630 页。

4日，他又在日记中说到了死亡意义的泰山鸿毛之喻，称："要是为革命而死，为人类求永久和平而死，倒是痛快的。每人都有死，唯或重于泰山，或轻于鸿毛，我人不可不知警惕也。"[1]可以说，冯玉祥对待死亡的态度与司马迁一致，求一个"重于泰山"的生命结局。1953年，冯玉祥归葬于泰山之阳，遂其所愿。

相对于国民党人对泰山的话语演绎与象征建构，中国共产党同样也对泰山的意蕴进行了诠释。延安时期，中国共产党将革命牺牲精神与泰山联系在一起，为泰山赋予了新的时代内涵。1944年9月8日，毛泽东在战士张思德的追悼会上发表讲话说："人总是要死的，但死的意义有不同。中国古时候有个文学家叫作司马迁的说过：'人固有一死，或重于泰山，或轻于鸿毛。'为人民利益而死，就比泰山还重；替法西斯卖力，替剥削人民和压迫人民的人去死，就比鸿毛还轻。张思德同志是为人民利益而死的，他的死是比泰山还要重的。"[2]在此，毛泽东将死亡的价值与人民利益联系在一起，以一种强喻的修辞方式，既肯定了人民利益与泰山文化内涵的相似性，又强调了前者超越了后者的比较性。在毛泽东的印象中，泰山是"神岳"[3]，而"神岳"之"神"在于泰山历史文化积淀的神秘性与神圣性。诚然，毛泽东和当时的其他中共领导者是唯物主义无神论者，他在1941年就表示："我们是信奉科学的，不相信神学。"[4]因此，在中共的政治话语中，革命牺牲者只有精神不朽，而无魂魄可言，更无"魂归泰山"的观念。

在解放战争中，中共将泰山建构为人民不朽的象征。1946年6月，新四军第一纵队经过4昼夜的激烈战斗，解放了泰安城。但在这次战斗中，第一纵队第一旅参谋长邱玉权、第三旅几位营连级干部和七百多位战士阵亡。是年秋，第一纵队第三旅和泰安县政府共在泰山南麓万仙楼附近建成了"革命烈士纪念

---

1 冯玉祥：《冯玉祥日记》第三册，江苏古籍出版社1992年版，第666页。

2 毛泽东：《为人民服务》（1944年9月8日），《毛泽东选集》第三卷，人民出版社1991年版，第1004页。

3 《毛泽东自述》（增订本），人民出版社1996年版，第41页。

4 毛泽东：《关于农村调查》（1941年9月13日），《毛泽东文集》第二卷，人民出版社1993年版，第378页。

碑"。该碑南面题"革命烈士纪念碑";西面题"英名与东岳并寿,为革命而生,为革命而死,虽死犹生";北面题"先烈们,你们的死重于东海泰山,永垂不朽";东面题"功业同日月争光,先烈们的丰功伟绩,永远鼓舞着我们勇敢前进,我们要为完成你们未竟事业而奋斗到底"。[1] 该旅司令员何克希为此碑撰写的碑文云:"我党教育全军,对人民应尽其全忠全孝,以全心全意服务人民,而烈士忠魂正宜不朽。……泰山,往昔表示统治地位永存,而今而后,则更象征人民不朽。为人民解放事业而奋斗牺牲的烈士们精神不死!"[2] 在中共的革命话语中,泰山仍是一个重要的喻体和象征符号,代表着烈士精神永垂不朽,人民利益至高无上。

梁启超、康有为与国共两党对"死重泰山"的重新解读表明,在主流的政治话语中,泰山作为魂魄归宿地的信仰观念大为减弱,而作为革命精神与人民利益的政治象征却不断被强化。

二、泰山象征国族的文化认同

民国时期,新知识人将泰山演绎为中国的代表与中华民族的象征,希望借此唤起大众的文化认同与民族尊严。

20 世纪 30 年代,北平作家许兴凯提出,将泰山作为中国的象征。他对此解释说:"泰山!五岳之首的泰山!本来是我们中国的象征。国是个概念,需要一个具体的东西来代表他。这个东西不是河,就是山。比如德国的莱茵河,日本的富士山。我们中国也以河山比国土。这河,我以为就是黄河。这山,我以为就是泰山。黄河流域是中华民族的发祥之地,也是世界古文明的策源。中国的五岳本来是早年中国国境的五至。五岳以泰山为首,泰山可以代表我们中

---

1 《革命烈士纪念碑》,载袁明英主编《泰山石刻》第 3 卷,中华书局 2007 年版,第 762 页。

2 《革命烈士纪念碑》,载袁明英主编《泰山石刻》第 3 卷,中华书局 2007 年版,第 762 页。

国。"[1] 此可见，许氏从世界文化与本土文明的双重角度建构了泰山对于中国的特殊象征意义。这一提议得到了一些青年学子的呼应，一位名为盛福垚的地理学专业学生在深入了解泰山后感叹说："勿怪老太婆（即许兴凯）要以泰山来象征我们中国了。"[2]

新知识人还主张，将泰山作为民族文化与民族精神的象征。1932年，由于中原大战破坏了泰山古迹文物，泰安地方学者赵新儒致信阎锡山说："至圣林庙、名山（泰山）胜迹，民族道德之宗仰，历史文化之关系。……保存泰山古迹，光大历史民族之精神。"[3] 在他看来，泰山不同于他处，其与孔子一同象征着中国的民族道德，关系着中国的民族精神。1936年南京国民政府铁道部印行的《泰山》一书云："泰山之于中国，犹昂白山之于瑞士，富士山之于日本，久已著名世界。……其山容之雄美，足以代表东方民族之伟大，而其丘壑万状，又足代表中国民性高明博厚之襟怀。"[4] 该书作为旅游介绍用书，塑造并传播了泰山与中华民族密切关联的一种观念：泰山是中华民族之伟大、高明、博厚等品性的象征。

新知识人以泰山象征中华民族固有文化及其精神的倡言得到了一定程度的社会认可。1933年，北京的一位大学生西君与其女友同登泰山，泰安的朋友对他们介绍说："（泰山）真是文化的发源地，是东方精神的代表国，并且在泰山北麓还有西园……建筑非常的美，尤其是雕刻，出于全世界意料之外，有许多西洋人常至该处欣赏，留有许多手册，羡慕东方的美。"[5] 随后，西君与女友来到了泰山西园，为艺术魅力所震撼。他在记录此行的游记中说："那种幽静的表现，和平无为的东方之神，不独是受机械文明的西洋人爱慕不已，就是我们在

1　老太婆：《泰山游记》，北平读卖社1934年版，第17页。老太婆即许兴凯笔名。

2　盛福垚：《泰山的地理考察》，《师大月刊》1935年第23期。

3　赵新儒：《为十九年战役毁坏孔子林庙泰山古迹致阎锡山书》，《新刻泰山小史》（新儒校勘本）附录，台湾文海出版社1971年版，第201页。

4　铁道部联运处编：《泰山》，1936年印行，第1页。

5　西君：《泰安三日记》，《现实》1934年第1期。

怀疑静的文化社会的时候，亦深深地觉得应该保持。"[1] 游览过泰山，西君深切感到"中国的文化实在可以自豪，中国的民族实在伟大"！[2] 可见，西君虽受到当时学界关于东西文化优劣论争的影响，但通过游览泰山增强了对中华民族及固有文化的自信心。

新知识人主张以泰山为中华民族文化象征，确有充分的历史依据，因为泰山是中国古文明的重要发祥地。著名史学家吕思勉从古文化中心的角度深入论说了泰山受到尊崇的历史依据。[3] 他说，中国古文明起源于"东南"（江海汇集的地方），尧时因为洪水才迁往"西北"（河洛之间）。夏之前，"天下之中"为青州，中国古文明中心"实为泰岱"。在周之前，封禅泰山的王者不止七十二家，当以万计。"人死者魂神必归于岱山"的观念在当时就应出现了。在古人的眼中，泰山密切关联着万物的起始及其消亡后的归宿。依照吕氏之言，泰山的神圣性根源于她是中国古文明的中心。

20世纪30年代，由于日军侵华危机的刺激，新知识人更关注泰山对于中华民族抗战的文化意义，提议将泰山定为中国的国山。作家老舍在1932年发表的《救国难歌》中写道，他曾经赞助过以梅花为国花的建议，也曾经提倡以东岳泰山为"国山"。[4] 至于老舍是不是主张以泰山为"国山"的首倡者，不得而知。

1933年初，时任江苏省教育厅编审室主任的易君左两度表达了其以泰山为"国山"的主张。他先是在题为《登岱》的诗中写道："伟哉造化巨斧痕，辟此绝岱招国魂！国魂国魂何处得？只有泰山好颜色！……我欲定此为国山，呜呼国正危兮山未安！"[5] 易氏深切感怀日军侵华造成的九一八事变与一·二八事变，哀痛国家大难临头，无处安魂。他还撰写了一篇论文《定泰山为国山刍议》（与

1　西君：《泰安三日记》，《现实》1934年第1期。

2　西君：《泰安三日记》，《现实》1934年第1期。

3　参见吕思勉《中国文化东南早于西北说》，《吕思勉遗文集》（上），华东师范大学出版社1997年版，第10页。

4　参见老舍《老舍幽默诗文集》，人民文学出版社2004年版，第9页。

5　君左：《泰山纪游》，《江苏教育》1933年第3期。

王德林一起署名发表），再度表达了一种沉重的民族忧患意识，痛心于近代中国"惨受帝国主义者之侵略"，以及由此造成的国难与民族自信心的失落。为"召回国魂，恢复民族自信力"，他提出以泰山为"应有具体之象征"，并认为这一倡言符合西方国家以名山大川范铸其民族与国民品格的思想理路。在其看来，泰山在自然景观、历史文化积淀与固有道德象征这三个方面无与伦比，是"国民心目中所仰为至高无上之巍峨象征"，"确能代表中华民族精神"。因此，面对日军侵华造成的日益严重的民族危机，定泰山为国山之举，可以"一新国民耳目，鼓舞同仇敌忾精神"。他还细致阐释了以泰山为国山的八项理由，极力表明泰山足以代表"中国之国魂"，要"用泰山的精神消灭富士山之魔影"！[1]

易氏的《定泰山为国山刍议》在《江苏教育》杂志刊发后，在社会上引起了一定的关注。与易君左相熟的中国社会教育社成员芮麟也颇为认同泰山为"国山"的主张。1933 年 8 月，芮麟与两位朋友一起登上了泰山。他后来回忆说，"我们坐端正了，便飘飘然地由轿夫抬着向千古雄峙、万里驰名，我们近半月来日夜渴念着的中国国山——泰山前进"；"千古第一名山，我国的国山，今日已遂登临之愿了"。[2] 时任泰安师范讲习所校长的徐瑞祥十分赞赏易氏的定泰山为"国山"的主张，于 1934 年以单行本的形式翻印了其《定泰山为国山刍议》一文。由于日军侵华造成的民族危机日深，易君左发出的泰山"国山"论不久即在抗日救亡的革命舆论中销声匿迹了。1936 年，有人注意到"前几年有人提议，把泰山改称国山，当时在报纸上很热闹的议论了些时日，到现在，已成为明日黄花无人提起的事了"[3]。1937 年底，日军占领泰安地区，泰山"国山"论因而失去立论的政治文化基础。

1　易君左、王德林：《定泰山为国山刍议》，《江苏教育》1933 年第 1、2 期合刊。

2　芮麟著，芮少麟编：《神州游记（1925—1937）》，上海古籍出版社 2005 年版，第 38、48 页。

3　巴斯：《泰安印象杂记》，《进德月刊》1936 年第 1 卷第 9 期。虽然巴斯称当时的报纸对泰山"国山"论热闹地讨论过，但迄今尚未发现相关的讨论文章。1937 年，鲁客提议"崇泰山为'民族之山'"。（鲁客：《泰山香市杂写》，《中兴》1937 年第 3、4 合期）此或许指 20 世纪 30 年代初的"国山"之论。

余　论

　　"民国泰山"经过国共两党与新知识人的建构，获得了新的时代意蕴。它不仅是烈士牺牲价值的衡量尺度，真理与荣誉的代表，还是中华民族固有文化与精神，"人民不朽"的象征。这种建构着眼于民族国家的宏大叙事，既是对传统泰山文化资源的创造性转换，也是对中国作为民族国家的符号塑造，在相对程度上引领了主流政治话语与社会舆论。

　　应注意的是，有人对泰山"国山"论的建议提出了批评。作家老舍在1932年发表的《救国难歌》中写道，他曾经赞助过以梅花为国花的建议，也曾经提倡以东岳泰山为"国山"，但这些行为的结果是"望梅止渴总成空"。[1] 意在批评知识界不顾当时日军侵华造成的国难临头，反而积极提倡一些不切实用的所谓主义、符号与文学革命。在其看来，王朝时代的泰山是皇帝的私有物，专为帝王将相与文人墨客预备的；辛亥革命之后，泰山就不再是某些人的私有物，而"是老百姓的，老百姓缺衣缺食，穷困无知，便是泰山之耻；古迹怎样多，风景怎样美，都在其次；百姓不富不强，连国家也难保，何况泰山"[2]。他对冯玉祥在泰山关心、救济民间疾苦的做法颇为赞叹，说冯氏"心中另有一座泰山"，这是一座"活的泰山"即平民大众。[3] 可以说，老舍所言"活的泰山"表达了其对国难中民众生活艰难的深切同情，也为泰山赋予了以民生为根本的新内涵。

　　就符号化的泰山而言，无论是对"民国泰山"的政治文化建构，还是对泰山"国山"论的批评，都展示出泰山之于中华民族精神家园的特殊文化价值。

1　参见老舍《老舍幽默诗文集》，人民文学出版社2004年版，第9页。

2　冯纪法口述，侯鸿绪整理：《随从参谋冯纪法回忆在冯玉祥将军身边十五年》，陕西人民出版社1989年版，第111页。

3　冯纪法口述，侯鸿绪整理：《随从参谋冯纪法回忆在冯玉祥将军身边十五年》，陕西人民出版社1989年版，第111页。

五四时期泰安中学教育述论

刘兴顺

泰山学院

五四时期的泰安中学教育，是以山东省立第三中学校为主体构建实施的，通过对山东省立第三中学校的历史考察，可以审视这一时期的泰安中学教育的历史演变及教育思潮。

民国时期的山东省立第三中学是在岱麓书院旧址上成立的，亦即它在成立之初，即打上了岱麓书院的印记，而岱麓书院则来自泰山书院。民国《重修泰安县志》卷五《政教志·教育表》称："岱麓书院，由泰山书院改建者也。乾隆五十七年（1792），泰安府知府徐大榕就城内岱庙东偏冥福寺故址创修。规模宏大，堂舍轩厂，颜以今名。"[1] 所以民国《重修泰安县志》卷四云："泰安自古以来，风气号称刚劲，沾溉孙、石遗化，学者尤有卓然不惑之概，挽教育之积弊，救中国之危亡。"[2] 因此，我们有必要首先梳理泰山书院的传承历史。

一、泰山书院之传承：信道堂—泰山书院—岱麓书院

北宋景祐二年（1035），石介邀请孙复至泰山讲学，学馆设在岱庙东南隅，

1　葛延瑛修，孟昭章等纂：《重修泰安县志》卷五《政教志·教育表》，民国十八年泰安县志局铅印本，第53页。

2　葛延瑛修，孟昭章等纂：《重修泰安县志》卷四《政教志》，民国十八年泰安县志局铅印本，第58页a。

号"信道堂"，此为泰山书院的创始。后因岱庙拓建，移至泰山凌汉峰下，石介撰《泰山书院记》，泰山书院之名肇始于此，又称泰山上书院。至庆历二年（1042），因孙复进京任职，书院停办。

至明代嘉靖十一年（1532），泰安知州许应元修拓泰山书院，延请名师执教。此后，山东按察佥事卢问之在泰山书院建仰德堂三间。此为泰山书院之重兴。

乾隆二十九年（1764），泰安知府姚立德、知县程志隆在城西汶阳桥别建堂宇，题名"泰山书院"。

乾隆五十七年（1792），因泰山书院年久失修，泰安知府徐大榕、知县嵇承群在泰城冥福寺东建岱麓书院。[1]

嘉庆二年（1797）四月，继任泰安知府的金棨撰《重修资福寺记》，称：

　　资福寺，在郡城北门内，西去岱庙百数十武，即唐之冥福禅院也。历代沿修，具有碑志。岁久倾圮，碑亦仅有存者，大都漫漶不可识。尝考《金石录》所载，寺始于开元盛时奉敕创建。其后，主院僧以庙稍狭，乞于朝，敕赐大地十段，其本院坐落长阔积三千二百余步，约十五亩有奇。中为大雄宝殿，前为天王殿。以其余地为常住，为香积，为知客馆，何其盛也！自晋天福以降，时修时圮，盖几使千百载之禅林，化而为瓦砾之场矣，兹非守土者之责欤？前郡守毗陵惕庵徐公莅任之三年，抚寺故址而慨然，爰鸠工庀材以复之。又以泰山书院在岳晏门外，移建城内，以便诸生诵习。因析寺址之半，为诸生书舍数十间，设讲堂于上。期年工竣，仍为建大雄宝殿三楹，天王殿三楹。右为关帝庙伽蓝殿，而更其额曰"资福寺"，资福云者，为众生资养福德之义也。在释典，以庄严佛土为真实功德，佛土谓心也。今资福院主果能庄严己心以事佛，则心尽而福随之。[2]

1　参见周郢编纂《名山古城》，五洲传播出版社 2015 年版，第 147—148 页。

2　金棨辑，刘兴顺点校：《泰山志》，载汤贵仁、刘慧主编《泰山文献集成》（第六卷），泰山出版社 2005 年版，第 251 页。

可见岱麓书院是在冥福禅院基址东部修建的，修建的目的是由于泰山书院地处泰城西门外，诸生诵习不便，于是建数十间书舍，开设讲堂，将泰山书院移至于此，而基址西部仍保留着资福寺，建有大雄宝殿、天王殿。岱麓书院东面建有关帝伽蓝殿等。直至光绪三十年（1904），寺东、西、南全部并入泰安府官立中学堂。所以说，民国《重修泰安县志》称岱麓书院是由泰山书院改建而来，表明岱麓书院与泰山书院是一脉相承的，是泰安近千年孙复、石介书院文脉的延续。

我们知道，近代有庙产兴学，就是利用各地的庙产来兴建现代化新式学堂。在有志兴学者看来，国家危亡需要兴学育才来拯救，而祭神赛会多属于迷信，以庙产来兴学，正是化无用为有用。清末庙产兴学的提倡者，在时间上应该先从康有为开始。康梁在变法的时候，就认识到教育的重要性。可是当时的清政府没有足够的经费来筹办学校。光绪二十四年（1898）五月，康有为向光绪帝上《请饬各省改书院淫祠为学堂折》，折中提道："仰见我皇上，除旧布新，兴学堂育才。"这里所说的"除旧"，是要改革传统的书院，征收各地的庙宇；"布新"则是指建立新式的学堂。康有为在此折中明白地说："查中国民俗，惑于鬼神，淫祠遍于天下。以臣广东论之，乡必有数庙，庙必有公产。若改诸庙为学堂，以公产为公费，上法三代，旁采泰西，责令人民子弟，年至六岁者，皆必入小学读书，而教之以图算器艺语言文学。其不入学者，罪其父母。若此则人人知学，学堂遍地，不独教化易成，亦且风气遍开，农工商兵之学亦盛。"[1] 如此看来，泰安庙学兴产应该居风气之先。

道光七年（1827），泰安知县徐宗幹博览会捐金重建岱麓书院。据民国《重修泰安县志》卷四《政教志·教育》称：

> 日久经费不足，废而不举。道光七年（1827），泰安县知县徐公宗幹捐

1　杨家骆主编：《戊戌变法文献汇编》（第二册），台湾鼎文书局1973年版，第219页。

银一千两，又督学龚守正、按察使李文耕、济东泰武临道恩特亨额[1]、泰安府杨惠元、济宁州杨嗣曾、新泰县夏建谟、莱芜县游昌灼，各捐项，以及济南公馆变价，共银三千四百两，发当[2]，按年一分一厘，作为膏火支用。

徐公宗幹酌定条规，定为每月初二、十六两课，每课生员分超、特等，童生分上、次卷，前名予以膏火[3]。延聘名师为山长，所有修金分府属各按季摊解。行之数十年，人材辈出，以视学官之徒拥虚名，有霄壤之分焉。[4]

1827 年岱麓书院经徐宗幹重修后，物换星移，至光绪十五年（1889）时，日销月铄，半就倾圮。这年甘肃康敩来知泰安府事，见岱麓书院破败，感而伤之。第二年，即与众人商量重修岱麓书院，并带头捐俸。"是役也，经始于癸巳（光绪十九年，1893）之春，落成于甲午（光绪二十年，1894）仲夏，讲堂则仍而不易，祠宇门舍计修六十余楹。并置几榻，俾远来者便于栖止。庶事备举，轮奂一新。"[5]

岱麓书院成立后，人才辈出。据民国《泰安县志》卷六载：

（徐宗幹）既表彰先贤，复启迪后进。邑中志学之士咸受业焉。公训诲周祥，不遗余力。数年门下士程灿策成进士，卢运常、李陶村、贾公策、吴少陵亦先后登乡榜，邑中科第称盛一时。[6]

1　济东泰武临道：乾隆四十一年（1776）将原来分守济东道（辖济南、东昌、武定、泰安四府），增辖临清直隶州，称济东泰武临道。恩特亨额，蒙古正红旗人。
2　道光《泰安县志》卷十《政绩录·徐宗幹请增岱麓书院膏火并设立义学议》云："发存泰兴当行，按年一分一厘行息。"
3　膏火：即学习之津贴，道光《泰安县志》卷十《政绩录·徐宗幹酌议岱麓书院条规》云："每课，生员超等、童生上卷第一名，奖赏银五钱，二名四钱，三名三钱。膏火银生员超、特等并计五名以上，每名四钱，六名至十名，每名三钱，十一名至十五名，每名二钱；童生上、次卷亦然。"第 74 页 a。
4　葛延瑛修，孟昭章等纂：《重修泰安县志》卷四《政教志》，民国十八年泰安县志局铅印本，第 58 页。
5　王价藩、王亨豫辑录：《岱粹抄存》卷二，山东人民出版社 2018 年版，第 35 页。
6　葛延瑛修，孟昭章等纂：《重修泰安县志》卷六《吏绩志》，民国十八年泰安县志局铅印本，第 64 页 a。

程灿策,徐宗干在《斯未信斋主人自订年谱》称:"(道光)八年戊子三十三岁七月,调充乡试同考官……泰安程灿策,肄业岱麓书院,每试必首列。适出本房中第十五名。后成进士。"[1]

吴少陵,道光壬辰(1832)恩科举人;李陶村,泰安玄家庄人,道光癸卯(1843)经魁;卢运常,楼德南泉人,道光甲辰(1844)举人;贾公策,泰安角峪人,咸丰己未(1859)恩科举人。

故《重修泰安县志》称赞岱麓书院"以视学宫之徒拥虚名,有霄壤之分焉",远胜泰安儒学教育教学质量。

岱麓书院之所以取得如此优秀的成绩,与徐宗干延请名师有极大关系。如唐鉴,据徐宗干《斯未信斋文编·杂录》卷六载:"唐镜海世兄以御史告归。余在任泰安时,邀主讲岱麓书院。"[2]此外还有孔传崶、沈毓寅、王恩铨[3]、王家榕[4]、涂宗瀛等。

二、由岱麓书院到泰安府中学堂

戊戌变法时期,光绪二十四年(1898)五月,清帝就下谕,令各省府厅州县改书院设学校:"惟各省中学小学,尚未一律开办,总计各直省省会暨府厅州县,无不各有书院,著各该督抚,督饬地方官,各将所属书院坐落处所,经费数目,限两个月详查具奏,即将各省府厅州县现有之大小书院,一律改为兼习中学西学之学校,至于学校等级,自应以省会之大书院为高等学,郡城之书

---

1 北京图书馆编:《北京图书馆藏珍本年谱丛刊》(第148册),北京图书馆出版社1999年版,第438—439页。

2 《清代诗文集汇编》(第593册),上海古籍出版社2010年版,第384页。

3 民国《商河县志》卷八载:"王恩铨,字鉴衡,同治庚午科(1870)举人……主讲泰安岱麓书院。"第60页a。

4 光绪《泗水县志》卷十五《王容谷传》载:"先生名家榕,字广荫,号容谷,乾隆辛卯举人……当道闻公名,聘主岱麓书院讲席,诱掖后进,一本先型,前后所成全者甚众。如曲阜孔静方、河间封大受是其是著者。"第13页a。

院为中等学，州县之书院为小学。"[1]但是随着戊戌变法的失败，已经改制的学堂又改回了书院。

光绪二十七年（1901）八月初二日，清帝下谕改书院为学堂，"著各省所有书院，于省城改设大学堂，各府及直隶州均改设中学堂，各州县均改设小学堂"[2]。至此，全国各书院的改革开始全面推行。光绪二十八年（1902），清廷颁布《钦定中学堂章程》、光绪二十九年（1903）颁布《奏定中学堂章程》等，书院改革具有纲领性、可操作性的指导文件。光绪三十年（1904），新政终于在泰安具体实施。

据《重修泰安县志》卷五《省立第三中学成立以来年表》记载，光绪三十年（1904），泰安知府段友兰将岱麓书院旧址进行改建，共建号舍20间，其他用室24间；购图书标本器具，共用银1872两；开办经费为12000吊。定名为"泰安府中学堂"。

光绪三十一年（1905）夏到秋，泰安知府吴筠孙用时5个月，续建泰安府中学堂。并撰写《重修泰安中学堂记碑》，记载重修事项。

> 泰安中学堂岱麓书院之故址，前太守之所改建也。甲辰（光绪三十年，1904）春创其始，规模粗具，未遑开拓，书籍、仪器亦概付阙如。乙巳（1905）夏，余来守斯郡。下车伊始，慨然念人才之盛衰，以学堂之立不立为断，学堂之得失以科学之备不备为断。今以天演物竞之世，听其自兴自废、自智自愚，因陋就简而不为之，所骤欲宏作，毓育俊秀其可得耶！乃亟亟焉举前太守所有志未逮者，竭智尽能，踵之以行。筹得经费五千余金，委郡人杨玉成、钱奉祥董其事。凡未定议者，精思而规画之；已定议者，改良而扩充之。自夏徂秋，五阅月而功乃成。屋舍修葺若干楹，添建若干楹，购置书籍仪器若干种。此后，诸生上课以及阅报、藏书

---

1 舒新城编：《中国近代教育史资料》（上），人民教育出版社1981年版，第82页。
2 陈谷嘉、邓洪波主编：《中国书院史资料》，浙江教育出版社1998年版，第2489页。

均各有定所。非敢云美且备也，第以尽官斯土者之心之责焉耳。夫泰安，居岱岳之麓，磅礴郁积，地势雄厚，都人士必有负不凡之材、克自振拔而不甘膴下老者，得斯堂以群相琢磨，不数年间，蓄道德、裕经济，蔚为国家之大器踵相接也。且其地近圣人，居圣门，素重科学，德行、政事、言语、文学析而为四。今学堂分科教授，上仿王制周官遗意，旁采东西各国成法，俾就学者由普通以入专门，循序而渐臻于极，今岂异于古所云耶！教者，倡于上；学者，励于下。他日学界之进步，人才之效果，其责固不在余，而在来学于斯堂者。爰志此以为诸生勖。光绪三十二年正月，知泰安府事仪征吴筠孙。[1]

从碑文可以看出：首先，泰安府中学堂初建于光绪三十年（1904），是在岱麓书院故址上兴建。其次，明确提出了人才与学堂、学堂与科学的关系：人才盛衰与学堂有无有关，学堂得失与科学完备与否有关。明确了学堂的教学内容是科学，而且强调科学内容的完备，这样通过教学内容，就把学堂与科举之儒学明显地区分开来。再次，提出当今之世是以天演论为观念的物竞天择时代，不能听任教育因陋就简自生自灭而不去作为，否则人才顿失。所以吴筠孙尽心竭智，筹措经费，对泰安中学堂改良扩充，包括修葺和添建校舍、购置仪器和书籍。最后，指出孔子素重科学，分四门教学，所以泰安中学堂教育教学上仿《王制》《周官》之意，不违圣门，旁采东西各国成法，为新的科学内容进入泰安中学堂提供理论依据，极力协调传统与现代教学内容与形式的冲突。

1904 年开始招生，学堂设监督 1 人，由泰安知府段友兰任监督，本年夏，吴筠孙就任泰安知府，续任泰安府中学堂监督；此外设坐办 1 人，收支 1 人，中西教员各 1 人。设一个教学班，共 58 名学生。开设修身、英文、经学、国文、历史、地理、算学、体操共 8 个科目。本年开办经费为银 1508 两，京

1　袁明英主编：《泰山石刻》第 2 卷，中华书局 2007 年版，第 581 页。碑今存泰安六中。

钱 [1]6700 吊。

《奏定中学堂章程》规定"学习年数以五年为限"，科目分为 12 门：修身、读经讲经、中国文学、外国语、历史、地理、算学、博物、物理及化学、法制及理财、图画、体操。其中法制理财缺之亦可。

第一年开设修身、读经讲经、中国文学、外国语、历史、地理、算学、体操等 8 门课程。泰安府中学堂首届学生第一年未能开足课程，缺少图画、博物等 4 门课程。

至光绪三十三年（1907），泰安府中学堂增添了物理及化学、博物、法制及理财等 3 个科目，始终缺少图画科目。

中学堂教员，《奏定中学堂章程》规定："中学堂教员，本应各就所长认定一科目，分教若干班学生；惟各省学堂初办，断无许多之教员，应选有兼长之教员，使认教二三科目。"[2]泰安府中学堂设中西教员各 1 员，每人需要承担 4 门科目，显然达不到理想要求。直至宣统元年（1909），泰安府中学堂教员增加至中西教员各 2 名，这年泰安府中学堂科目增加到 11 个科目，平均每位教员承担 2.75 门科目，才算达到《奏定中学堂章程》每位教员认教二三门科目的基本要求。自民国元年后，泰安府中学堂教员都有若干员，应该是超过了 4 人。

中学堂教员，《奏定中学堂章程》规定："中学堂应设总理一员，以主持全学教育，统辖一切事宜。"[3]泰安府中学堂以泰安府知府兼任中学堂监督。历任泰安府中学堂监督的分别是光绪三十年（1904）段友兰[4]，三十一年（1905）段友兰、吴筠孙[5]，三十二年（1906）宋梦槐[6]、玉构[7]，三十二年至宣统元年（1909）

---

1 京钱：清末北京等地通行的一种当十大钱，实际上只抵制钱 2 文。故京钱 50 枚能作制钱 1 吊（100 文为 1 吊）。1853 年至 1905 年，京钱 1 吊等于 50 枚当十钱（折合制钱 100 枚）。银一两兑京钱 17000 文。

2 舒新城编：《中国近代教育史资料》（中），人民教育出版社 1981 年版，第 509 页。

3 舒新城编：《中国近代教育史资料》（中），人民教育出版社 1981 年版，第 509 页。

4 段友兰：江西永新进士，光绪二十九年（1903）至三十一年（1905）任泰安知府。

5 吴筠孙：江苏仪征人，1894 年甲午科二甲第一名，光绪三十一年（1905）任泰安知府。

6 宋梦槐：山西平遥人，光绪十九年（1893）举人，光绪三十二年（1906）代理泰安知府。

7 玉构：宗室，镶蓝旗人。光绪三十二年（1906）至宣统元年（1909）任泰安知府。

玉构。

自宣统二年（1910）开始，学校监督改为由山东提学司[1]委派专员担任。该年山东提学司委派莱芜人亓因培[2]任泰安府中学堂监督。宣统三年（1911），肥城人孙砚耕任泰安府中学堂监督。

有关这一时期泰安府中学堂的毕业学生，目前我们查到如下：

据民国《东阿县志》卷十五："刘景元，光绪三十一年泰安中学毕业。曾充农林会长公安局科长。"

据民国《东平县志》卷十《选举志·学生毕业表》载："清，张国桢，泰安中学，奖给附贡。清，王允然，泰安中学，旧制。"

三、山东省立第三中学校

民国元年（1912）1月19日，教育部公布普通教育暂行办法通令，规定"从前各项学堂，均改称为学校。监督、堂长，应一律通称校长"[3]。泰安府中学堂于本年改称泰安中学校，监督改称校长。1913年11月，泰安中学校改名为山东省立第五中学校。1914年8月，山东省立第五中学校又改名为山东省立第三中学校，并且本年经费全部由省教育厅拨款，共5400元。

首位校长是东阿人张道镛[4]，任期至1919年。1920年德县人陈铭鼎[5]继任，任期至1922年。1923年，东平人郝希隆[6]继任，至1928年1月，郝希隆调任

1　提学司：即提学使司。据清人端方《大清光绪新法令》载，光绪三十二年四月初二日："上谕，政务处学部会奏，遵谕裁撤学政，请设直省提学使司一折，现存停止科举，专办学堂，所有学政事宜自应设法变通。著即照所请，各省改设提学使司提学使一员，统辖全省学务，归督抚节制……各省学政一律裁撤。"据光绪《山东通志》卷五十一《职官志第四》记载，山东于光绪三十二年（1906）实施新政，设提学使。商务印书馆1915年影印版，第1799页。

2　亓因培：光绪二十年（1894）甲午科举人。

3　朱有瓛主编：《中国近代学制史料》第三辑上册，华东师范大学出版社1990年版，第1页。

4　张道镛：民国《东阿县志》卷十五："张道镛，宣统三年（1911）山东高等大学正科毕业。"

5　陈铭鼎，字恭三。山东省立优级师范学校毕业，国民党员。

6　郝希隆，东平人，民国山东高等师范毕业。

山东省立曲阜第二师范校长。继任者为毕业于北京师范大学的新泰人秦亦文（1900—1963），1929年9月2日，秦亦文辞去校长职务，到南京就任。[1]秦亦文推荐由毕业于北京师范大学的田瑞璐（即田佩之）继任。"田佩之到山东三中任校长不久，就遭到反对。因为他调换了原三中的教务主任张含清。张怀恨报复，策动三中的国民党员教师和学生，起来反对田佩之，田即提出辞呈，请求辞职，想一走了之。当时，山东学潮闹得很激烈，何思源趁此机会，对张含清和某些学生进行镇压，另换了一位北师大同学、国民党员张郁光（也是共产党员，抗日战争时期，经组织委派协助范筑先抗战，在聊城与日寇鏖战时，和范一同壮烈牺牲）继任三中校长。何调田佩之任教育厅视导员。"[2]田瑞璐辞职时间为1929年12月4日。[3]1930年至1932年，李泰华任泰安第三中学校长。[4]

1912年9月教育部公布中学校令，规定："中学校修业年限定为四年……中学校长教员之俸给，依部订规程之标准，由省行政长官定之。小学征收学费额，依部订规程之标准，由校长定之；其有因特别理由免收或减收学费者，必经省行政长官许可。"[5]本年12月教育部公布中学校令施行规则，规定中学校学科为"修身、国文、外国语、历史、地理、数学、博物、物理、化学、法制经济、图画、手工、乐歌、体操"等14门学科。本年泰安第三中学校添加了图画科目，同时也减去了经学科目。这样，泰安第三中学校实际开设科目有修身、中国文学、外国语、历史、地理、算学、博物、物理、化学、法制、图画、体操等12门科目，缺少手工、乐歌。至1914年，添设手工。到1924年又添设了乐歌，至此教育部所要求开设的科目才开设齐整。

1　民国十八年（1929）9月2日，省立第三中学校长秦亦文辞职照准，委田瑞璐接充。《山东省政府教育厅第一次工作报告》1929年10月，第45页。

2　靳星五：《烽火挚友》，山东人民出版社1995年版，第236—237页。

3　民国十八年（1929）12月4日，省立第三中学校长田瑞璐辞职照准，遗缺派省督学张郁光代理。委田瑞璐为本厅指导员。《山东省政府教育厅第二次工作报告》1932年5月，第9页。

4　参见李泰华《留学经过概略》，载山东省政协、文史资料委员会编《山东文史资料选辑第33辑·留学生活》，山东人民出版社1992年版，第295页。

5　朱有瓛主编：《中国近代学制史料》第三辑上册，华东师范大学出版社1990年版，第351—352页。

1922 年 11 月 1 日，教育部公布《学校系统改革令》，中小学学制从"七四"制，改为"六三三"制，中学由四年改为三年，高、初中修业年限各三年。于是，1923 年，泰安第三中规定，"本年暑假后，自新生起，实行新制，定为三三制"[1]，增设高中班，学校班额由 2 个增加到 6 个，学生人数也从 146 名增加到 236 名。

五四时期，省立第三中学校学生曾经奋起响应。据 1918 年入学的吴延文回忆，省立第三中学校学生罢课，在泰城游行示威，和各大城市的爱国青年相响应。学生成立学生会，公选八级的陈秉谦同学为学生会会长，并代表全体学生出席了山东省学生联合会的会议。当时全校 6 个班，各班由班长负责把全班学生划分为若干小组，白天到街上向群众讲演，以"外争国权，内惩国贼"为口号，抗议巴黎和会承认日本接管德国侵占我国山东省的各种特权的无理要求，揭发北洋军阀卖国求荣的罪行；夜间轮流到城外各重要路口缉查私自贩运日货的奸商。当年泰安旱魃为虐，赤地千里，秋收颗粒不得，省立第三中学校学生便由学生会发起募捐救济活动，借义演赈灾。[2]

有关这一时期省立第三中学校的毕业学生，目前我们查到如下：

据民国《东平县志》卷十《选举志·学生毕业表》载："民国，李广济，山东省立第三中学，旧制。民国，林友身，山东省立第三中学高中部。"

据民国《东阿县志》卷十五："田广才，民国十二年（1923）山东省立第三中学毕业。吴以善，民国□□年山东省立第三中学毕业。"

省立第三中学校招收学生，虽有国家划拨经费，但仍需学生交纳学费。其交纳的具体数额虽不清楚，但民国《重修泰安县志》称："今日学皆自费，费且不资，受学之机会则为富人独占，中产之家供一中学毕业而力有不逮，高才

1　葛延瑛修，孟昭章等纂：《重修泰安县志》卷五《省立第三中学年表》，民国十八年泰安县志局铅印本，第 50 页 b。

2　参见吴延文《五四时期省立第三中学的几件事》，载常连霆主编《山东党史资料文库》第 5 卷，山东人民出版社 2015 年版，第 27 页。

以寒门而废学，庸夫以多资而上进，天下至不平之事，孰有甚于此乎？"[1]可见学费不低，一个中产家庭尚难供给，由此导致许多下层学生难以入学。

省立第三中学校所用教材及教学，民国《重修泰安县志》称："小学科程中，英文已列为主要之科，至中学几占授课时间三分之一，中学以上无论矣。然此仅就文学语言言之也，美术也、理化也、史地也，其所用又皆英文原本，而教师讲解更一律英语。"[2]可见实施教育新政后，省立第三中学校非常注重英语教学，中学后占授课时间的三分之一，而且美术、理化、史地等课程教材全部采用引进的英文原版，教师授课一律使用英语。这样的教学实践活动，往往导致全盘西化。

四、泰安新教育的反思

自从甲午战争以来，中国国力日渐衰弱，外交失败。有识之士逐渐认识到中国传统教育的弊端，开始积极探索教育改革，希望引进西方学术与教育，重振国威。于是新建学堂，废除科举，不断推行教育改革，取得了重大成就。但教育新政实施几十年后，也产生了不少问题。对此，民国《重修泰安县志》的编纂者王价藩先生进行了深刻反思，并尖锐地指出了新教育的三大问题，甚至认为这三大问题比科举时代有过之而无不及。

第一大问题是"富人得便，贫人向隅"。他认为："向者士皆学于其家，其费至省。岁时考试，其途至宽。故寒畯之士皆能自奋于青云，然犹为之设学官，立书院，时给膏奖，以诱掖而奖劝之。汉唐宋明以来，布衣而至卿相者不可胜述。其贤且才足以身系一代安危者，又往往出于蓬户穷庐之中。盖其困心衡虑，磨炼其身心者有素，固与席丰履厚之纨绔子弟异也。"由于新式教育学费高昂，许多下层贫寒而有才能的学生难以入学，导致"受学机会为富人独

1　葛延瑛修，孟昭章等纂：《重修泰安县志》卷五《政教志》，民国十八年泰安县志局铅印本，第51页。
2　葛延瑛修，孟昭章等纂：《重修泰安县志》卷五《政教志》，民国十八年泰安县志局铅印本，第51页b。

占，高才以寒门而废学，庸夫以多资而上进"[1]。这样就造成了天下最大的不公正、不公平，在这方面，远远不如传统之学宫与书院。他又进一步指出，这样的教育会导致因贫富而产生智愚的群体区分，因智愚的不同群体产生阶级的区分。处于下位的愚者群体往往容易作乱，这样，将来亡国的原因可能不是来自外域，而是在自身中生长出来，祸起萧墙。实际上中国的教育会走向反面。可以说，这样的分析判断无疑给人以振聋发聩之感，也代表了那个时代一般知识阶层的普遍共识。

第二大问题是"偏重英文，国学将丧"。王价藩认为，教学中过分强调英文的重要性，尤其是用英文教学，"以为不如此不足表示学生程度之高深，及教师学问之渊博，而不知流弊所至，英文将成国语，国学必将沦丧"[2]。王价藩以日本为例，指出日本自明治维新以来，基本上也走同样的道路，但是日本注重用日语翻译，一年之中翻译的外文书籍就达千百种，最后使西方文明全被国人吸收。而中国目前则是用英文原本，不以本国语言加以翻译。"印度之学校重英文，而印度亡；朝鲜之学校重日文，而朝鲜亡。"[3]这样的教育，容易导致国家灭亡，这是教育的罪责，难辞其咎。又一振聋发聩之声。

第三大问题是"宗旨不明，士失定向"。王价藩认为："频年以来，国内教育事业徒事裨贩，一味模仿，驯至国民思想失其重心，文化侵略施其毒技，持此不变，国且不国，何有教育。"[4]他指出教育宗旨不明，读书人失去目的与方向。近代的教育一味模仿西方，逐渐招致文化侵略，国民失去自己的思想，王价藩称之为"忘本教育"，人如果忘本，做人必然失败；国家如果忘本，国家必然灭亡。他认为合理的教育应该是变人，而不是被别人改变。

1　葛延瑛修，孟昭章等纂：《重修泰安县志》卷五《政教志》，民国十八年泰安县志局铅印本，第 51 页。

2　葛延瑛修，孟昭章等纂：《重修泰安县志》卷五《政教志》，民国十八年泰安县志局铅印本，第 51 页 a—第 52 页 b。

3　葛延瑛修，孟昭章等纂：《重修泰安县志》卷五《政教志》，民国十八年泰安县志局铅印本，第 52 页 b。

4　葛延瑛修，孟昭章等纂：《重修泰安县志》卷五《政教志》，民国十八年泰安县志局铅印本，第 52 页 b。

"世界文学"与"中国故事"

鲁太光

中国艺术研究院

在构建人类命运共同体这一高尚的事业中，文学艺术应该发挥重要的作用，因为文学艺术不仅是人类命运共同体形成过程的记录与载体，而且还能够为构建人类命运共同体提供巨大的动力。提供什么样的动力呢？提供情感动力、精神动力等。文学艺术是人类愿景的生产者、提供者，所以，文化艺术能够为人类命运共同体提供精神蓝图，并促使人们围绕着这一目标团结起来，共同奋斗。

正因为文学艺术在构建人类命运共同体中具有重要作用，所以我们应该采取合理、得力的措施，促进文学艺术繁荣发展，使其发挥应有的作用。我以为，要做好这件事情，需要注意以下几个方面的问题。

首先，是文学艺术的世界性问题。用一个理论化的说法，就是"世界文学"问题。德国大文豪歌德首次提出"世界文学"这个概念。这个词语首见于他 1827 年 1 月 15 日的日记中，最后一次见于他 1831 年 4 月 24 日致波瓦塞雷的信函中。在歌德那里，"世界文学"是一个开放的概念，即他认为随着世界性的交流愈益简便，一个"世界文学"的时代也应该随之而来。更具体地说，在歌德那里，"世界文学"就是精神交往，而且这种精神交往的普遍发展会"让各民族日益走近"。

随着这个概念的提出，诸多文学家、艺术家、思想家加入讨论，其概念日益丰富，为我们认识这个问题提供了多方面的启发，但整体而言，还是马克思、恩格斯的论述最为经典。在《共产党宣言》中，他们是这样论述这个问题的："资产阶级，由于开拓了世界市场，使一切国家的生产和消费都成为世界性的了。……过去那种地方的和民族的自给自足和闭关自守状态，被各民族的各方面的互相往来和各方面的互相依赖所代替了。物质的生产是如此，精神的生产也是如此，各民族的精神产品成了公共财产，民族的片面性和局限性日益成为不可能，于是由许多种民族的和地方的文学形成了一种世界的文学。"从这段论述可知，在马克思、恩格斯看来，"世界文学"是随着现代社会发展而出现的一个范畴，即随着现代交往迅猛发展，不仅物质产品可以全球流通，精神产品亦然，因而可能产生一个世界性的精神共同体。

歌德的期待，马克思、恩格斯的"预言"，今天已然成为现实。我们早就进入全球化时代了——有一个形象的说法叫"地球村"。既然现代科技发展极大地方便了人类交流，时间、空间似乎被"压缩"了一般，我们可以像在"村子"里一样便捷地进行全球交流，那么，我们当然应该抓住这千年未有的机遇，促进"世界文学"发展，使人类不仅在物质层面很好地联系在一起，而且在精神、情感层面上更好的联系在一起——这是更深刻的联系，最终成为一个"命运共同体"。

其次，要正确认识"世界文学"与各民族、地区、国家间文学艺术的关系问题。其实，从上述关于"世界文学"概念的简单勾勒我们就可以看出，这种关系不是单向度的，而是双向度的，是互相激发、互相生成的。即并不存在一个"笼罩"于所有的文学艺术之上的"世界文学"，各民族、地区、国家的文学艺术是它的"亚存在"，或者说"世界文学"是一个模板，各民族、地区、国家都去拷贝、抄袭它。正确的理解是只有各民族、地区、国家文学艺术的繁荣、发展、交流，才能激发出一种健康的、有活力的"世界文学"。马克思的一些论述很有启发，比如，他认为每个民族同另一个民族相比都有某种优点，他还认为，凡是民族为民族所做的事情都是他们为人类而做的。这就是说，各民族、地区、国家自己所做的事情，也是为世界做的。回到我们的问题上来看，"世界文学"的形成和发展，需要各民族、地区、国家的文学的繁荣和发展，而非相反。遗憾的是，在当前的全球精神交往中，并不是所有人都能辩证地认识这个问题，甚至存在文化歧视、压制现象。因而，就中国目前而言，既要意识到"世界文学"的大势所趋，又要认识到我们文化的根本所在，大力发展中华文艺、人民文艺。

再次，"中国故事"应对"世界文学"贡献什么的问题。中华文明源远流长，博大精深，概括地说包括三个方面：中华民族五千多年文明历史所孕育的中华优秀传统文化，党领导人民在革命、建设、改革中创造的革命文化和社会主义先进文化。从中华民族的历史看，我们已为世界文明发展做出了自己的独特贡献。但在今天，我们应该为世界文明发展做出更多的贡献，其重要途径就是讲好"中国故事"。现在，关于"中国故事"有各种各样的讲法，有的雄壮，有的悲凉，有的骄傲，有的沉重，也有的比较轻松、柔和。但我个人觉得，特别是结合泰山文化这个主题，今天讲好"中国故事"还应该有一种艰苦朴素的故事，或者说，应该有一种艰苦朴素的基调，我觉得这是当前我们在讲述"中国故事"时相对缺乏的一种声音、一种基调。

实事求是地讲，中国革命之所以取得伟大胜利，中国社会主义建设之所以取得巨大成绩，中国改革开放之所以空前成功，原因很多，但一个不容忽视的因素就是中国人民胼手胝足、艰苦朴素的奋斗精神。借用鲁迅的说法，中国之所以发展到今天，就是因为有无数的"脊梁"，或者说，在中国的文化中，有一种"脊梁"精神。这种精神，在泰山文化中，有很好的体现。或者说，这种精神是泰山文化的重要一维。

举一个例子略做说明。中国当代著名作家冯骥才有一篇很短的散文，叫《挑山工》，写往山顶运东西的工人的故事。我们爬泰山，经常会看到他们的身影。在我们眼中，挑山工走得好慢呀，几乎一步一顿，我们觉得自己三步两跳，就超越了他们。可是，过了一会儿，你却突然发现挑山工就走在自己前面，而且似乎永远走在自己前面。冯骥才就问挑山工是怎么做到的？这个挑山工的回答很朴实，却很有深意。他说我们不像你们那么随便，高兴怎么走就怎么走，我们一步踩不实不行，停停住住更不行，我们必须憋足了气，一直往上攀登。简短地几句话，显现出了挑山工身负重物、步履不停、攀登顶峰的朴素的形象。其实，这个形象是中国人民整体形象的一个代表、缩影。我觉得我们在讲述"中国故事"时不应该缺少这样的形象，缺少这样的基调，缺少这样的精神。如果缺失了，不仅不利于世界理解中国，也不利于我们在构建人类命运共同体的过程中推动"世界文学"发展。

论中国道路与国家治理体系建设的优越性

——以中国非物质文化遗产保护工作为例

郑长铃

中国艺术研究院

自联合国教科文组织倡导开展非物质文化遗产保护工作以来，中国为维护世界文化多样性和人类社会可持续健康发展做出了突出的贡献。在党和政府的正确领导以及全社会的共同努力下，中国特色的非物质文化遗产保护体系已经形成，这是中国智慧的结晶，也是中国对世界的贡献。从中国道路与国家治理体系建设的层面上讲，中国非物质文化遗产保护工作不仅是传承发展中华优秀传统文化的一种体现，更是中国制度优势、治理体系建构和经验优势的彰显，是一个值得深入系统研究的成功的、典型的案例。

一、国际新语境下的文化多样性维护

20世纪以来，世界格局飞速变化，生产方式的变革、全球化浪潮的冲击使人类传统文化面临严峻挑战。在这样的时代背景下，联合国教科文组织发起了全球性的文化遗产保护运动。随着保护运动的深入，人们开始意识到：第一，多样性不仅标示个性，更是不同文明之间对话的基础；第二，人类要继续发展，不同文明之间必须进行对话。

作为文明古国，中国拥有丰富的文化遗产。这些文化遗产不仅是中华民族的伟大创造，也是全人类共同的宝贵财富。自2004年加入联合国教科文组织《保护非物质文化遗产公约》以来，中国在非物质文化遗产保护方面取得了巨大成就，为维护世界文化多样性贡献出了中国智慧和中国方案。秉持着"和而不同"与"天下大同"的理想，中国深信文明的交融和相互促进是人类社会健康发展的主旋律。2013年以来，在"一带一路"的伟大倡议下，中国继续深入非物质文化遗产保护工作，积极推动人类不同文明之间的对话，为人类命运共同体的构建奉献中国力量。

二、维护世界文化多样性的中国智慧和中国方案

中国是一个多民族国家，中华民族是由许多分散孤立存在的民族单位融合形成的我中有你、你中有我，同时又各具个性的多元统一体。各民族在不同历史时期、不同地域，创造了独具本民族特色的文化形态。中华文化多元统一体格局的形成与发展，为世界贡献了丰富多彩的中华文化，是人类文化多样性的重要组成部分和维护世界文化多样性的核心力量。

同时，回顾中国文化传承发展的历程，我们还可以发现，中国自古以来就有尊重、珍爱传统的文化态度，以及善于整理、延续文化的优良传统，中华文明能够穿越数千年延续至今，正得益于此。从春秋战国时期的采诗观风，一直到清代《四库全书》的编撰、当代被称为"文化长城"的十部《中国民族民间文艺集成志书》的编纂，这一传统为我们留下了极为丰富、宝贵的文化遗产。今天的非物质文化遗产保护工作，正是这一传统的当代延续，是我们在新时代背景下，对传统进行的再阐释和文化整理运动。在这一过程中，我们重新认识自己民族的文化，并对其发展历程和未来有了充分认识，从而实现文化的自我觉醒、自我反省、自我再创造，反过来更增强了对本民族文化的认同，从而建立文化自觉与自信。

经过十几年的探索和实践，中国非物质文化遗产保护措施向多样化、全面

化发展，逐步形成了有中国特色的非物质文化遗产保护工作体系，保护成果位居世界前列。截至 2019 年，中国共有 32 个项目入选《人类非物质文化遗产代表作名录》，7 个项目入选《急需保护的非物质文化遗产名录》，1 项入选《保护非物质文化遗产优秀实践名录》，总数位居世界第一，类型的丰富在世界上绝无仅有。

三、由非物质文化遗产保护看中国道路与国家治理体系的优越性

作为联合国教科文组织《保护非物质文化遗产公约》的缔约国和政府间委员会委员，中国在加入后的十几年间所取得的成就，无疑得益于我国国家治理体系和治理能力的优越性。

（一）集中力量办大事的显著优势

中国历史悠久、幅员辽阔、民族众多，非物质文化遗产种类丰富，数量繁多。面对数量如此之大的非物质文化遗产，要对其进行保护，仅仅依靠个人或民间组织等少数群体的力量是远远不够的，需要党和政府在方针政策上予以正确指导，在保护工作中进行统一领导。

2005 年 3 月 26 日，国务院办公厅印发了《关于加强我国非物质文化遗产保护工作的意见》，提出我国非物质文化遗产保护的工作原则是：政府主导、社会参与，明确职责、形成合力；长远规划、分步实施，点面结合、讲求实效。之所以强调政府主导，是因为在中国，文化建设属于政府五大建设（政治建设、经济建设、社会建设、文化建设、生态文明建设）之一，是政府的主要职能。政府在非物质文化遗产保护工作中居于领导地位，是组织者和管理者。党和政府的统一领导，使中国非物质文化遗产保护工作环环相扣、层层落实、协调发展、稳步推进，各项方针政策和具体措施得到有力执行。在党中央、国

务院的高度重视下，在地方政府和党委的领导下，经过各级文化部门的积极努力和社会公众的广泛参与，中国非物质文化遗产保护工作取得突破性进展，初步建立起了有中国特色的非物质文化遗产保护制度。

1. 开展普查，摸清家底。为了摸清非物质文化遗产的家底，中国政府文化行政主管部门于 2005 年至 2009 年对全国的非物质文化遗产进行了普查，普查非物质文化遗产资源总量近 87 万项。

2. 设立四级名录体系。目前，我国的非物质文化遗产国家、省、市、县四级名录体系已基本建立。截至 2019 年，国务院批准公布了四批共计 1372 项国家级非物质文化遗产代表性项目；第五批申报已经启动。

3. 保护非物质文化遗产传承人。这是建立和完善非物质文化遗产保护制度的关键环节。国家文化主管部门自 2007 年至 2018 年相继评定并公布了五批共 3068 名国家级非物质文化遗产项目代表性传承人。

4. 设立非物质文化遗产保护生态区。对非物质文化遗产内容丰富、较为集中的区域实施整体性保护，是我国非物质文化遗产保护制度的一项重要内容。截至 2018 年，已设立国家级文化生态保护实验区 21 个（2020 年 6 月已扩展至 23 个），据说文化和旅游部非物质文化遗产司已经启动向国务院申报"国家级非物质文化遗产文化生态保护区"的工作。

可以说，非物质文化遗产保护彰显了我国国家制度和国家治理体系坚持全国一盘棋、调动各方面积极性、集中力量办大事的显著优势。

（二）以人为本、密切联系群众的显著优势

作为活态的遗产，非物质文化遗产要通过人的行为来展现，通过人的活动来传承，非物质文化遗产保护，坚持以人为本的原则。人是非物质文化遗产传承和保护的主体，文化依靠人来继承和传播，离开了人，任何优秀的文化也只能是海市蜃楼。

中国重视对非物质文化遗产传承人的保护，把传承人的保护放在关键地位，建立和完善了非物质文化遗产项目代表性传承人的评审认定体系。2008年，文化部审议通过了《国家级非物质文化遗产项目代表性传承人认定与管理暂行办法》，明确了传承人的认定条件、应当提供的材料、认定程序和期限以及传承人的权利和义务。2012年，文化部启动国家级非物质文化遗产代表性传承人抢救性记录工程，将非物质文化遗产项目代表性传承人的抢救性记录列入《文化部"十二五"文化科技发展规划》。非物质文化遗产项目代表性传承人扶持计划被纳入《国家中长期人才发展规划纲要（2010—2020年）》。截至2019年底，国家文化主管部门命名公布了五批国家级非物质文化遗产项目代表性传承人。为了支持国家级代表性传承人开展传承活动，财政部设立了国家级代表性传承人传习活动经费。省、市、县级非物质文化遗产项目代表性传承人的评审认定工作也在陆续展开。

此外，在政府主导非物质文化遗产工作的同时，我国非物质文化遗产保护工作遵循"政府主导、社会参与，明确职责、形成合力"的原则，通过多种途径促使全社会参与到非物质文化遗产保护中。非物质文化遗产的保护，不能仅仅停留在政府保护的层面上。非物质文化遗产的保护与传承既需要政府的主导，也离不开全社会的广泛参与，尤其是其保护与传承主体——广大民众的参与。近年来，中国政府全面深入开展社会普及教育工作，进一步扩大非物质文化遗产保护工作的影响，增强人们关注遗产、保护遗产的文化自觉，使非物质文化遗产保护意识深入人心。这些措施，无不彰显中国国家制度和国家治理体系密切联系群众，紧紧依靠人民推动国家发展的显著优势。

（三）坚持全面依法治国、坚持改革创新的显著优势

要保护非物质文化遗产，法律和政策的规约和保障必不可少。在法治化建设的大环境中，中国非物质文化遗产保护十分注重以法律为依据开展相关的保

护工作，相关立法工作逐步有序展开。

2005 年 3 月 26 日，国务院办公厅印发了《关于加强我国非物质文化遗产保护工作的意见》（以下简称《意见》），明确提出非物质文化遗产保护工作的重要意义、工作目标和指导方针。

2006 年 10 月，文化部通过了《国家级非物质文化遗产保护与管理暂行办法》，作为与上述国务院办公厅的《意见》相配套的部门规章，进一步细化了《意见》的有关内容。

2008 年 6 月，文化部发布《国家级非物质文化遗产项目代表性传承人认定与管理暂行办法》，是与国务院办公厅的《意见》相衔接的部门规章。

2011 年 2 月 25 日，十一届全国人大常委会第十九次会议审议通过了《中华人民共和国非物质文化遗产法》（以下简称《非遗法》），并于 6 月 1 日起正式实施。《非遗法》共六章四十五条，分为总则、非物质文化遗产的调查、非物质文化遗产代表性项目名录、非物质文化遗产的传承与传播、法律责任以及附则。

《非遗法》的颁布，标志着中国非物质文化遗产保护进入了有法可依、依法保护和实施的新阶段，显示出中国国家制度和国家治理体系坚持全面依法治国，建设社会主义法治国家，坚持改革创新、与时俱进，善于自我完善、自我发展的显著优势。

（四）弘扬中华优秀传统文化、促进社会和谐的显著优势

保护非物质文化遗产的核心内容就是保护传统文化，保护文化多样性。非物质文化遗产是中国传统文化的重要组成部分，体现了特定民族或群体的文化精神和情感、特有的思维方式、传统价值观念和审美理想，因此成为各个群体和团体自身文化认同的重要来源，是增强民族凝聚力、维护民族特性的重要途径。对于中华民族而言，非物质文化遗产是民族的情感基因，是集体记忆的根

源，也是我们今天与过去的沟通渠道。在很多物质文化遗产随着战争、自然灾害等消亡的今天，我们还能"礼失求诸野"，通过非物质文化遗产这样活态的遗产，在民众的生产生活中探寻传统的痕迹，因此中国非物质文化遗产的保护应该立基于"从民族发展战略的高度、以民生利益作为出发点和归宿点、以民众的生产生活为切入点"的非物质文化遗产保护的"三民"主义。

面对人类社会的问题与危机，我们必须在文化创新的同时，努力寻找和利用各方面的智慧以及资源。作为人类智慧与创造力的结晶，非物质文化遗产中蕴含着丰富的思想资源。当我们面对经济全球化所不能解决的人类和谐生存、可持续发展的精神走向等问题时，或许可以将视野转向民间，向一些老者智者、古法存礼去求知，在传统中寻求启迪乃至答案。

（五）积极参与全球治理，为构建人类命运共同体不断做出贡献的显著优势

非物质文化遗产不仅是国家和民族历史成就的标志，也是不同文明之间增进理解、促进交流的重要基础之一。在非物质文化遗产保护的过程中，中国通过不断深化国际交流与合作，持续拓展对外交流合作渠道，日益提高国际影响力，获得了国际社会的广泛认可和好评，巩固提升了中国文化的国际话语权和影响力。

首先，中国积极参与非物质文化遗产保护国际规则的制定工作，推动了《保护非物质文化遗产公约》的制定，是认真履行缔约国义务、积极推动公约实施的主要国家。其次，中国积极参与国际交流与合作，注重学习、借鉴他国非物质文化遗产保护的成功经验，如在法国巴黎成功举办了中国非物质文化遗产艺术节，与蒙古国联合申报蒙古族长调民歌为"人类非物质文化遗产代表作名录"项目、并签订合作协议等。

中国还积极参与了联合国教科文组织《人类非物质文化遗产代表作名录》

《急需保护的非物质文化遗产名录》和《保护非物质文化遗产优秀实践名录》的申报工作，是世界上入选名录项目最多的国家，这表明了国际社会对我国非物质文化遗产保护工作的充分肯定。可以说，非物质文化遗产保护工作彰显了中国积极参与全球治理，促进构建人类命运共同体的显著优势。

中国特色的非物质文化遗产保护体系，是中国为保护世界文化的多样性做出的杰出贡献，是我们为推动人类社会的健康发展做出的努力。面对现代化、全球化带来的诸多挑战，非物质文化遗产保护"道阻且长"，我们还将继续努力。中国智慧和中国方案，代表着中国既是历史悠久的文明古国，又是有责任感、使命感的大国，这种担当将使人类命运共同体建构的脚步走得更扎实，为实现世界共同健康发展、繁荣注入强劲的推力、增添不竭的动能。

碰撞、变异与融合：论日本文学中的"泰山府君"

寇淑婷

四川大学

一、前言

目前，中日学者对泰山文化做了大量研究，可谓连篇累牍。但是，以文学为切入点的泰山研究尚处于起步阶段。[1] 文学作品是社会生活的反映，正如恩格斯在评论巴尔扎克的《人间喜剧》时说："他在《人间喜剧》里给我们提供了一部法国'社会'，特别是巴黎上流社会的无比精彩的现实主义历史，……我从这里，甚至在经济细节方面（诸如革命以后动产和不动产的重新分配）所学到的东西，也要比从当时所有职业的史学家、经济学家和统计学家那里学到的

---

[1] 国内学者的研究主要有：周郢：《泰山神信仰在日本》，《岱宗学刊》1998 年第 1 期；周郢：《泰山文化与日本》，《泰安师专学报》1999 年第 4 期，主要从中日文化交流的角度对泰山文化进行了论述，虽涉及部分日本文学作品，但并没有对文学作品本身做深入分析。王雪：《涩川玄耳的泰山研究》，《泰山学院学报》2013 年第 5 期；王雪：《近代日本人游历考察泰山述论》，《乐山师范学院学报》2013 年第 1 期，对日本明治时期的诗人涩川玄耳及近代日本人的中国游记进行了解读。李杰玲：《涩川氏的泰山和歌与清代泰山诗》，《泰山学院学报》2014 年第 2 期，关注了涩川玄耳的《在山东歌集》及《岱崂杂记》等作品。日本学者的研究主要有：黑田彰：《〈泰山府君〉と千秋万岁—桜町中納言譚をめぐって（芸能史ノート）》，《芸能史研究》1986 年第 94 期；桥口晋作：《延庆本〈平家物语〉〈源平盛衰记〉、觉一本〈平家物语〉における泰山府君》，《语文研究》1979 年第 48 期；清田弘：《世阿弥作品の鉴赏と分析—〈泰山府君〉について》，《国文学：解釈と教材の研究》1963 年第 1 期，等等，这些文章对世阿弥的谣曲《泰山府君》及《平家物语》《源平盛衰记》中的"泰山府君"形象进行了研究。

全部东西还要多。"[1] 日本文学作品中出现的"泰山府君"，是泰山之神——"泰山府君"东渡日本，对日本人精神世界产生深远影响的产物。将描写"泰山府君"的纯文学文本和非纯文学文本[2] 同时进行观照，能够更加清晰地呈现"泰山府君"信仰在日本受容及传播的面貌。

二、碰撞："泰山府君"信仰东传及其在日本文学和社会文化中的受容

泰山，自古以来就被认为是神圣的宗教之山。应劭在《风俗通义》中对泰山的评价可谓精彩全面："东方泰山，《诗》云：'泰山岩岩，鲁邦所詹。'泰山，山之尊者。一曰岱宗。岱者，始也；宗者，长也。万物之始，阴阳交代，云触石而出，肤寸而合，不崇朝而遍雨天下，唯泰山乎！故为五岳之长。王者受命易姓，改制应天，功成封禅，以告天地。孔子曰：'封泰山，禅梁父，可得而数，七十有二。'"[3] 泰山被赋予了万物之始，阴阳交替之意，也与王者改朝换代，受命于天，功成封禅相契合，且泰山"不崇朝而遍雨天下"，使其神秘、神圣色彩更加浓厚。

中日文学作品中出现的"泰山府君"书写，与泰山的宗教属性密不可分。"泰山治鬼说"与《搜神记》《冥报记》等志怪小说的东传，为"泰山府君"信仰在日本的传播奠定了基础。

"泰山府君"这一称呼，可以说是佛教中国化的产物，它揭示了佛教与中国文化"碰撞、变异、融合"的过程。汉代，泰山成为"鬼神之府"，"泰山治

1　中共中央马克思恩格斯列宁斯大林著作编译局编译：《马克思恩格斯选集》第四卷，人民出版社2012年版，第590—591页。

2　这里采用了王向远先生在《比较文学学科新论》中提出的"涉外文学"的概念。他指出："涉外文学"包括了"想象"性的、主观性的纯虚构文学，也包括了写实性、纪实性的游记、见闻报道、报告文学、传记文学等。换个角度说，"涉外文学"包括通常我们今天所谓的纯文学，也包含许多非纯文学，它具有文学研究的价值，也有超越纯文学的多方面的文化价值。（参见王向远《比较文学学科新论》，江西教育出版社2002年版，第236页）

3　应劭著，赵泓译注：《风俗通义全译》，贵州人民出版社1998年版，第374页。

鬼说"在民间盛行，《后汉书》卷九十的《乌桓鲜卑列传第八十》说："如中国人死者魂神归岱山也。"[1]泰山南麓的蒿里山也被人们称为冥界地府，汉乐府古曲《蒿里》也说"蒿里谁家地，聚敛魂魄无贤愚"[2]。关于"泰山治鬼"说的起源，栾保群对顾炎武《日知录》中"泰山治鬼"一条进行了分析，他指出"泰山治鬼"说起源于东汉末期。[3]

东汉时期，佛教作为一种外来宗教传入中国，为了其自身传播的需要，主动与当时流行的"泰山治鬼"的民间信仰相适应。在佛经翻译时，僧人们主动把佛经中的"地狱"译成了"太山"。三国时代吴国的康僧会所译《六度集经》卷七有："或以闻太山汤火之毒，酷烈之痛，饿鬼饥馑，积本之劳，畜生屠剥，割截之苦，存之愕然，一心得禅。"[4]此处的"太山"即"地狱之山"，在古代，"太山"与"泰山"相通，所以，"太山"可以理解为东岳"泰山"。钱锺书在《管锥编》第一册的《史记会注考证》"封禅书"条记载："《日知录》卷三〇、《陔馀丛考》卷三五、《茶香室丛抄》卷一六考汉魏时泰山治鬼之说，已得涯略。吴锡麟《有正味斋骈体文》卷一五《游泰山记》全本《日知录》。经来白马，泰山更成地狱之别名，如吴支谦译《八吉祥神咒经》即云'泰山地狱饿鬼畜生道'，隋费长房《历代三宝记》卷九所谓'泰山'为'梵言'而强以'东方岱岳'译之者。然则泰山之行，非长生登仙，乃趋死路而入鬼篆耳。"[5]佛经翻译者将"地狱"译成"太山"，即"地狱之山"，在民间传说中却与东岳"泰山"含糊的杂糅，将东岳泰山转换成人间的冥府，而"泰山府君"成为冥府之神，掌管生死。

"泰山府君"这一称呼，初见于晋代干宝的《搜神记》。《搜神记》卷四的《胡母班传书》记载："胡母班字季友，泰山人也。曾至泰山之侧，忽于树间逢

---

1 范晔：《后汉书》，中华书局 1965 年版，第 2396 页。

2 郭茂倩：《乐府诗集》（图文版），万卷出版公司 2014 年版，第 49 页。

3 参见栾保群《"泰山治鬼说"的起源与中国冥府的形成》，《河北学刊》2005 年第 3 期。

4 转引自蒲正信《六度集经》，巴蜀书社 2012 年版，第 266 页。

5 钱锺书选注：《管锥编》，生活·读书·新知三联书店 2007 年版，第 472 页。

一绛衣驺，呼班云：'泰山府君召。'班惊愕，逡巡未答。复有一驺出，呼之。遂随行数十步，驺请班暂瞑。少顷，便见宫室，威仪甚严。班乃入阁拜谒。主为设食，语班曰：'欲见君，无他，欲附书与女婿耳。'班问：'女郎何在？'曰：'女为河伯妇。'班曰：'辄当奉书，不知缘何得达？'答曰：'今适河中流，便扣舟'青衣'，当自有取书者。'班乃辞出……"[1] 讲述了胡母班在泰山，被诏令给"泰山府君"嫁给河伯的女儿送信的故事。《搜神记》中出现的"泰山府君"书写，表明"泰山府君"信仰在当时社会已经具有相当高的认同程度。

日本有关《搜神记》的最早文献记载，是在宇多天皇宽平三年（891），藤原佐世在《日本国见在书目录》一书的目录中写道："《搜神记》三十卷，干宝撰；《搜神记后记》十卷，陶潜撰。"[2] 可见，《搜神记》传入日本是客观事实。

《冥报记》成书于唐朝永徽年间（650—655），该书在中国早已失传，在日本则有高山寺藏本、前田家尊经阁藏本、知恩院现藏本等诸版本。该书所收录的故事多为佛教因果报应的故事。这些故事皆具有千篇一律的套路，即人死后被带到冥间受阎罗王的审判，但多因尘缘未了、寿数未尽而被放回人间，在回到人间之前，多被带去参观地狱，在地狱看到了善有善报、恶有恶报的场面。《冥报记》中这些故事的流传，对佛教观念在日本社会的受容亦具有积极意义。

《冥报记》传入日本的具体时间现无法考证，但据《日本灵异记》[3] 上卷序文记载："熟瞰世人也，方好鄙行，翘利养，贪财物，……欲他分，惜己物，……匪呈善恶之状，何以直于曲执而定是非：叵示因果之报，何由改于恶心而修善道乎。昔汉地造《冥报记》，大唐国作《般若验记》。何唯慎乎他国传录，弗信恐乎自土奇事。粤起目瞩之，不得忍寝。居心思之，不能默然。故聊

---

1 （晋）干宝著，邹憬译注：《搜神记译注》，上海三联书店 2012 年版，第 82—83 页。
2 转引自马兴国《〈搜神记〉在日本的流传及影响》，《日本研究》1988 年第 2 期。
3 全称为《日本国现报善恶灵异记》，成书于平安时代初期，即 794 年到 1192 年，也有一说成书时间大约是 823 年。

注侧闻，号曰《日本国现报善恶灵异记》，作上中下三卷，以流季业。"[1] 由此可见，《冥报记》在平安时代（794—1192）初期就已传入日本，而日本文学中初见"泰山府君"的记载已到了 10 世纪。延喜十九年（919）5 月 28 日的《贞信公记》中出现了"七献上草祭"[2] 的记载，而《伊吕波字类抄》中对"泰山府君祭"的解释有一条："一名七献上章祭曰。"[3] 因此日本学者松山佳代指出，"七献上草祭"与"泰山府君祭"可能相同。然而在《贞信公记》中并未记载具体的祭祀情况，所以并没有足够的理由说明"七献上草祭"一定为"泰山府君祭"。以"泰山府君祭"之名出现在文献中的最早记载，见于永祚元年（989）2 月 11 日的《小右记》，"皇太后宫俄有御恼，摄政被驰参，昨日院仰事今日申摄政，令勘申尊胜法·太山府君祭曰：御修法事，□遣天台座主许，御祭□晴明奉仕"[4]。这里记载的安倍晴明为皇太后宫诠子进行"泰山府君祭"，是为了向"泰山府君"祈求消灾祛病。

以上可以确定，在"泰山府君"信仰东传日本之前，《搜神记》《冥报记》已经流传到日本。这些文学作品中，经常出现将死之人冥冥中谒见泰山府君的故事，这些故事在一定意义上影响了"泰山府君"信仰在日本的受容程度。概言之，《搜神记》《冥报记》等志怪小说的东传，促进了"泰山府君"信仰在日本的传播。

三、变异与融合：日本文学中"泰山府君"形象的宗教化倾向

道教的"泰山府君"东传日本，与神道教的素盏鸣尊、佛教的地藏菩萨信仰相融合，成为极具日本特色的神明。"泰山府君"信仰的东传，是由与中国

1　转引自李铭敬《日本说话文学中中国古典作品接受研究所存问题刍议——以〈日本灵异记〉和〈今昔物语集〉为例》，《日语学习与研究》2009 年第 2 期。
2　藤原忠平：《大日本古记录·贞信公记》，岩波书店 1956 年版，第 63 页。
3　松田佳代：《日本における泰山府君信仰》，《伝承文化研究》2001 年第 1 期。
4　转引自松田佳代《日本における泰山府君信仰》，《伝承文化研究》2001 年第 1 期。

有着深厚渊源的阿倍仲麻吕（698 — 770）完成的。天台宗僧人圆仁（793 — 864）将"泰山府君"像请回日本，他的弟子遵其遗嘱，修建了今天位于京都附近的赤山禅院，供奉"泰山府君"的坐像。"泰山府君"信仰传到日本后，被阴阳道[1]纳入其神祇体系，得到了日本皇室的极大尊崇。日本皇室尊称"泰山府君"为"赤山大明神"，使原本属于阴阳道士御门家的祭祀活动，逐渐发展成为日本国祭。中国道教的"泰山府君"信仰，在与日本文化"碰撞、变异、融合"的过程中，实现了日本化的转变。

"泰山府君"信仰的日本化转变，也使日本文学中"泰山府君"的形象发生了变异。"泰山府君"形象的演变，可以说是"文化的他国化"过程。关于"他国化"，曹顺庆在《比较文学概论》"变异学"一节中有这样的论述："文学的他国化是指一国文学在传播到他国后，经过文化过滤、译介、接受之后的一种更为深层次的变异，这种变异主要体现在传播国文学本身的文化规则和文学话语已经在根本上被他国所化，从而成为他国文学和文化的一部分，这种现象称为文学的他国化，文化的他国化的研究是指对这种现象的研究。"[2]曹顺庆对"文化的他国化"研究的界定，是指对"文学他国化"的现象的研究，而日本文学中的"泰山府君"书写，是以"泰山府君"信仰在日本的传播为前提，即以文化的传播为基础的，若没有泰山文化传播作为前提，日本文学的"泰山府君"书写是无法成立的，如笔者在前言中所述，文学作品是社会生活的反映，日本文学的"泰山府君"书写即是"泰山府君"信仰这一宗教文化在日本传播的产物，在传播过程中，为日本文化所化，成为日本文化的一个组成部分，即"泰山府君"信仰这一文化体系与日本文化"碰撞、变异、融合"的过程，笔者认为，这一过程亦可称为"文化的他国化"。分析日本文学中"泰山府君"形象的演变，可以对"泰山府君"信仰由"神道化"到"佛教化"转变，进而

1　阴阳道源自古代中国的自然哲学思想与阴阳五行学说，传入日本后，逐渐发展成一门富有特色的自然科学与咒术系统，成为日本神道的一部分，也是日本法术的代名词。史实上的阴阳道，以"天文""历法""漏刻"等为正职，而并行"占卜""追傩"等事。

2　曹顺庆主编：《比较文学概论》，高等教育出版社 2015 年版，第 180 页。

完成"日本化"的过程有更加清晰的认识，同时，厘清"泰山府君"信仰的日本化转变过程也是认识泰山文化"他国化"的有效途径。

（一）日本文学中"泰山府君"形象的"神道化"倾向

"泰山府君祭"之所以被纳入日本神道教的神祇体系中，除了阴阳道将其改造成为与日本人现实利益相关的神明外，也与大和朝廷的政治制度有关。天武天皇（631—686）时期，日本仿效唐朝设置了"阴阳寮"，推进了阴阳道在日本的发展。阴阳师所在的"阴阳寮"，是国家机关的重要组成部分，若掌控了"阴阳寮"，就等于掌控了诠释一切的神圣权力。在"阴阳寮"中形成了贺茂家和安倍家两派势力，江户时代中期，安倍家的土御门神道在日本取得了至高无上的地位，使阴阳道在日本盛行。安倍家的"泰山府君祭"作为土御门神道的重要祭祀活动，逐渐发展成为国祭。可以说，"泰山府君"信仰之所以能够在日本社会扎根，与安倍家土御门神道所具有的话语地位密不可分，"泰山府君"信仰的神道化特征亦可见一斑。

"泰山府君"具有掌管人生死的神奇力量，成为人们祈求长寿、平安、祛病消灾的对象。平安时代，阴阳道的"泰山府君祭"在日本贵族阶层极其盛行，日本文学作品中，多次出现安倍晴明为日本贵族举行"泰山府君祭"的故事。在《今昔物语集》第十九卷中有"某僧舍命替师祭泰山府君"的故事，讲的是三井寺的一位圣僧身染重病，于是请阴阳师安倍晴明举行"泰山府君祭"，但是若要救圣僧性命，必须用以命抵命的方式。在众弟子踌躇之际，平日里一位不声不响的弟子站了出来，愿以己之命换师父之命。终于师父病情痊愈，该弟子的行为感动了泰山府君，府君使其免于一死。[1]在《古今著闻集》中也有关于"泰山府君祭"的记载，而且"泰山府君"被解释为相当于日本"素盏鸣

---

[1] 参见山田孝雄等校注《日本古典文学大系 25·今昔物语集》四，岩波书店 1962 年版，第 111—113 页。

尊"的神。[1]

"泰山府君"不仅能够掌管人的生死，还能够主宰动植物的生死。在《平家物语》第九卷的《知章之死》中，记载了平宗盛请新中纳言为自己代养法皇最钟爱的宝马，"新中纳言见马大喜，宝爱有加，每月朔日必拜祭泰山府君，为此马祈祝延命消灾"[2]。同时，在《平家物语》中樱町中纳言藤原成范因爱惜樱花，期望将樱花的花期延长而祭拜"泰山府君"。然而，《平家物语》依据的版本不同，祭拜的对象也不同。在屋代本《平家物语》中，藤原成范祭拜的神明是"天照大神"，而延庆本《平家物语》中，祭拜的是"泰山府君"，可见"泰山府君"与神道教的"天照大神"具有相同能力，这是"泰山府君"形象神道化的一个有力写照。"泰山府君"由掌管人生死的神灵，演变成为可以为马延命、为花延期的神明。这样的描写在中国文学作品中并未出现。这种差异性的书写，一方面体现了日本社会对"泰山府君"信仰的受容程度，另一方面体现了"泰山府君"信仰的日本化转变。

在中国，"泰山府君"这一称谓，可以说是佛教地狱观念与道教冥府观念相融合的产物。"泰山府君"信仰传入日本后，与日本神道教相融合，成为阴阳道所信仰的主神。日本的后冷泉天皇曾亲笔书写《泰山府君都状》，拜请泰山府君保佑国泰民安。不仅是后冷泉天皇，《朝野群载》中也记载了朝臣藤原显隆书写的《泰山府君都状》，内容如下：

谨上　　泰山府君

日本国从四位上行右中弁兼备中介藤原朝臣显隆年四十五

本命庚戌

行年庚戌

献上冥道诸神一十二座

1　参见永积安明等校注《日本古典文学大系 84 · 古今著闻集》，岩波书店 1966 年版，第 131 页。

2　高木市之助：《日本古典文学大系 33 · 平家物语》，岩波书店 1960 年版，第 224 页。

银钱	二百四十贯文
白绢	一百二十匹
鞍马	一十二匹
勇奴	三十六人

谨启泰山府君冥道诸神等，夫信至高者天神怜之，慎至深者地祇护之。某管带右司郎中，位升大中大夫，是则踏天蹈地，仰神敬祇之故也。重祇冥应，更备清奠，聊荐黍稷之味，以望明德之馨，伏乞加级如思，升晋任意，蹈兰台而攀秋月，步槐路而接青云，彼赵氏之延算，诚是天应，此鲁性之祈思，盍成地望，息灾延命，一家有福。谨启

永久二年十一月二十三日　从四位上行右中弁藤原朝臣谨状[1]

从都状的内容可以看出，藤原显隆愿意献上冥道诸神十二座、银钱及物品、鞍马、勇奴作为祭品，请求晋官加爵，"伏乞加级如思，升晋任意"，同时希望"息灾延命，一家有福"。可以看出，"泰山府君"信仰已经为日本文化所化，成为日本人生活的组成部分。

以上日本文学中的"泰山府君"书写，体现了"泰山府君"信仰的神道化倾向。"泰山府君祭"在获得日本社会认同的同时，成为上至皇室下至百姓的祈愿方式，这种神道化的转变也是泰山文化"他国化"的有力体现。

（二）日本文学中"泰山府君"形象的"佛教化"倾向

在中国，随着佛教的传入，"泰山府君"与"东岳大帝"逐渐分离，"东岳大帝"与中国帝王封禅泰山，"报天之功""与天沟通"的思想相契合，更能体现政治层面的信仰，而"泰山府君"作为冥府的主宰，则更多体现在宗教层面上。"泰山府君"信仰传入日本与日本的阴阳道相融合，成为具有现实利益的

1　黑板胜美：《朝野群载》，吉川弘文馆1964年版，第377页。

神明而被日本人普遍接受，同时，佛教因素也渗入其中，日本文学作品中的"泰山府君"形象也出现了"佛教化"描写的倾向。

在《源平盛衰记》卷十的"赤山明神将来谭"中，有"本地的地藏菩萨叫作泰山府君"[1]的描写，可见，"泰山府君"与佛教的地藏菩萨在日本人的观念中是相同的。"泰山府君"形象的"佛教化"倾向，在世阿弥的谣曲《泰山府君》中表现尤为突出。该谣曲讲的是樱町中纳言藤原成范深爱樱花，于是祭奠泰山府君，请求将花期延长，一位天女从天而降，偷折樱花飞上了天，泰山府君出现，斥责了偷盗樱花的天女，府君欣赏成范的风雅，将樱花的花期延长至三七日的故事。在谣曲《泰山府君》中，"泰山府君"登场时，说道："我本是五道冥官泰山府君也。人间生命由我管，看守明暗两条路。""双眼通力细察看，'欲界色界无色界'，并非化天耶摩天，必是乐天下天之人偷折了樱花。"[2]此处，泰山府君自称"五道冥官"，所谓"五道"即佛教中的天、人、饿鬼、畜生、地狱。"明暗两条路"亦为佛教用语，明途是指婆娑，暗途则为冥途。"欲界色界无色界"则是佛教对世界的划分。在故事的最后，泰山府君在梵天帝释、阎魔王、五道轮回的众生的帮助下，将樱花的寿命延长至三七日。三七日这一设定也不是随意的，在佛教中，三七日具有特殊意义。据《大正新修大藏经》第四十六卷《法华三昧忏仪》记载："行者若能如是，于三七日一心精进，修三昧时于三七日。中间或满三七日已有三种，行者证相不同，今当略分别之。一者下根行者证相，二者中根行者证相，三者上根行者证相。下根证相者。所谓三七日中间或三七日满，获得戒根清净。"[3]可见，三七日是一期，是验证修佛的一个标准。

在《曾我物语》中收录了一则《泰山府君的故事》，讲的是在中国有位大王，建造了奢华的宫殿，如同净土般庄严。因而招来了灾祸，后来在博士的劝

1　参见松尾苇江校注《源平盛衰记》卷十，三弥井书店 1991 年，第 124 页。

2　佐成谦太郎：《谣曲大观》，明治书院 1931 年版，第 1733—1742 页。

3　佛陀教育基金会：《大正新修大藏经》第四十六卷，台湾佛陀教育基金会出版部 1990 年，第 954 页。

告下烧毁了宫殿，才平息了祸端。[1] 这里用"泰山府君的故事"作为题目，是指祭拜"泰山府君"可以使"七难即灭，七福即生"。"七难""七福"皆为佛教用语，其中，"七难"指"日月失度难、星宿失度难、灾火难、雨水难、恶风难、亢阳难、恶贼难"，"七福"指"无病、端正、身香衣净、肥体、多多人饶、所说肃用、自然衣服"。可见，故事情节的设计将"泰山府君"与佛教结合在了一起。该故事详细描写了宫殿的奢华，其中，宫殿的装饰物皆为世间罕见的珠宝，璎珞、花鬘、天盖等都是佛殿的装饰物，也被用到了宫殿装饰里，可以理解为该宫殿奢华到了冒犯神明的程度。为了消除灾祸，大王向天神起誓，断食三七日，每日诵读《仁王经》。三七日满，原来天昏地暗、日月无光的景象消失，北斗七星出现在天际。该故事中也出现了佛教中的三七日的描写。可见，日本文学中"泰山府君"形象的"佛教化"倾向已经非常普遍。

然而，佛教化的"泰山府君"在中国的文学作品中并不多见，在中国，"泰山府君"多以道教神仙的形象出现。干宝《搜神记》中记载"泰山府君"的女婿是河伯，"泰山府君"自己也是海龙王之类："世言泰山府君，海龙王之类，鄙俗不可入文字。东坡作《明州僧寺御书楼铭》有咨尔。东南山君、海王、时节来朝、以谨其藏、岂惟融化语奇，亦见百神受职，意甚高也。"[2] 在道教传说中，往往习惯以龙王之类的形象作神仙人物。而在佛教典籍中，"泰山府君"多以阎魔王的太子的形象出现。

在《大正新修大藏经》第四十五卷《慈悲道场忏法》中有这样的描写："国王帝主土境人民父母师长，上中下座信施檀越，善恶知识诸天诸仙，护世四王，聪明正直天地虚空，主善罚恶守护持咒。五方龙王龙神八部，诸大魔王五帝大魔，一切魔王，阎罗王泰山府君，五道大神，十八狱主并诸官属，广及三界六道，无穷无尽含情抱识，有佛性者，至诚归依十方尽虚空界一切三宝，愿以慈悲心同加摄受。以不可思议神力，覆护拯接。令诸天诸仙一切神王及三

---

1 参见市古贞次、大岛建彦校注《日本古典文学大系88·曾我物语》，岩波书店1966年版，第101—103页。

2 陶宗仪等编：《说郛三种》，上海古籍出版社1988年版，第1090页。

界六道一切众生，从今日去，越生死海到涅槃岸。行愿早圆俱登十地。"[1]

如前文所述，在中国，"泰山府君"是佛教中国化的产物，在佛教典籍中，"泰山府君"的"佛教化"书写到处可见，但是，在中国的纯文学作品中，几乎没有"泰山府君"的"佛教化"书写。日本文学中出现的"泰山府君"形象的"佛教化"倾向，可以理解为是对中国佛典中"泰山府君"形象的"佛教化"书写的延续，也就是说，"泰山府君"形象的"佛教化"倾向起源于中国，兴盛于日本。

日本文学中"泰山府君"形象的"神道化""佛教化"倾向，是其"日本化"转变的过程，也是"泰山府君"信仰与日本文化"碰撞、变异、融合"的"文化的他国化"过程。

四、结论

泰山是儒、释、道融合的宗教山，"泰山府君"是泰山的神格化象征，也是道教的冥府观念与佛教的地狱观念相结合的产物。佛教传入，佛经的"地狱"被译为"太山"，与中国东岳泰山混淆融合，形成了"泰山府君"是冥府之神，主宰生死的观念，可以说是佛教与中国本土文化"碰撞、变异、融合"的过程，即佛教中国化的一个写照。"泰山府君"作为道教之神，东传日本后，被日本阴阳道纳入其神祇体系，阴阳道信奉以"泰山府君"为首的天地神祇八百万神，在阴阳师安倍晴明时期，"泰山府君祭"成为在日本社会极其盛行的祭祀活动，"泰山府君"信仰通过阴阳道的改造，被土御门神道纳入其神祇体系，"泰山府君"堪称日本的"天照大神"，实现了其"神道化"的转变。同时，随着"泰山府君"信仰的大众化，"泰山府君"也成为与佛教的地藏菩萨类似的神明，世阿弥的谣曲《泰山府君》的泛佛教化描写，显示了"泰山府君"的佛教化特征。可以说，"泰山府君"东传日本，成为"神佛合体"的

1　佛陀教育基金会：《大正新修大藏经》第四十五卷，台湾佛陀教育基金会出版部1990年，第951页。

"日本化"的神明，是"泰山府君"信仰与日本文化"碰撞、变异、融合"的过程，也是泰山文化"他国化"的过程。在这一过程中，"泰山府君"信仰已经下渗到日本思想文化的深层，成为极具日本特色的日本文化的一部分。

论"国泰民安"就是中国梦

吕继祥

山东省旅游行业协会旅游景区分会

中华民族是一个伟大的民族,她有着设计梦想的睿智,追寻梦想的坚韧,成就梦想的能力。纵观古今,"国泰民安"可谓中国梦的基本内涵之一。

一

在国内外的名山峻岳中,没有哪座山能像泰山那样,自然山体之博大,宏观形象之雄伟,历史文化之灿烂,赋含精神之崇高,是中华民族的精神家园,完全有资格称之为"国山"。且不说历代帝王到泰山封禅祭祀,百姓大众到泰山顶礼膜拜,文人墨客到泰山歌吟抒怀,民国年间的学者易君左曾著有《定泰山为国山刍议》,认为"泰山之德性,实与吾国民精神及国有文化完全吻合";"确能代表中华民族精神者,舍泰山而外将何所求";"吾人欲请定泰山为国山,正因为泰山足以代表中国之国魂"。时任国务院总理温家宝与季羡林先生讨论泰山文化时,均认为"泰山颂就是民族颂","泰山精神就是中华民族精神"。

泰山之"泰"字,不仅仅有高大之意,而且有着通畅、平安的意蕴,中华文化元典的《易经》泰卦,就把"泰"字释为"吉、亨"。泰山十八盘西侧镌有"天地交泰"石刻,意即天地相交,阴阳和合,孕育万物,这就是泰!"安"与"泰"含义相近,汉唐国都均以"长安"命名,南宋也把国都命名为"临安"。查阅中国古代帝王年号，以"泰""安""康""亨"等字组成年号者甚多。在希伯来语中，"耶路撒冷"也是"平安之城"的意思。

把泰山与国家（民族）的前程和命运挂钩已有近三千年的历史，特别是秦汉帝王登封泰山，初步奠定了泰山的国山地位。当年汉武帝登封泰山，铸有象征政权稳固的大鼎，刻其铭曰："登于泰山，万寿无疆，四海宁谧，神鼎传芳。"汉淮南王刘安曾讲"天下之安，犹泰山而四维之"，意即国家的安定，宛如泰山被结物的大绳固定一样牢不可移，由此引出"稳如泰山""安如泰山""泰山安则四海皆安"之说，泰山成为体现"国泰民安"民族价值观念的最佳载体，泰山所在地之治所也以"泰安"命名。

在泰山古今石刻中，蕴含"国泰民安"主题者甚多，如"中流砥柱""与国咸宁""与国同安""斯山之固，国家柱石"，以及丈人峰上的"国泰民安"等，不胜枚举，特别值得一提的是，清康熙年间泰山普照寺住持石堂老人（元玉）著有《国泰民安铭》，阐释得非常到位："愿天下泰，泰山始是泰；愿天下安，泰安始是安；若一人不安，便是泰安不安；若一人不泰，便是泰山不泰。"其心胸和希望非常明确：泰山泰，天下泰；泰安安，天下安！

二

中国梦是一个不断发展的梦、与时俱进的梦，它从历史走来，它在当下发光，将在未来延续。

先贤们对"中国梦"有一套完整的设计："大道之行也，天下为公，选贤与能，讲信修睦。故人不独亲其亲，不独子其子，使老有所终，壮有所用，幼有所长，矜寡孤独废疾者皆有所养，男有分，女有归。货恶其弃于地也，不必藏于己；力恶其不出于身也，不必为己。是故谋闭而不兴，盗窃乱贼而不作，故外户而不闭，是谓大同。"数千年来，我们的祖先都在为这个"大同梦"而不懈努力，历史上曾有过所谓"汉武盛世""大唐盛世""康乾盛世"之说，前途是光明的，但道路是曲折的，特别是自晚清以来，中国落伍了，成为被欺凌、被压迫、被剥削的"东亚病夫"，是中国共产党以"泰山压顶不弯腰"的英雄气概和顶天立地的担当精神，带领全国各族人民推翻了三座大山，建立了中华人民共和国，又经过 70 年的努力，已从站起来到富起来、强起来，当代的"中国梦"正在实现。

2012 年 11 月 29 日，习近平总书记在参观"复兴之路"展览时首次提出"中国梦"，后又在各种场合讲到"中国梦"。2013 年 3 月 17 日，习近平总书记在第十二届全国人民代表大会第一次会议闭幕会上的讲话中指出："实现中华民族伟大复兴的中国梦，就是要实现国家富强、民族振兴、人民幸福。"这既深深地体现了今日中国人的理想，也深刻反映了我们不懈奋斗追求进步的光荣传统。我们注意到，2016 年 4 月 15 日，习近平总书记在首个全民国家安全教育日之际作出重要指示，他强调："国泰民安是人民群众最基本、最普遍的愿望。实现中华民族伟大复兴的中国梦，保证人民安居乐业，国家安全是头等大事。"对此新华社概括为"国泰民安的梦"。

由此，我们联想到三件事：第一，2009 年第十一届全国运动会圣火火种在泰山之巅采集，取名为"国泰民安"之火；第二，2018 年春节晚会在泰山（泰安）设分会场，晚会突出"国泰民安"意蕴；第三，中华人民共和国成立 70 周年庆典，在天安门参加群众游行的山东花车为山岳（实为泰山）造型，上镌"国泰民安"四个大字。种种所为，规划设计者所考虑的就是"国泰民安"中国梦这个主题思想。

三

习近平总书记在中华人民共和国成立 70 周年大会上的讲话中强调指出："中国的昨天已经写在人类的史册上，中国的今天正在亿万人民手中创造，中国的明天必将更加美好。全党全军全国各族人民要更加紧密地团结起来，不忘初心，牢记使命，继续把我们的人民共和国巩固好、发展好，继续为实现'两个一百年'奋斗目标、实现中华民族伟大复兴的中国梦而努力奋斗！"

泰山精神是中华民族精神的重要组成部分，笔者曾总结提炼出泰山精神的基本内涵：坚韧不拔的进取精神、顶天立地的担当精神、天人合一的和谐精神、海天之怀的包容精神。在实现中华民族伟大复兴中国梦的征程中，泰山及泰山精神是不可或缺的精神支撑。时任中共中央总书记的胡耀邦在庆祝中国共产党成立60周年大会上的讲话中，把建设社会主义现代化比作攀登泰山十八盘："我们一定能够征服'十八盘'，登上'南天门'，到达'玉皇顶'，然后再向新的高峰前进。"习近平总书记在视察山东时指出："希望山东广大干部群众以永不懈怠的精神状态和一往无前的奋斗姿态，勇做新时代的泰山'挑山工'。"

新时代的泰山"挑山工"有着信念坚定、心无旁骛的执着追求，勇挑重担、敢于担当的坚韧品格，脚踏实地、永不懈怠的顽强作风，一往无前、勇攀高峰的卓越情怀。习近平总书记曾讲："山再高，往上攀登，总能登顶；路再长，走下去，定能到达。"有13亿"挑担不畏难、登山不畏险、坦途不歇脚、重压不歇肩"的新时代泰山"挑山工"们的共同努力，国泰民安的中国梦定能实现。

人类命运共同体思想之文化来源

摩　罗

中国艺术研究院

2015 年 9 月，习近平在纽约联合国总部发表重要讲话指出："当今世界，各国相互依存、休戚与共，我们要继承和弘扬联合国宪章宗旨和原则，构建以合作共赢为核心的新型国际关系，打造人类命运共同体。"

2017 年 10 月 18 日，习近平同志在十九大报告中提出，坚持和平发展道路，推动构建人类命运共同体。同时倡导通过构建人类命运共同体，促进全球治理体系变革。

人类命运共同体的光辉思想，是我中华民族赠给全人类的宝贵财富。

这一思想包括两层含义：第一层含义，任何社会内部，不同阶级、不同群体、不同圈子，都应该具备命运共同体意识，应该和谐相处；第二层含义，不同国家与社会之间，应该具备命运共同体意识，相互尊重，努力建设平等、合理的国际秩序，形成相互尊重、相互成全的和谐局面。

国际社会的相互尊重与和谐相处，乃是国内社会相互尊重、和谐相处之延伸。所以，国际社会之命运共同体意识，乃是以国内社会命运共同体意识为基础而诞生的。

目前被谈论较多的是其第二层含义，其第一层含义被关注则少些。

为什么西方国家自哥伦布登陆美洲以来，搞了 500 多年的全球化，却只有殖民掠夺意识，而无法诞生人类命运共同体意识？为什么中国人被迫卷入以殖民掠夺为核心内容的全球化之后，能够及时提出人类命运共同体的光辉思想？

因为，西方社会的政治哲学和人文文化中，从来没有这种"共同体"思想基因，中华民族的政治哲学和人文文化，自古以来就具有"共同体"精神基因。

"人类命运共同体"的第一层含义，也就是天子、诸侯、大夫、士民各个不同阶级的关系问题，可以简化为"官与民"的关系问题。

《礼记·礼运》中，孔子对弟子子游说："大道之行也，天下为公。"这种公天下思想，就是认可天下是所有人的天下，也就是认可天下所有生民，都有权利拥有自己的生存空间。无论是上流社会的"人"，还是下流社会的"民"，都是"天类"（董仲舒语），天生万民，人人都是天命的化身，当然必须拥有属于他的权利和空间。董仲舒将作为一个物种的人类，提高到"天类"加以崇仰，其实就是承认，每个生民都有其独立的人文价值，就是强调，每个生民都必须尊重所有其他人的人文价值，而不可把他人的生存，转化为自我的利益因素。天下为公，就是所有生民都自然拥有生存权利和生存空间。无论是人是民，无论是帝王还是将相，都必须尊重所有生民的生存权利和生存空间。

《尚书·泰誓》指出："天矜于民，民之所欲，天必从之。"（上天怜悯下民，人民的愿望，上天一定会依从的）民之所欲，也就是黎民对生存权利和生存空间的需求，无论是天子还是诸侯、大夫，都必须充分尊重、满足黎民的此种要求，因为这是上天赐予的、与生俱来的权利。

《左传·文公十三年》记载，邾国的邾文公说："苟利于民，孤之利也。天生民而树之君，以利之也。民既利矣，孤必与焉。"在邾文公看来，民的利益，跟君王的利益，是完全一致的，君王必须以民之利为利，以民之福为福，以民之需求为君王之工作目标。黄宗羲在《明夷待访录·原臣》中说："盖天下之治乱，不在一姓之兴亡，而在万民之忧乐。"《左传》和《明夷待访录》的此种思想，都包含着明确的"命运共同体"意识。

《墨子·尚贤上》认为："故官无常贵，而民无终贱。有能则举之，无能则下之。"这种思想的观念基础，就是公天下意识，就是万民命运共同体意识。

康有为在著名的《公车上书》中说："能者竭力，富者纾财，共赞富强，君民同体，情谊交孚，中国一家，休戚与共。以之筹饷，何饷不筹？以之练兵，何兵不练？合四万万人之心以为心，天下莫强焉！"这种"中国一家，休戚与共"意识，"合四万万人之心以为心"意识，就是典型的命运共同体意识。

最能体现这种命运共同体意识的，恐怕还是《礼记·礼运》中那段著名的孔子语录："大道之行也，天下为公。选贤与能，讲信修睦。故人不独亲其亲，不独子其子，使老有所终，壮有所用，幼有所长。矜、寡、孤、独、废疾者，皆有所养。男有分，女有归。货，恶其弃于地也，不必藏于己；力，恶其不出于身也，不必为己。是故谋闭而不兴，盗窃乱贼而不作，故外户而不闭，是谓大同。"——贤者、能者、鳏者、寡者、孤者、独者、废疾者、男者、女者，所有人都有生存权利和生存保障，社会成为大同社会，这可以说是中国古人最鲜明的社会理想。大同，就是"人类命运共同体"在古代文献中的经典表述，这是我们华夏文化的精神基因，是中国文化万变不离其宗的种子。

"人类命运共同体"的第二层含义，也就是世界不同民族、不同社会、不同国家的关系问题，按照古代学术语境，可以简化为"夏与夷"的关系问题。

远古时代，千万氏族和部落，各自为政，互不统属。在相互征战与联合中，一步步形成政治共同体，分别融合为不同民族、不同社会、不同国家。如何看待其他社会，如何与作为他者的其他民族、其他国家相处，是古代所有民族必须面对的共同问题。但是，各个民族对待其他民族、其他国家的观念、心态、举措差异甚大，逐步形成了不同的精神文化和人文学术体系，以及不同的国际观、外交观。

华夏先民，不但尊重社会内部每个个人的独立的人文价值，也尊重社会之外其他社会、其他民族独立的人文价值，并乐于与其他民族、其他社会和谐相处。

《尚书·尧典》说："克明俊德，以亲九族。九族既睦，平章百姓。百姓昭明，协和万邦。黎民于变时雍。"尧帝能够发扬崇高之德，使本宗族、母族、妻族关系亲密。实现了多宗族亲密同心以后，还能妥善处理社会内部所有宗族之间土地、猎物、种植业、水利等各方面的利益纷争。以上皆属于政治共同体内部的社会事务。在社会内部所有宗族的利益关系理顺了之后，还能协调中原地区与所有邦国的利益关系，形成"天下命运共同体"。在这个和谐相处的命运共同体构成的理想的生存环境中，所有黎民百姓都能相互尊重、和谐相处。"协和万邦"提倡所有民族相安无事、和谐相处，这种人文理想，就是"人类命运共同体"思想的雏形，或说是在古代学术语境中的经典表述。

"协和万邦"思想，包含了对他者生存权利和生存空间的尊重。《左传》中魏绛和戎故事，《史记》中亶父迁国故事，都体现了华夏先民对他国他族生存权的尊重。

古代圣贤虽然强调"尊王攘夷"，从而使"夷夏之辨"多了几丝火药味，但是，攘夷只是为了抵御夷族对华夏的侵扰和文化影响，是出于国家安全和文化安全的考虑，完全不是否定天下万夷的生存权利和人文价值，更不是如西方殖民者那样对外族滥施掠夺与屠杀。

《论语·子罕篇第九》说："子欲居九夷。"以此表达孔子对华夏诸侯争霸社会现实的不满。同一篇中，樊迟请教什么是仁，孔子回答说："居处恭，执事敬，与人忠。虽之夷狄，不可弃也。"即使到了夷狄社会，也要对夷狄"居处恭，执事敬，与人忠"。《论语·卫灵公篇第十五》中，子张问行，孔子说："言忠信，行笃敬，虽蛮貊之邦，行矣。"《论语》这三处内容，对蛮夷的态度，仅限于略有文化优越感，而没有敌意，也没有刻意否定蛮夷各族生为万民的人文价值。相反，孔子强调的是：蛮夷虽然经济文化状态与华夏差距很大，但是他们与华夏有着共同的人性，所以，我们若以华夏的文化心态与蛮夷相处，也会得到蛮夷的认同与尊重。这就从"人性善"的角度，给我们展示了形成"人类命运共同体"的人性基础。"性善论"乃是华夏民族"世界观""人观"的哲学基因。

司马迁《史记》对蛮夷的态度，尤其值得我们高度重视。他不是强化蛮夷和华夏的差异、扩大其鸿沟，而是用种族起源的方式，力图消除蛮夷与华夏的隔阂，极力凸显蛮夷与华夏的共同性、一致性、平等性。如何才能从根本上强调蛮夷与华夏的平等性呢？古代社会最重视的是血缘关系。司马迁紧紧抓住这个关键，告诉同时代的人和千秋万代的子孙，那些天天与我们发生战争冲突和利益纠葛的东南西北蛮夷，跟我们华夏其实是一家。因为大家都是黄帝的后裔，具有共同的血缘起源，所以，大家是一个命运共同体。

通过强调华夏与万夷的共同血缘关系，来建构华夏与万夷的命运共同体关系，从而将华夏与万夷统一在中华民族大一统共同体的文化框架中，这是司马迁对中华民族的伟大贡献。"中华"这个词，虽然直到 1902 年，才由梁启超发明并使用，实际上早在 2000 年前，就由司马迁从学术上、思想上、观念上，完成了"中华大家族命运共同体"的整合。

司马迁是如何通过血缘关系的整合，来建构"中华大家族命运共同体"的呢？

司马迁之前，关于中国人的起源及其血缘联系，各宗各族传说各异，燧人氏、有巢氏、神农氏、女娲、伏羲、盘古、夸父、黄帝、炎帝、蚩尤，等等，不同部族有不同的传说，不同学者有不同的记载。但哪个传说都没有公认的权威性，大河内外，崤山东西，朝野上下，均无统一认识。

司马迁写《史记》，大笔一挥，把百姓千族、万国兆民的起源，确定在一人身上，这个人就是黄帝。

《史记》的第一篇就是《五帝本纪》，文中第一帝是黄帝，黄帝之后是颛顼，颛顼之后是帝喾，帝喾之后是尧，尧之后是舜。

在司马迁的叙述中，不但上述五帝都是具有血缘关系的，后世所有掌握朝纲、统治九州的天子，全都是黄帝的后裔，全都具有血缘关系。他郑重其事地列了一个表，从黄帝到夏、商、周三代的世系表，他把后来的夏代、商代、周代的开创者都列在表里，说明是黄帝的第几代子孙。

他为什么要这样做呢？他是为了证明：我们虽然夷夏杂陈，民族万千，但是天下一家，都是亲人，命运相连。既然都是一家人，我们就应该和睦相处，不要金戈铁马、刀枪相向，要和平相处、相互关照，好好过日子。

司马迁为神州万族建构共同的民族起源，是为了建构共同的国家认同和政治认同。随着文明的积累与发展，人们越来越懂得，必须给不断冲突的种族建构共同的政治秩序，才能避免劫掠与屠杀，才能拥有和平、安宁的生活。

要想建构共同的政治秩序，就必须让神州万族认可命运相连的内在关系，认同共有的政治共同体。只有大家认同了同一个政治共同体，才可能共建、共享、共守这个政治共同体的规矩和秩序。

大汉帝国就是这样的政治共同体，在帝国秩序中人人可以享有安全、和平的生活。

所以，司马迁从血缘上和民族起源上强调夷夏的一致性和平等性，乃是为了寻求夷夏万族永恒太平的保障。

夷夏同源、夷夏血亲、夷夏命运相连，中国古人坚守了两千余年的文化信念，翻译成今天的话，就是"人类命运共同体"。所以，由习近平同志提倡的"人类命运共同体"思想，具有深厚的古代文化资源做基础，甚至可以说，它是对中华儿女几千年来政治探索和历史实践的经验总结。

古人能够处理好夷夏关系，今天的中国人也一定有智慧处理好中外关系，并本着公天下、大同等文化理想与协和万邦的政治经验，创造出人类命运共同体的新世界。

金代泰山文人辈出原因探析

聂立申

泰山学院

女真族所建立的金朝，虽然在中国古代历史上占有重要地位，但由于种种原因，金朝文献资料与唐、宋、明、清等朝代相比，显得过于单薄和匮乏，常令人有"文献不足证"之叹，至于金代文人研究的学术成果，学界更是吉光片羽。而对于金代泰山文人辈出的原因，学界也是无人问津。因此笔者不揣浅陋，现结合文献及今人成果，细细钩沉 20 世纪以来所发现于泰山周边的金代资料，拟对金代文人辈出原因做些探讨，并冀望能对今后金代与泰山文化的深入研究有所启迪和推动。

一、泰山文人概况

《诗经·鲁颂·閟宫》曰："泰山岩岩，鲁邦所瞻。"物华天宝，地灵人杰，引历代帝王将相、文人墨客竞折腰，并留下无数成就辉煌的作品。早在华夏文明初肇之时，泰山便已凸现于中国的历史舞台上，此后更是绵历千年，文明传承迄未中断，因而清代史家阮元有"史莫古于泰山"之说。自远古时代起，此地区因气候温暖、草木繁茂，《淮南子·坠形训》称"以生五谷桑麻，鱼盐出焉"，成为先民繁衍生息的乐土，从而使泰山具有了深厚的文化积淀。今在泰山东南沂源县发现的约四五十万年前的"沂源猿人"和新泰乌珠台附近发现的约 5 万年前的"智人牙"化石，就充分展现了泰山文化的悠久性。而 1959 年，在泰山以南 25 千米的大汶口镇首先发现并发掘的"大汶口遗址"，更是成为距今约 6000 年至 4000 年之间原始社会新石器时代中国先民生活的典型遗址。因此，季羡林先生豪言："泰山是中华文化的主要发祥地之一，欲弘扬中华文化，必先弘扬泰山文化。"[1]

金朝统治时期，泰山及附近地区文化昌达，人才辈出，曾涌现出一大批贤士文豪，如黄久约、刘瞻、刘迎、郭长倩、王广道、王明道、马定国、辛弃疾、党怀英、赵沨、周驰、安升卿，等等。他们为寻求天下大治、强国富民之道，要么开宗立派、播扬学理，要么标新立异、建构自己的思想理论体系，要么以文辞诗赋赞颂祖国及家乡泰山和抒发自己的情感。这些人物不仅以"文"著称于世，而且大多有着不凡的仕宦经历，他们与当时朝廷的政治、文化多有关联，很值得做深入研究。这些文人大致可分为三类：一类是泰山本地崛起的文人；一类是生于泰山周边区域的名士，一类是任职于泰安或为探寻前人事迹而活动于该地区或归隐于此的文人。其中，第一类文人的主要代表有：

黄久约（？—1191），字弥大，东平须城（今山东泰安东平县）人。曾祖孝绰有隐德，号"潜山先生"。父胜，通判济州。母刘氏，尚书右丞长言之妹，后擢进士第，调郓城主簿，三迁曹州军事判官。累擢礼部员外郎，兼翰林修撰，升待制，授磁州刺史。入翰林直学士，寻授左谏议大夫，兼礼部侍郎，为贺宋生日副使。金章宗时领右丞相，迁太常卿，明昌二年致仕，后卒。[2] 史载黄久约隽朗敢言，性友弟，为文典赡，有外祖之风云。

王去非，字广道，号醇德先生，平阴（今济南市平阴县玫瑰镇）人。史载："尝就举，不得意即屏去，督妻孥耕织以给伏腊。家居教授，束脩有余辄分惠人。弟子班忧贫不能朝夕，一女及笄，去非为办资装嫁之。北邻有丧忌东出，西与北皆人居，南则去非家，去非坏蚕室使丧南出，遂得葬焉。大定

---

1 袁明英主编：《泰山石刻》第 1 卷，中华书局 2007 年版，第 1 页。

2 （元）脱脱：《金史》卷九六，中华书局 1975 年版，第 2123—2125 页。

二十四年卒，年八十四。"[1]

王仲元，字清卿，家平阴。广道先生之犹子，明道先生之子。世以儒道著，工书，法赵黄山，自号锦峰老人。卒于京兆幕。[2]

王去执，字明道，号榆山先生，乃王广道之从弟。曾入翰林，精医学。二人乃金中期山东儒学的主要代表人物。弟子门生遍布朝野，交游贤达、联系分布广泛，其中就有入《中州集》的张子羽、马定国、赵沨等名人。

周驰，字仲才，济南人。经学出于王广道（王去非），赋学出于泰山李时亨。至于党怀英、赵沨，是其忘年友。"资性古雅，而以襟量见称。大定中住太学，屡以策论魁天下，私试亦频中监元。家素饶财，乡人强以子弟从之学。所得束脩，皆散诸生之贫者。贞祐之兵，济南陷，不肯降，携二孙赴井死。"[3]

石震，生卒年不详，号徂徕居士，泰安州奉符（今山东泰安岱岳区徂徕镇桥沟村）人，是北宋初期"三先生"之一石介的孙子。自宋初以来，石家世代以田为业，后至石丙、石介时期，才逐渐发展起来。"石介出身农家，高、曾以来，耕田为业，豪于乡里。"史载："石氏之先出于卫康叔之后……自沧州乐陵县迁焉，今为兖州人也。吾祖初迁而南，得邑曰乾封，乡曰梁甫，里曰云亭，村曰商王。负泰山，挟徂徕。有二大山之镇。且汶水注其后，经其西，遂筑居焉……石氏食此田百有五十余年矣，葬此地九十有年矣。"[4]由于在庆历五年受石介案所累，居家发配他州，直到解禁后才转回原籍徂徕居住。

党怀英（1134—1211），字世杰，泰安州奉符（今山东泰安岱岳区徂徕镇邓家庄村附近）人。其十一世祖为宋初太尉党进。史载公少颖悟，日诵千余言。及壮，以文名天下，取东府魁。大定十年，中进士优等，调城阳军士判官，迁汝阴令。十八年，充史馆编修，应奉翰林文字、翰林修撰、翰林待制。明昌元年，迁直学士。六年，预修《世宗实录》及《辽史》，改翰林学士。承

---

1 （元）脱脱：《金史》卷一二七，中华书局 1975 年版，第 2749 页。

2 （金）刘祁撰，崔文印点校：《归潜志》卷四，中华书局 1983 年版，第 42 页。

3 （金）元好问：《中州集》卷七，中华书局 1959 年版，第 350 页。

4 （宋）石介著，陈植锷点校：《徂徕石先生文集》，中华书局 1984 年版，第 254 页。

安二年，出知兖州泰定军节度使，为政宽简不严，而人自服化。三年，入为翰林学士承旨，致仕。大安二年九月，以寿终，享年七十有八。[1]

辛弃疾（1140 —1207），字幼安，济南历城人。少师刘瞻、蔡伯坚等，与党怀英同学，号辛党。金初，辛党二人筮仕，决以蓍，怀英遇"坎"，因留事金，辛弃疾得"离"，遂决意南归。中年自号稼轩居士，南宋著名爱国志士、词坛猛将。

赵沨（？—1196），字文孺，东平（今山东泰安东平县）人，父赵恖，字叔通，是金代初期著名文学家。关于其父赵恖，《中州集》卷八有小传："恖，字叔通，黄山先生沨之父也。"赵沨，大定二十二年（1182）进士，仕至礼部郎中。性冲淡，学道有所得。尤工书，自号"黄山"。赵秉文云："沨之正书，体兼颜、苏，行草备诸家体，其豪放又似杨凝式，当处苏、黄伯仲间。"党怀英小篆，李阳冰以来鲜有及者，时人以沨配之，号曰"党赵"。有《黄山集》行于世。[2]

安升卿，泰安人，号三溪逸人，生卒年不详。明昌三年其游徂徕时，写下《游泰山题名记》。载曰："岱下安升卿与徂阳王赓、姜孝仪游徂徕，探古迹……访竹溪六逸于乳山，遂登绝顶，拜感应侯祠……过徂徕书院，至竹溪庵小饮，跻北严而望岱宗，心游天外也。"[3]

张子羽，字叔翔，东阿（今山东聊城东阿县）人。生卒年均不详，金太祖天辅中（约1120）在世，于文章无所不能，仕金，曾为官洛阳。

张万公，字良辅，东平东阿（今山东聊城东阿县）人。幼聪悟，喜读书。登正隆二（1157）年进士第，调新郑主簿，后迁长山令。历任尚书省令史、河北西路转运司都勾判官，大理评事、侍御史、尚书有司员外郎、刑部侍郎、御史中丞、参知政事，泰和七年薨，谥号文贞。

1　参见聂立申《金代名士党怀英研究》，吉林大学出版社 2012 年版，第 302 页。

2　参见聂立申《金代名士党怀英研究》，吉林大学出版社 2012 年版，第 170 页。

3　阎凤梧主编：《全辽金文》，山西古籍出版社 2002 年版，第 1956 页。

李世弼，山东须城（今山东泰安东平）人，生卒年不详。大约生活于金代中后期，著有《登科记序》。

此外，此类文人还有王颐、侯挚、高霖、吴大方与其兄大年等。

第二类文士的主要代表有：

马定国，字子卿，茌平（今山东聊城茌平）人，唐中令周裔孙，约金熙宗统治时在世。史载他少年时，志趣不凡，宣政末题诗酒家壁，有"苏黄不做文章伯，童蔡翻为社稷臣"之句，于是得罪权臣，名显。天眷年间，游历下亭，以诗撼刘豫，豫与语，大悦，授监察御史，仕至翰林学士。《石鼓》自唐以来无定论，定国以字画改之，云是宇文周时所造，作辨万余言，出入传记，引据甚明。自号茅堂先生，有《茅堂集》行世。

刘迎（？—1180），字无党，号无净居士，东莱（今山东莱州市）人，金代著名诗人。初以荫试部掾，大定十三年（1173）以荐书对策为当时第一，大定十四年，登进士第，任守完颜永成（豳王）分王府记室，后改任太子司经，深得世宗和太子完颜允恭器重。大定二十年，随皇至凉陉，因病去世。刘迎诗文当时很受推重。金章宗评："郝俣赋诗颇佳，旧时刘迎能之，李晏不及也。"刘迎诗文乐府集《山林长语》曾作为金朝国学刊行，惜已失传。金人元好问《中州集》录其诗 75 首。

郭长倩，字曼卿，文登人。生卒年均不详，金世宗大定初前后在世。皇统六年（1146）登经义乙科进士。仕至秘书少监，兼礼部郎中，修起居注。长倩与施朋望、王竞、刘瞻、刘无党等友善，所撰《石决明传》，为时辈所称。有《昆嵛集》行于世。

贾铉（？—1213），字鼎臣，博州博平（今山东聊城）人。性纯厚，好学问。金大定十三年（1173）进士，调滕州军事判官、单州司候，补尚书省令史。章宗时为右丞相，深器重之。历任刑部主事、监察御史、侍御史、右司谏、左谏议大夫、工部侍郎、礼部尚书等职。贞祐元年去世。

刘瞻，字岩老，亳州（今安徽亳县）或博州人。[1]天德三年南榜登科，大定初召为史馆编修，卒官。党承旨世杰，郦著作元舆，魏内翰飞卿，皆尝从之学。岩老自号"撄宁居士"，有集行于世。作诗工于野逸，如"厨香炊豆角，井臭落椿花"之类为多。

丘处机（1148—1227），字通密，号长春子，山东登州栖霞人，金元之际全真道领袖。

王处一（1142—1217），号玉阳子，宁海东牟（今山东牟平宁海）人。是金元交际时期的一位道教哲学家。

刘处玄，字通妙，号长生子，山东莱州武官（今山东莱州）人。全真道道士。

郝大通（1140—1212），名璘，字太古，号恬然子，又号广宁子，自称太古道人，法名大通。世居宁海（今山东牟平）。

谭处端（1123—1185），本名谭玉，字伯玉，师承道教王重阳，后改名为谭处端，字通正，别字长真，后人称为长真子或长真祖师，山东宁海人。

马钰，原名从义，字宜甫、又字玄宝，后更名为钰，号丹阳子，世称丹阳真人。山东宁海（今山东牟平）人。

第三类文人代表主要有：

姚孝锡（1099—1181），字仲纯，号醉轩，安丰（今安徽寿县或江苏）人。大宋宣和六年（1124），中进士，调代州兵曹。宣和七年冬，当金人来侵，州将以下惶惧不可终日时，姚孝锡不以为意仍投床熟睡，城陷后入金，出任五台簿，不久便称疾去官，直到大定二十一年去世，弃官时间达五十五年之久。

姚孝锡是由宋入金文人群体中的重要一员，他入金后不仕新朝，超然世外，不羁风神，广为当时士人所称道，并成为金代一些文人效仿的楷模。此人广泛结交金代文人，著名的有胥持国、刘迎、李仲略、毛麾、田彦皋、王寂、赵可、王竞、党怀英、马钰等。

---

1   参见聂立申《金代名士党怀英研究》，吉林大学出版社 2012 年版，第 128 页。

王元节，字子元，弘州人。祖山甫，辽户部侍郎。父诩，海陵朝，左司员外郎。元节幼颖悟，虽家世贵显，而从学甚谨，登天德三年（1151）辞赋进士第。雅尚气节，不能随时俯仰，故仕不显。及迁密州观察判官，既罢，即逍遥乡里，以诗酒自娱。年五十余卒。有诗集行于世。

元好问（1190—1257），字裕之，号遗山，忻州秀容（今山西忻州）人，是金元之际著名的文学家、史学家。泰和三年（1203），曾师著名学者郝天挺，史载其淹贯经传百家。兴定五年（1221），登进士第。正大元年（1224），中宏词科。权国史院编修官，初为镇平、内乡、南阳三县令。八年（1231），入朝为尚书省令史，此后历任左司都事、左右司员外郎等职。金亡后不仕，专心著述。著有《遗山集》、《续夷坚志》（四卷）、《中州集》等。元好问多次来临泰山，并游历山东诸地。他通过泰山之游，与当地人士积极交往，如严实、严忠济、杜仁杰、王玉汝、徐世隆等，搜集到了许多有关泰山的奇闻逸事和当地名人的史料，他的文集是今日后人研究金、元史的重要史料来源，更是我们研究泰山名人文化的基础。

任天宠，字清叔，曹州定陶人也，"明昌二年进士，调考城主簿，再迁威戎县令，调泰定军节度判官。丁父忧，服阕，调崇义军节度判官。补尚书省令史、右三部检法司正，迁监察御史。改右司都事，迁员外郎。改左司谏，转左司郎中，迁国子祭酒。贞祐初，转秘书监兼吏部侍郎，改中都路都转运使，迁户部尚书。三年，中都不守，天宠继走南京，中道遇兵，死之。谥纯肃"[1]。

任询（1133—1204），字君谟，一作君谋，号南麓先生，易州（今河北易县）人，其父任贵，有才干，善绘画，喜谈兵，宋徽宗宣和、政和年间，离乡远游江浙，生任询于虔州（今江西赣州），为人慷慨多大节。正隆二年（1157）任询进士及第，历省掾、大名总幕、益都都勾判官、北京盐使。课殿，降职泰州节厅。年六十四致仕，优游乡里，晚年家藏书法名画数百轴，日夕展玩，后皆散失。卒年七十。《保定志》《永平府志》《墨池渊海》《画史会要》等中均有此

1　（元）脱脱：《金史》卷一〇五，中华书局出版社1975年版，第2323页。

人的记载。

赵秉文（1159—1232），字周臣，自号闲闲居士、闲闲老人，磁州滏阳（今河北磁县）人。幼颖悟，有才思。大定二十五年（1185）中进士，调安塞簿，后升迁为应奉翰林文字、同知制诰，累官翰林侍读学士。兴定年间，拜礼部尚书。一生仕五朝，官六卿。赵氏为金中后期重要的学者、作家，曾主盟金代文坛。史载其诗文字画，无一不工。提倡古宗唐之诗风，对金末元初文学的发展起了重要作用。著有《易丛说》十卷、《中庸说》一卷、《滏水文集》三十卷等，今存。

另据相关文献知，有金一代，还有徐茂宗、贾因叔、道彦至、杨好古、李守纯、高舜举、岳安常等名著一时的各类文人。他们的存在，无疑成就了泰山名人文化的多样性与多义性。

二、金代泰山文人辈出原因探究

在金代中叶，出现以黄久约、王去非、党怀英、赵沨、赵秉文等为首的一大批文学巨匠，并在金代取得巨大成就，是我们研究金代文人问题时不可忽略的一个问题，尽管学界并无涉猎，但笔者以为此一现象的出现是与金代政治、经济、文化的发展及金代这些文士自身的追求分不开的，具体讲包括以下几点。

第一，在于山东历来是儒家思想和学术发展及研究的中心。中国儒学在经历汉学、宋学阶段后，于12—13世纪进入女真族统治的大金王朝，由于金朝建国前后，儒家思想及经典在北方地区已有广泛传播，因而辽、宋之后，儒学在金朝各地仍继续发展，且于金代中后期逐渐占据了统治地位。如金初女真贵族多让羁留在金国的宋朝使者教授女真子弟并学习经书和文化知识。金初天会年间的科举，也以"经义"来取士。为推动儒学发展，金熙宗还在上京建孔庙，并宣扬说"朕幼年游侠，不知志学，岁月逾迈，深以为悔。孔子虽无位，其道可遵，使万世景仰"，以后的几朝皇帝也都尊崇孔子和重视儒家思想。尤其是世宗、章宗执政时期，力崇儒学，不仅以女真字翻译儒家经书，而且规定《论语》和《孝经》为必读"课本"。如世宗曰："朕所以令今译五经者，正欲女真人知仁义道德所在耳。命颁行之。"

金中后期，随着科举制度的日益定型及不断完善，以及各地各级官学的逐渐建立和发展，进一步加速了儒学的发展和儒家经典的广泛传播，有越来越多的文人学士开始学习儒家经书，并涌现出一些通晓经学的人士，这其中既有汉人，亦有女真人和其他族人。屡遭战乱的山东无疑仍是儒学传播的中心区。正如学者言："虽然《元史》的作者认为，在金的统治下，北方儒学几乎等于无，直到蒙古把南宋学者赵复掳往北方后，才知道有程朱理学……北方'百年不闻学统'，只是在金末才出了一个赵秉文。但实际上在金朝统治下的北方，儒学的发展并未断绝。"[1]尤其是在金初，山东地区的学术研究氛围非常浓厚，曾聚集和吸引了一大批奇才，如宇文虚中、吴激、蔡松年、蔡珪、高士谈、马定国、王广道、王明道、吴大方、吴大年、石震、郭长倩、刘瞻、黄久约等。这种浓厚的儒学环境，为泰山文士的崛起奠定了基础。

第二，得益于金中叶，以山东为首的北方社会经济的恢复与快速发展。金熙宗以后，由于战争减少，民族融合的步伐加快，从世宗到章宗时，政治尚称清明，又蠲免了一些租税，减轻了人民的负担。在这一段时期里，饱受战争创伤的北方社会经济，获得了一定程度的恢复与发展。如山东、河北、河东等地"人稠地窄"的地方，皆"寸土悉垦"，且亩产量高达五石。经济的快速恢复与发展，促使金朝采取了较为和缓的政策，同时金朝有更多余力寻求人才、发展教育，从而为泰山文人的发展，创造了一个良好的社会氛围。

第三，得益于金朝统治者推崇儒术，崇学养士和"以文治国"的政策。恩格斯指出："每一次由比较野蛮的民族所进行的征服，不言而喻地都阻碍了经济的发展，摧毁了大批的生产力。但是在长时期的征服中，比较野蛮的征服

1　安作璋、王志民主编：《齐鲁文化通史》，中华书局 2004 年版，第 625 页。

者，在绝大多数情况下，都不得不适应征服后存在的比较高的经济情况。他们为被征服者所同化，而且大部分甚至还不得不采用被征服者的语言。"[1] "在当时中原战乱中，每个政权和王朝为求其社会在稳定中恢复和发展，吸取以前的经验，提倡仁政，以中道治国。"[2] 这成为各民族在中原建立地方封建割据政权的首要任务。为强化中央集权、巩固统治、缓和民族矛盾，金代最高统治者极为重视汉文化，并相继推行了一些重要措施。

金朝开国之初，百端草创，谈不上修文治武，所以天辅、天会二朝（1117—1137），文学非常朴陋，统治者对中原文物，尚不免加以敌视摧残。如《金史》卷七十三列传十一《完颜希尹》载曰："金人初无文字，国势日强，与邻国交好，乃用契丹字。太祖命希尹撰本国字，备制度。希尹乃依仿汉人楷字，因契丹字制度，合本国语，制女直字。天辅三年八月，字书成，太祖大悦，命颁行之。赐希尹马一匹、衣一袭。其后熙宗亦制女直字，与希尹所制字俱行用。"

金熙宗（完颜亶）当政时，利用辽、宋降臣和宋朝被拘留金的使臣为他建立典章制度，采取"以文治国"之策略，金人才高度重视儒学，并积极崇学养士。如《金史·文艺上》云："太宗继统，乃行选举之法，及伐宋，取汴经籍图，宋士多归之。熙宗款谒先圣，北面如弟子礼。……当时儒者虽无专门各家之学，然而朝廷典策、邻国书命，粲然有可观者矣。金用武得国，无以异于辽，……以文而不以武也。""天会以来，设科取士，使得文风振而人才辈出，治县张而纪纲不紊。有国虽百余年，典章文物至比隆唐宋之盛。"[3] "世宗、章宗之世，儒风丕变，庠序日盛，……能自树立唐宋之间，有非辽世所及。"特别是章宗（1168—1208）"性好儒术，即位数年后，兴建太学，儒风盛行。学士院选五六人充院官，谈经论道……群臣中有诗文稍工者，必籍姓名，擢居要地，

1　恩格斯：《反杜林论》，载《马克思恩格斯选集》第三卷，人民出版社 1972 年版，第 222 页。

2　张博泉：《略论金代的儒家思想》，《社会科学辑刊》1999 年第 5 期。

3　（元）王恽：《浑源刘氏世德碑铭并序》，《秋涧先生大全文集》卷五，四部丛刊本。

庶几文物彬彬矣”[1]。

到金章宗统治时，《金史》卷九《本纪第九・章宗一》载“（明昌元年三月辛巳）诏修曲阜孔子庙学”，“明昌二年（1191）四月戊戌，增太学博士助教员……壬寅，诏袭封衍圣公孔元措视四品秩”，“明昌三年冬十月，戊午，谕尚书省访求博物多知之士”。《金史》卷十《本纪第十・章宗二》载“明昌四年八月丁未，释奠孔子庙”。《金史》卷九十五《移剌履传》载：“章宗为金源郡王，喜读《春秋左氏传》，闻履博洽，召质所疑。履曰：‘左氏多权诈，驳而不纯。《尚书》《孟子》皆圣贤纯全之道，顾留意焉。’王嘉纳之。”

对于金人政策的这种调整，金人刘祁在其《归潜志》卷十二云：“世宗天资仁厚，善于守成，又躬自俭约以养育士庶，故大定三十年岁致太平。所用多敦朴谨厚之士，……不烦扰、不更张，偃息干戈，修崇学校，议者以为有汉文景风。……章宗聪慧，有父风，属文为学，崇尚儒雅，故一时名士辈出。大臣宰执，多有文采学问可取，能吏直臣皆得显用，政令修举，文治烂然，金朝之盛极矣。”[2]而清人庄仲方在他所编《金文雅・序》里亦说：“金初无文字也，自太祖得辽人韩昉而言始文；太宗入宋汴州，取经籍图书，宋宇文虚中、张斛、蔡松年、高士谈辈后先归之，而文字煟兴，然犹借才异代也。”这些，无疑为泰山文士的崛起提供了有利条件。

正如学者所言：“特别是金太宗灭辽及北宋后，加快了对儒家思想应用的步伐，到熙宗时……把孔子已抬到至高的地位，儒学成为金帝所奉行的治国思想。”[3]“金中期已经确立了高度集权的封建君主专制制度，世宗、章宗主要致力于如何在保持女真贵族统治地位的前提下，将中原封建王朝的儒家统治思想和政策充分地运用于女真封建王朝的政治制度之中。这一指导思想运作于官僚制度集中表现为任用宰执的三个重要政策：其一……其二，重用文人的政策……

1 （宋）宇文懋昭撰：《大金国志校证》卷二十一《章宗皇帝下》，中华书局 1986 年版，第 289 页。

2 （金）刘祁撰，崔文印点校：《归潜志》卷十二，中华书局 1983 年版，第 136 页。

3 张博泉：《略论金代的儒家思想》，《社会科学辑刊》1999 年第 5 期。

将金朝推向繁荣鼎盛时期。"[1] "金代文学虽上承北宋，却又不为北宋所拘束，就金代文风而言，是比较宽松的，文人各好其好，正是这种宽松的气氛，使金代文学得到长足的发展"，"之所以如此，这和金代统治政策与山东地区文化的结合不无关系，金人主中原后，对中原文化接触，特别是对发源于山东的儒家文化逐渐吸收，'世宗、章宗之世，儒风不变'，这是金文人辈出的基础"。[2]

第四，得益于泰安一地良好的求学环境及其深厚的文士阶层基础。众知，泰安以泰山而得名，而泰山及其众多支脉由于独特的地理位置及优美的自然风光，自然成为文人学士求学的良好场所。加之该地近孔孟故乡，儒风醇厚，"士人志于道"及"出仕""致仕"思想浓厚，故而自宋代以来，泰安一地就曾出现像冯起、魏能、梁适、梁固、郭劝、马寻、李参、石介、马伸、钱乙等22位重要官员，这种良好的文士阶层基础，无疑为泰安本地的士人提供了前进的动力，亦是他们极力效仿的榜样，这也不难理解在今日泰安一地，光是金代就产生了黄久约、王广道兄弟、党怀英、赵沨、侯挚、高霖等二十余位官员。

---

1 程妮娜：《论金世宗、章宗时期宰执的任用政策》，《史学集刊》1998年第1期。

2 安作璋、王志民主编：《齐鲁文化通史》，中华书局2004年版，第45—46页。

从人类命运共同体理念看马来西亚与中国的经贸与人文交流

［马来西亚］潘碧丝（Fan Pik Shy）

马来亚大学

前　言

　　马来西亚与中国的往来历史久远，远自汉代、明代商贸往来，郑和下西洋，近至"下南洋"、抗日战争，两国在各领域都有着千丝万缕的联系。1949年以后，由于马来西亚尚属殖民地及马来亚共产党问题，两国没有往来。20世纪60年代末70年代初，两国政策转变以"中立""和平"为原则。1971年10月25日，马来西亚支持恢复中华人民共和国在联合国的合法席位。1974年5月29日，马来西亚时任首相敦拉萨访华，实现两国领导人的正式会面，两天后敦拉萨与中国总理周恩来签署了中马建交联合公报，两国正式缔结邦交。此后，两国关系逐步恢复正常，各个领域的互往越来越频繁，友谊日渐深厚。2013年，习近平主席提出"21世纪海上丝绸之路"倡议，马来西亚是响应最热烈的国家之一，给予积极的支持。其后两国关系从策略性合作伙伴提升为全面性战略伙伴。2015年中国国家主席习近平在纽约联合国总部发表重要讲话，提出了构建"人类命运共同体"的倡议，其理念是打造"和平、发展、合作、共赢"的国际关系。[1]实际上，早在 1971 年和 2005 年，马来西亚时任首相先后提出了《东南亚中立化宣言》(*The Neutralization of Southeast Asia*) 和《吉隆坡宣言》(*Kuala Lumpur Declaration*)，核心主张是建立一个不受外部强国以任何形式或者方式干涉，和平、自由和中立的地区。[2]显然，马来西亚向来奉行的主张跟人类命运共同体理念不谋而合，具有异曲同工之处。随着海上丝绸之路倡议推行的深入，两国关系更上一层楼，尽管中间不免出现各种问题，却也能在有效的协商和交流下，稳定前进，达至共建和共享，这是人类命运共同体理念的真正写照。

一、经贸合作：你中有我，我中有你

马中建交，标志两国关系进入了一个新的里程，两国的双边经贸虽不曾间断，但因为意识形态的分歧，两国的关系有一段时期停滞不前。直至 20 世纪 70 年代末，两国领袖互访，两国关系往前跨进一步。1978 年，邓小平访问马来西亚，随后，时任马来西亚首相胡申翁在 1979 年访问中国。[3]自此，马中两国的友好关系便迅速地发展，两国经贸额也节节上升，中国对马来西亚的出口额从 1971 年的 2672 万美元上升到 1977 年的 1.05 亿美元。[4]1981 年，时任马来西亚首相马哈迪的对外政策强调"南南合作"和大力发展与发展中国家的关系。[5]由此，马来西亚对中国的政策在"经济合作主导"的背景下逐渐向其他领域扩展。1985 年，他率领两百人的访问团访问中国，签署一系列的经贸协定和

1　参见习近平《携手构建合作共赢新伙伴　共同打造人类命运共同体——在第七十届联合国大会一般性辩论时的讲话》，《习近平谈治国理政》第二卷，外文出版社 2017 年版，第 521—526 页。

2　参见《印马菲星泰等五国外长昨签署东南亚中立化宣言为和平稳定奠基石宣布东南亚为和平自由中立区决不受外来强国任何形式干预》，《南洋商报》1971 年 11 月 28 日。

3　参见《马首相胡申翁访华返隆披露双方已同意逐步进行更直接贸易》，《南洋商报》1979 年 5 月 11 日。

4　参见《中国副总理邓小平莅临访问》，《星洲日报》1978 年 11 月 14 日；《大马首相率七十二人访问团昨飞抵中国访问》，《南洋商报》1979 年 5 月 3 日。

5　参见《马哈迪指出世界局势改变大马需要重新安排对外关系》，《南洋商报》1982 年 9 月 11 日。

合作协议。[1] 随后，在两国的官方往来顺利开展的背景下，两国政府对于民间来往也大开方便之门，马来西亚民间企业，特别是华人企业为当时的中国注入发展的力量，开展全方位的合作。

两国的友好关系，带动了双边经贸的发展。1955 年，马中两国仅有 2700 万令吉的双边贸易额，2009 年以后，中国连续十年成为马来西亚最大的贸易伙伴国。[2] 随着 "21 世纪海上丝绸之路" 倡议的推行，马来西亚作为重要的节点，在交通物流方面占了绝对优势，成为东盟国家的枢纽，马中贸易额增长迅速。特别是 2018 年的 1086 亿美元贸易额，数值超越中国与俄罗斯、印度等大国的双边贸易额。显然，从 1974 年的 15.9 亿美元至 2018 年的 1086 亿美元，两国双边贸易额增长了 683 倍。

"21 世纪海上丝绸之路" 是最能体现人类命运共同体理念的实践。在此倡议下，两国积极参与了一系列的合作项目，包括两国双园、东海岸铁路项目、大马城项目、油气管项目、人工智能和马新高铁项目等。2017 年，两国更是签署了《关于通过中方 "丝绸之路经济带" 和 "21 世纪海上丝绸之路" 倡议推动双方经济发展的谅解备忘录》和《中国商务部同马来西亚交通部关于基础设施建设领域合作谅解备忘录》。[3] 2018 年马哈迪访问北京，同意与中国共同编制两国《经贸合作五年规划（2018—2022）》[4]，并将继续支持和积极参与 "一带一路"。这些合作谅解备忘录的签署，意味着越来越多的中国企业会到马来西亚投资和创业，与当地企业积极合作，开展各类经济项目，中国对马来西亚的直接投资也因此迅速增长。根据报道，2018 年中国在马来西亚新投资占同一个时期外资总投资的 32%。

1　参见《大马今年外交收获多》，《联合早报》1985 年 12 月 29 日。

2　参见《中国连续十年成马来西亚最大贸易伙伴》，中国新闻网，2019 年 1 月 31 日。

3　参见《中国同马来西亚的关系（截至 2020 年 9 月）》，中国外交部官网。

4　参见《联合声明：全方位多层次发展 2020 中马文化旅游年》，2018 年 8 月 20 日。

表 1　中国对马来西亚直接投资表 [1]

年份	亿美元
2018	16.60
2017	17.22
2016	18.30
2015	4.89
2014	5.21
2013	6.16
2012	1.99
2011	0.95
2010	1.64
2009	0.54
2008	0.32
2007	−0.32

马来西亚对中国的投资始于 1984 年，当时主要投资地分布在广东、福建等沿海地区，投资的行业主要有橡胶、食品、化妆品、家具、饲料及机械制造等。此外，当时比较著名的项目是马来西亚金狮集团在中国投资开办的百盛（Parkson）商场；马来西亚郭氏兄弟集团在中国投资开办的香格里拉酒店等。1990 年 8 月，马来西亚政府取消了人民访华的限制，并鼓励商人到中国投资，此举吸引了大量华商到中国投资，投资额成倍增长，并在 1996 年达到历史最高水平，实际投入资金 4.6 亿美元，投资项目 206 个。[2] 截至 2012 年，马来西亚对中国投资共 5253 个项目，总金额达 63.27 亿美元。根据中国商务部统计，截至 2015 年底，马来西亚累计在中国投资企业已达 5791 家，实际使用外资金额 79.2 亿美元。[3] 根据中国外交部统计，2019 年中马双边贸易额 1239.6 亿美元，其中进口为 718.3 亿美元，同比增长 13.6%。

1　数据来源：中华人民共和国商务部"中国对外直接投资统计公报"。2018 年的直接投资明显下降，主要是因为马来西亚政治变动，国民阵线在 2018 年 5 月的大选中落败，国家由希望联盟执政。新政府调整了对马中合作项目的政策，特别是几个大型基础设施项目，包括东海岸铁路项目。

2　参见中国驻马来西亚大使馆经济商务处《马来西亚对华投资概况》，http：//my.mofcom.gov.cn/article/sbhz/201303/20130300062993.shtml。

3　参见中国—东盟矿业信息服务平台《中马经贸》，http：//www.camining.org/ziliaoku/show.php？itemid=3187。

自缔结邦交以来，马来西亚与中国的双边贸易额及企业投资都在不断增长，中国是马来西亚主要外资来源国和第一大贸易伙伴，马来西亚也曾经连续八年成为中国在东盟的最大贸易伙伴。[1] 两国的经贸合作已经形成"你中有我，我中有你"利益交融的经济合作格局，体现了人类命运共同体的理念。

二、人文交流：右肩为你挡风雨，左肩留给你偎依 [2]

马来西亚与中国的友好往来源远流长，可以追溯到 2000 多年以前。早在汉代开辟古"海上丝绸之路"时，已有汉人来到南洋地区，而明朝郑和七下西洋，也有五次停留马六甲。唐朝甚至以后也有不少中国人沿着古海上丝绸之路到其他国家。可见，马来西亚与中国的往来自古已经存在，亦是两国友好关系的根基。

自 1974 年建立邦交，两国关系逐步进入正轨，不过，主要的往来还是在商业层面的合作与交流，而活动也多环绕在政府层面，如贸易协定的签署、财政部部长或贸工部长互访及商贸协会的成立等。两国民间的交流可说少之又少，特别是马共问题未解决前。[3] 1985 年 11 月开始，马来西亚移民厅将赴中国探亲公民的年龄限制从 65 岁降至 60 岁。[4] 1990 年以后，到中国旅游的人数大增，政府批准了 35 家旅行社的申请。[5] 其后，访华的各种条件逐步放宽，访华人数从 1990 年的 49439 人增至 1993 年的 168000 人。[6] 同样的，中国方面也放宽到中国旅游或者探亲的天数至 30 天。1999 年 11 月朱镕基访马来西亚，时任马来西亚首相马哈迪表示政府会放宽中国旅客到马来西亚旅游的限制，包括延

1　参见《越南成为中国最大东盟贸易伙伴》，2018 年 11 月 19 日。

2　《左肩》是马中建交 45 周年主题曲，是由中国驻马来西亚大使馆主推，马来西亚芒果传媒、视星文化资深音乐制作人王炳智、中国音乐创作歌手开开（赵锴羿）及导演周青元共同创作，并由李佩玲、玛莎演唱。

3　参见《马副内长宣布擅自访中国人士公民权将被褫夺》，《联合晚报》1984 年 3 月 16 日。

4　参见《星洲日报》1985 年 11 月 2 日。

5　参见《星洲日报》1990 年 1 月 4 日。

6　参见《星洲日报》1993 年 6 月 8 日。

长逗留期限，同时要求中国取消或者简化马来西亚公民入境限制，以促进两国的民间交往。[1] 自此，两国人民之间的往来越来越频密，交流日益密切，不仅加深加强了两国人民之间的了解，也带动了两国的旅游业。中国访马的旅客从 45 年前每年不到 10 万人次，到 2007 年的 789783 人次，然后再提高至 2018 年的 294 万人次。新冠肺炎疫情爆发前，马中每年人员往来超过 420 万人次，每周有约 460 个航班穿梭于两国之间。中国已连续 7 年成为马来西亚在东盟外最大旅游客源国。[2] 2018 年 8 月 17 日至 21 日，时任马来西亚首相马哈迪对中国进行正式访问，就旅游业在促进人文交流、社会经济可持续发展及增进两国相互理解方面的重要意义，而同意加强、深化并扩大有关合作，并将 2020 年列为"中马文化旅游年"。

马中建交后，教育领域的交流相对经贸领域而言，起步较晚，主要是因为马来西亚的教育政策及马共敏感的问题。不过，简体字和汉语方案却是很早就被引进马来西亚，可说是教育领域的最早接触。早在 1974 年 10 月 15 日，《南洋商报》就开始在主要标题上采用简体字，可说是最早采纳简体字的本土华文报纸。[3] 1982 年马来西亚教育部将《汉语拼音方案》纳入华文小学课程纲要，将其作为马来西亚华语语音的标准方案，并以简体字取代了繁体字。自此，马来西亚的中小学华文课本多以中国的语文科为参考，中国的书籍也开始大量流入马来西亚。

两国在教育领域的合作与交流迟至 20 世纪 90 年代正式展开，由于担心学位不受政府承认，以及政治上的顾忌，以官方渠道赴华留学的马来西亚学生人数不多，大部分是参加短期课程或者培训。1995 年，中国教育部颁布《中外合作办学暂行规定》，正式开展与外国的教育合作服务。马来西亚跟中国也在两年后签署了《中华人民共和国政府和马来西亚政府教育合作谅解备忘录》，为

1　参见《南洋商报》1999 年 11 月 24 日。

2　参见《当今大马》，《中国报》2020 年 1 月 17 日；《中国驻马大使：我们是永远的朋友》，《中国报》2019 年 5 月 31 日。

3　参见《南洋商报》1974 年 10 月 28 日。

两国教育领域的合作奠定了基础。[1] 自此，两国的教育关系才开始正常化，到对方国家留学的学生数量也逐年增长。2001 年，在马的中国留学生人数有 4605 人，而后两年人数直接突破万人，达 10849 人和 10349 人。[2] 2003 年以后，尽管到马的中国留学生人数开始下滑，但总数在各国留学生人数中仍居前三名。2013 年 9 月 "一带一路" 倡议提出后，中国深入参与全球化发展和全球战略人才培养，中国留学生的留学目的地选择也不再局限于西方发达国家，到 "一带一路" 沿线国家留学的学生人数也日渐增多。2015 年以后，到马来西亚留学的中国学生激增，每年都过万，而 2017 年至 2019 年，中国留学生总数高居各国留学生人数的榜首。[3]

表 2　2000—2019 年在马来西亚的中国留学生人数表 [4]

年份	公立高校	私立高校	总数
2000	101	5792	5893
2001	47	4558	4605
2002	118	10731	10849
2003	119	10230	10349
2004	175	9075	9250
2005	282	9035	9317
2006	373	6937	7310
2007	1160	5308	6468
2008	1525	6452	7977
2009	2099	7078	9177
2010	2168	7431	9599
2011	2122	5272	7394
2012	1908	从缺	>1908
2013	2382	4398	6780

1　参见《中华人民共和国和马来西亚联合新闻声明》，2016 年 11 月 4 日，中华人民共和国驻马来西亚大使馆官网。

2　2000—2001 年的数据摘自《星洲日报》2002 年 9 月 25 日；2002—2019 年数据整理自 "Data Pengajian Tinggi Malaysia"（马来西亚高等教育部数据）。

3　2000—2001 年的数据摘自《星洲日报》2002 年 9 月 25 日；2002—2019 年数据整理自 "Data Pengajian Tinggi Malaysia"（马来西亚高等教育部数据）。

4　2000—2001 年的数据摘自《星洲日报》2002 年 9 月 25 日；2002—2019 年数据整理自 "Data Pengajian Tinggi Malaysia"（马来西亚高等教育部数据）。

年份	公立高校	私立高校	总数
2014	1851	7055	8906
2015	2912	7863	10775
2016	2573	9145	11718
2017	3974	10880	14854
2018	4359	12002	16361
2019	5608	7840	13448

中国在 1997 年与马来西亚政府签署《中华人民共和国政府与马来西亚政府教育合作谅解备忘录》以后，放宽了到中国的签证申请，因此留学中国的马来西亚学生逐渐增多。[1] 2004 年，时任首相阿都拉在访华期间，续签了《教育合作谅解备忘录》，2007 年，时任教育部长拿督希山慕丁访华再次签署了《中华人民共和国政府与马来西亚政府长远谅解备忘录》，深化了两国教育交流合作，为两国提供一个更有效的机制，使双方的教育交流有规划、有系统地继续推动下去。[2] 留学中国的马来西亚学生人数逐年增长，从 2000 年的 490 人增至 2019 年的 7948 人。[3]

表 3　1999—2019 年马来西亚在华留学生人数表 [4]

年份	人数	年份	人数
1999	454	2008	2114（1743）
2000	490	2009	2792（2114）
2001	632	2010	3885（2792）
2002	840	2011	4259（2252）
2003	841	2012	6045（789）
2004	1241	2013	6126（932）
2005	1589	2014	6645（464）
2006	1743	2015	6650（814）

1　参见中华人民共和国驻马来西亚大使馆官网。

2　参见《星洲日报》2009 年 1 月 21 日。

3　参见《马来西亚留华同学会文告》。

4　数据整理自中华人民共和国教育部官网和中国高等教育学会外国留学生教育管理分会（CAFSA）官网；2008—2019 年括号内数据皆取自马来西亚高教部数据库。

年份	人数	年份	人数
2007	1908	2016	6880（6650）
		2017	7000（6880）
		2018	8000（7948）
		2019	9500（2232）

教育领域的良好发展，促使两国领导人朝向更高层次合作，即相互承认学位和学历。由于学位与学历的互认涉及众多问题，如教育制度差异、政府认证与管理单位的体制等，所以协商进度缓慢。从 2000 年提出到 2011 年落实，共耗时 11 年之久。2011 年 4 月下旬，时任中国国家总理温家宝官访马来西亚期间，在吉隆坡签署了中华人民共和国政府和马来西亚政府高等教育机构学位与学历互认架构协议。[1] 协议中，中国将承认所有受马来西亚政府承认的教育机构，同样地，马来西亚政府也将承认所有受中国政府承认的教育机构。目前，中国政府承认的马来西亚大学与大学学院共 76 所，而马来西亚承认的中国大学的数量则是 820 所。

两国在教育领域的密切合作也可以从孔子学院的设立得到证明。2009 年 7 月 8 日马来亚大学与北京外国语大学共同建设孔子汉语学院，并于 2010 年 3 月开始运作。[2] 从建院之初注册学生不足 300 人，到 2019 年注册学员达 1.2 万人；10 年来举办文化活动 250 余场，吸引十多万人参与。孔子学院共有教学点 22 个，覆盖马来西亚 13 个州属中的 11 个州属，是促进马中教育、文化交流的主要桥梁。除了马来亚大学，尚有三所大学设有孔子学院，分别是沙巴大学孔子学院，设于 2018 年 11 月 13 日；彭亨大学孔子学院，设于 2018 年 11 月 14 日；以及砂拉越科技大学孔子学院，设于 2019 年 10 月 17 日。世纪大学孔子学院则是唯一设在私立大学的孔子学院，成立于 2015 年 11 月 23 日。[3] 另外，

---

1 参见中华人民共和国教育部官网《中华人民共和国政府和马来西亚政府关于相互承认高等教育学历和学位的协定》。

2 参见马来亚大学孔子学院官网：http://www.kongzium.edu.my/about-us/kong-us/kong-zi-institute/。取用日期：2020 年 12 月 3 日。

3 参见世纪大学孔子学院官网。

马六甲的培风中学也在 2017 年 10 月 25 日设立了孔子课堂，这是首个设立在马来西亚独立中学的孔子课堂。这五所孔子学院和一所孔子课堂，不但肩负着推广汉语教育和中华文化的职责，也在交流文化，沟通民心，增进两国友好关系和相互了解方面发挥了重要的作用。

此外，象征马中密切关系的厦门大学马来西亚分校也于 2016 年 2 月 22 日开课，这是第一所"走出"中国，在海外办学的高等学府，可以说为马来西亚与中国的教育合作与交流开启了新篇章。该校坐落于雪兰莪沙叻丁宜，于 2015 年 12 月开始招收新生，当时报读的 187 名新生，分别修读新能源科学与工程、中医学、中文、新闻、会计、金融、国际商务等 7 门学士学位课程。截至 2019 年，学士学位课程已经增至 16 个，同时增设 2 个硕士研究生学位课程；学生人数也从 2016 年首批入学的 200 人，增至 2019 年约 5000 人，其中 2860 名马来西亚籍学生，其余则来自包括中国在内的 27 个国家和地区。[1] 时任马来西亚对华特使陈国伟在第二届"一带一路"国际合作高峰论坛的"民心相通"分论坛上提到，厦门大学马来西亚分校是马中"民心相通"的重要标志性项目。[2] 厦门大学马来西亚分校具有特殊的意义，它是对于马来西亚陈嘉庚当年在中国创办厦门大学的历史性回报，也凸显了马中两国的友好及合作。

"一带一路"实施以来，马来西亚作为沿线主要国家之一，处于在东南亚占有绝对优势的地理位置，出于政治、经济和人文因素的考量，与中国始终保持良好的交往。这也让中国看到了许多可以发展的契机。其中，马来语专业的不断开办便是一个最好的例证。2013 年以前，设有马来语专业的中国大学只有 6 所，即北京外国语大学、中国传媒大学、广西民族大学、云南民族大学、洛阳解放军外国语学院，以及天津外国语大学。"一带一路"倡议实施以后，越来越多的高校注意到马来语的重要性。截至 2017 年，共有 12 所大学或大专开办了马来语专业。

1　参见中国驻马来西亚大使馆相关报道。

2　参见《建议推进马中"民心相通"》，东方 Online 2019 年 04 月 25 日。

表 4　开设马来语专业的中国高校（截至 2017 年）[1]

序号	开办年份	大学 / 大专 / 职业学校
1	1961	北京外国语大学
2	1998	洛阳解放军外国语学院
3	2000	中国传媒大学
4	2007	广西民族大学
5	2009	云南民族大学
6	2012	广西师范大学漓江学院
7	2013	天津外国语大学
8	2014	广东外语外贸大学
9	2016	福建闽江师范高等专科学校
10	2016	海南外国语职业学院
11	有待确认	广西国际商务职业技术学院
12	2017	西安外国语大学

　　另一方面，在中国看到马来语的重要性的同时，马来西亚政府其实也看到了汉语的经济价值。马来西亚教育部与北京外国语大学和北京语言大学合作，培养非华裔汉语人才，分别从 2007 年和 2011 年开始保送学生到北京外国语大学和北京语言大学学习汉语。两国高校的合作与交流，更进一步推动马中教育和人文的交流，并且增进两国人民彼此之间的互动及了解。

表 5　在北京外国语大学学习的马来西亚学生人数

年份	人数
2007	10
2008	10
2009	64
2010	无派送
2011	44
2012	10
2013	19
2014	45
2015	45
2016	50
2017	25

1　资料来源：各大专院校马来语专业老师提供。

年份	人数
2018	25
2019	8

表6　在北京语言大学学习的马来西亚学生人数

年份	人数
2011	33
2012	36
2013	43
2014	46
2015	50
2016	28
2017	无派送
2018	25
2019	7

　　除了官方之间的往来，马中之间民间的友好关系也在不断深化。这当中包括华社乡团组织、机构与原乡的往来，各民间单位联合开展或者举办活动与项目等。马来西亚华社向中国取经，吸取经验，而中国则本着弘扬中华文化和协助海外华人的精神提供支援和资源。比如，南方大学学院、新纪元大学学院和韩江传媒大学学院三所民办高校在不同程度上与中国的政府单位和民间组织维系着深厚的、友好的关系。其中中文系与中国高校的关系最为深厚，比如韩江传媒大学学院中文系的创立就获得了南京大学的鼎力协助，其架构、学制、课程与教学大纲均由南京大学协助规划。[1] 又如，南方大学学院与中国高校的合作有：与天津中医药大学联合培养3+2中医本科生、与广西右江民族医学院联办西医课程、与华中师范大学开展硕士课程与教学论、与华侨大学联办哲学硕士学位班、与海南大学联办旅游管理专业硕士学位课程。[2] 此外，马来西亚的民间组织也与中国官方单位或高校联合开展以培养和推广为目的的活动与项目，如

1　参见韩江学院中文系主页。

2　参见南方大学学院主页。

教师进修、学生游学、科研考察等。这些活动都显示了马中长久以来稳固又深厚的友情，人文各领域合作的丰硕成果。

结　语

近五十年来，马中两国命运相连，休戚与共，携手并进，共同致力于两国的和平和繁荣发展。历史证明，马来西亚不管哪一个政党执政，都有一个共识，支持并更加深入参与共建"一带一路"，继续践行人类命运共同体理念。尽管两国偶尔会有一些矛盾与分歧，但是都秉持天下一家的理念，包括坚持独立自主的外交政策、推崇的亚洲价值观，极力推动南南合作，一起求同存异，彼此了解，相互扶持，相互包容，共同建构马中命运共同体，以实现两国共赢共享的发展。

构建人类命运共同体思想的中国智慧

任　慧

中国艺术研究院

2018 年 6 月，习近平总书记在中央外事工作会议上提出"百年未有之大变局"的论断，我国正处于近代以来最好的发展时期，而我们的世界是处于百年未有之大变局，两者是同步交织相互激荡的。按照习近平总书记的论断，"百年未有之大变局"是我们现在一个大的时代背景，也是我们发展所处的一个形势，我们的各项工作都应该在这个背景和形势下展开。那么，我们就应深刻思考世界发生了什么样的变化、中国发生了什么样的变化，从而认清世界和中国发展大势，在"百年未有之大变局"中把握发展机遇。

党的十八大以来，习近平同志站在人类历史发展进程的高度，正确把握国际形势的深刻变化，顺应和平、发展、合作、共赢的时代潮流，深入思考"建设一个什么样的世界、如何建设这个世界"等关乎人类前途命运的重大课题，高瞻远瞩地提出构建人类命运共同体的重要思想。这一思想就是中国面对"百年未有之大变局"，依靠中华民族智慧所提出的中国方案。

所以，以构建人类命运共同体和百年未有之大变局为主题，既是立足当下、放眼未来，又是立足国内、放眼世界，非常契合我们在五岳之首、在泰安这块风水宝地举办文化盛事的初衷。"观乎天文，以察时变；观乎人文，以化成天下。"文化是人类社会特有的现象，从广义范围讲，文化是人类在社会历史发展过程中所创造的物质财富和精神财富的总和，既包括世界观、人生观、价值观等具有意识形态性质的部分，又包括自然科学和技术、语言和文字等非意识形态的部分。因此，一个国家、民族的经济和政治等社会生活的方方面面都需要本国家和本民族文化的支撑和滋养。"百年未有之大变局"的判断和"构建人类命运共同体"的思想，都是来自中华优秀传统文化，都是中国智慧的集中表现。

一、百年未有之大变局

纵观当今世界局势，国家间政治经济联系空前紧密，相互依存程度日益加深，全球治理、气候变化、贸易规则、恐怖主义、文明冲突等全球性复杂议题，任何国家都难以独自应对。同时，伴随着新兴经济体国家实现群体性崛起，逐渐进入世界舞台，世界经济重心正在加快"自西向东"位移，新一轮科技革命和产业变革也开始重塑世界。新兴市场国家和发展中国家国际影响力的不断增强，使得国际力量对比更趋均衡，从而推动全球治理体系越来越向着更加公正合理的方向发展。但是必须清醒地认识到，全球力量结构并没有发生根本性改变，发达国家依然具有综合优势，以"美国优先"为代表的传统西方国家和社会也在积极维护既有利益，极力阻碍以中国为代表的发展中国家的迅猛发展。总之，国际格局和国际体系正处于调整阶段，但尚未取得实质性改变。

中国在过去百余年间真正发生了天翻地覆的变化。中国共产党在成立后的一个世纪里，带领全国人民不懈奋斗，不断推动发展经济实力、科技实力、国防实力和综合国力，国际地位日益提升，实现了从站起来、富起来到强起来的伟大飞跃。中国人民前所未有地靠近世界舞台中心，前所未有地接近实现中华民族伟大复兴的目标，前所未有地具有实现这个目标的能力和信心。与之相匹配的是中国在经济发展、国际安全、气候治理、卫生防疫、打击恐怖主义等全球共同关注的领域，逐渐展现出一个发展中大国愿意为国际社会承担更大责任的积极形象，对国际社会的未来发展也不断进行着深刻的思考。

从文明视角而言，中国对全球未来发展的思考更多地体现在反对文明冲突论调，正视世界文明多样性，倡导各国开放包容、多元互鉴的理念上。2014 年 3 月 27 日，习近平在联合国教科文总部演讲时说："文明因交流而多彩，文明因互鉴而丰富。文明交流互鉴，是推动人类文明进步和世界和平发展的重要动力。"[1] 2017 年 1 月 18 日，习近平在联合国日内瓦总部演讲时，对世界未来的文明发展进行描绘："让和平的薪火代代相传，让发展的动力源源不断，让文明的光芒熠熠生辉，是各国人民的期待，也是我们这一代政治家应有的担当。中国方案是：构建人类命运共同体，实现共赢共享。"[2]

二、"共同体"的由来

构建人类命运共同体是中国方案，但是"共同体"这个词汇诞生于西方世界。"共同体"的英文"community"，是由拉丁文前缀"com"（"一起""共同"之意）和伊特鲁里亚语单词"munis"（"承担"之意）组成。追本溯源，大约在古希腊时期，以亚里士多德为代表的西方哲学家就对这一概念有所思考。

1887 年，欧洲现代社会学的重要奠基人，德国学者斐迪南·滕尼斯（Ferdinand Tonnies）推出了《共同体与社会》（*Community and Society*）一书，这不仅是他个人的成名作，也是对社会学界影响深远的著名著作。在该书第一版问世后，直到作者逝世的 1936 年，这 49 年间一直处于修订和再版的状态，累计出了 8 版，延续到今天还被翻译为多国文字版本。

在滕尼斯看来，《共同体与社会》这本书讲述的历史无疑是共同体正在消逝、社会正在形成并且走向繁荣的历史，因此如同书名所明确呈现的那样，"本书最鲜明的特征莫过于它采取了二元对立的结构、围绕着'共同体'

1　习近平：《在联合国教科文总部的演讲》（2014 年 3 月 27 日），《论坚持推动构建人类命运共同体》，中央文献出版社 2018 年版，第 76 页。

2　习近平：《共同构建人类命运共同体》（2017 年 1 月 18 日），《论坚持推动构建人类命运共同体》，中央文献出版社 2018 年版，第 41 页。

（Gemeinschaft）与'社会'（Gesellschaft）这对彼此相对的概念展开讨论"[1]。所谓"共同体"，其原型囊括了从古希腊—罗马的民社与城邦、中世纪的日耳曼封建王国直到早期近代的自由市镇的漫长的欧洲历史的诸阶段，其本质包含着"真实而有机的生命"，是古老的；而"社会"，则是近代以来的商业社会与国家，无论作为事物还是名称都是全新的，是抽象出的"想象的与机械的构造"。总之，"共同体"和"社会"分别对应古代和近现代的两种总体文化形态。

《共同体与社会》一书的副标题是"纯粹社会学的基本概念"，可见他对"共同体"和"社会"的研究都是基于社会学的视角，当时"社会"作为全新的概念，与古老的"共同体"相对，但随着社会的发展，古老的"共同体"越来越遥远，而在"社会"中又出现了"社区"的概念，后世中西方学者更多地将"community"翻译为"社区"。这种理解更多地体现了共同体的地理属性，而非文化方面的属性。

沿着滕尼斯社会学视角下的共同体理论，"Community"这一概念在西方社会不断拓展。1955年，美国社会学家希勒里（Hillery）在《农村社会学》上发表了题为《共同体定义：共识的领域》的论文，对当时具有代表性的英、德、法语学者使用的94种关于"共同体"的定义进行了系统规范的统计，研究发现在不到百年的时间里，西方学术界对于"共同体"这一理论架构的确定含义及适用范围，从不同的角度和跨度进行了深入的关注，但对这一问题的思考尚未达成共识。

近半个世纪以来，其他社会学家继续关注"共同体"的定义。1971年，美国社会学家贝尔和纽柏在统计过程中发现"共同体"的定义已经增至98个。1981年，美籍华裔社会学者杨庆堃统计的"共同体"定义已经多达140余种。伴随着表面上定义的增多，一方面代表着关注度越来越高，另外一方面也表明社会的加速发展，导致"共同体"的内容和特征潜在的已经发生了不同程度的变化。

---

1 ［德］斐迪南·滕尼斯：《共同体与社会》，张巍卓译，商务印书馆2019年版，译者导言，第XVI页。

通过对"共同体"理念的简单梳理，我们会发现以往研究视角更多集中在社会学领域。习近平总书记所提出的"构建人类命运共同体"，英文表述是"Construct the common destiny community of human destiny"，虽然依然采用了"community"这个词汇，但组合起来并不能直接等同于社会学领域中的"共同体"概念，尤其不能等同于后世"社区"的这个概念。"构建人类命运共同体"是推动全球和平与发展、实现共建共享的中国方案，是解决全球治理问题的中国钥匙，其中蕴含的丰富而深刻的中国智慧，来源于中国优秀的传统文化。

三、构建人类命运共同体思想的中国智慧

中国之"中"，首先在于地理方位：东面是碧波万里的大海，北面是少有人烟的冻土带，南面是难以穿越的雨林，西北和西南以一系列巨大的沙漠、山系、高原和冰山作为屏障。四方护佑，以为居天下之中，中华民族就诞生在这里。

世界早期的其他大河文明，如尼罗河、幼发拉底河和底格里斯河及印度河，大都位于欧洲东南部、非洲东北部和亚洲西南部的广大区域，基本在同纬度地域呈现为自西向东的排列分布，其地理位置可谓四通八达，历来交互频繁。独有诞生于"中"的黄河文明，一方面有蛋壳的保护，在相对封闭的空间，鲜有破坏性的入侵，有利于生命的延续和文明的平稳发展，从而形成自信的心态和文明的优越感，尤其体现在对价值理想世界（天下）的憧憬和永恒价值的追求；另一方面，处于交流要冲之地，有利于不同文明间的双向交流，尤其是和北方游牧民族，你中有我，我中有你，四海一家，早已是聚拢在一起的命运共同体。

天地之塞，吾其体；天地之帅，吾其性。民吾同胞，物吾与也。

——张载《西铭》

"民胞物与"的哲学基础来自儒家"万物一体""天人合一"的思想。在张载看来，宇宙万物皆因气化而生，禀同气而成性，故而天地是我们的父母，世间民众都是我们的兄弟，万物平等，共享公平。其中，"民胞"侧重于要求作为生命个体的人，应该恪守伦理道德，履行责任义务；"物与"则希望大众秉持人与自然共生共存的理念，以仁爱德性对待宇宙万物。

　　　　克明俊德，以亲九族，九族既睦，平章百姓，百姓昭明，协和万邦，

　　黎民于变时雍。

　　　　　　　　　　　　　　　　　　　　　　　　　——《尚书·尧典》

　　这是一段描写尧帝德行功德的话语，前文将尧帝恭敬节俭、明察四方、善理天下、道德纯备、温和宽容等诸多美好的品德一一列出，这里讲述尧帝对于中华民族的功德。万邦即指天下诸侯之国，以中国之中，放眼四方，东夷西域，南疆北漠，如何和谐共生？尧帝在家族亲密和睦的基础上，辨明其他各族的政事，再以此为基础协调万邦诸侯，最终天下众民共同友好和睦。"家国天下"始终都是中华民族的美好追求。

　　　　大道之行也，天下为公，选贤与能，讲信修睦。故人不独亲其亲，不独子其子，使老有所终，壮有所用，幼有所长，鳏、寡、孤、独、废疾者，皆有所养。男有分，女有归。货恶其弃于地也，不必藏于己；力恶其不出于身也，不必为己。是故谋闭而不兴，盗窃乱贼而不作，故外户而不闭，是谓大同。

　　　　　　　　　　　　　　　　　　　　　　　——《礼记·礼运篇》

　　"天下为公"是中国古代先圣先贤的价值理想和价值目标，"大同"社会是人类对于美好社会的普遍憧憬和意愿。在"大同"社会中，选择有贤德和有能

力的人来担任统治者，每个人都有劳动工作的机会和权利。人和人之间泛爱众、兼相爱，对待他人也像爱自己的亲人和子女一样，呈现终极和谐的社会场景。康有为在此基础上曾作《大同书》，认为："大同之世，天下为公，无有阶级，一切平等。"习近平总书记在纪念孙中山先生诞辰150周年大会上高度评价孙中山先生，称其"一生坚持以'天下为公'为最高思想境界，致力于'除去人民的那些忧愁，替人民谋幸福'，对此矢志不移、无比坚定"，号召大家"要学习孙中山先生天下为公、心系民众的博大情怀"。

2017年12月1日，中共中央总书记、国家主席习近平出席中国共产党与世界政党高层对话会开幕式，并发表题为《携手建设更加美好的世界》的主旨讲话。在主旨讲话中，习近平主席指出："中华民族历来讲求'天下一家'，主张民胞物与、协和万邦、天下大同，憧憬'大道之行，天下为公'的美好世界。"[1]以上述观念为代表的中华优秀思想文化资源，赋以新时代的要求，共同构成了人类命运共同体的文化根基和源泉。

因此，早在2011年9月《中国的和平发展》白皮书中，命运共同体作为中国面向世界的新视角出现的时候就和文明紧紧地联系在一起："要以命运共同体的新视角，以同舟共济、合作共赢的新理念，寻求多元文明交流互鉴的新局面。"2013年3月，习近平总书记在莫斯科国际关系学院发表演讲，首次向世界阐述国际观、全球观："这个世界，各国相互联系、相互依存的程度空前加深，人类生活在同一个地球村里，生活在历史和现实交汇的同一个时空里，越来越成为你中有我、我中有你的命运共同体。"然后在越来越多的国际舞台上，习近平总书记更多地把"人类命运共同体"这个词汇，这个理念推向全世界。2017年1月18日在联合国日内瓦总部，习近平主席发表演讲，对世界发展进程的描绘中就明确提到要"让文明的光芒熠熠生辉"，中国提出的方案就是"构建人类命运共同体，实现共赢共享"，并期待国际社会从伙伴关系、安

1　习近平：《携手建设更加美好的世界》（2017年12月1日），《论坚持推动构建人类命运共同体》，中央文献出版社2018年版，第509—510页。

全格局、经济发展、文明交流和生态建设等方面做出努力：

坚持对话协商，建设一个持久和平的世界。

坚持共建共享，建设一个普遍安全的世界。

坚持合作共赢，建设一个共同繁荣的世界。

坚持交流互鉴，建设一个开放包容的世界。

坚持绿色低碳，建设一个清洁美丽的世界。

总之，人类命运共同体理念充分体现了中国智慧，和中华民族文明和优秀传统文化同源共生。"构建人类命运共同体"相继被写入党章和宪法，是习近平新时代中国特色社会主义思想的重要内容，它以促进和而不同、兼收并蓄的文明交流为基础，不仅代表着中国对世界未来的一个信念，也是向世界宣布中国愿意承担一份责任。这里面蕴含着文明的思考，需要文化的支撑。因此我们文化工作者责无旁贷，理应砥砺前行。

北宋"东州逸党"与泰山文化

谭景玉

山东大学

北宋真宗和仁宗时，在深受以开放活泼为特征的齐文化传统影响的京东地区，出现了以齐州（今山东济南）人范讽为领袖的被称为"东州逸党"的文人群体，成员主要有石延年、刘潜、贾同、王樵、李冠、李芝、刘颜、释秘演等，另有一些人与他们往来甚密，至少可视为逸党之同调，如张方平、李迪、高弁等。逸党成员以喜欢豪饮，生活放达不羁，性情豪旷奔放著称，其文学总体上表现出雄壮豪迈的风格，学术上表现出了一些新的倾向，如"不治章句"，开始突破汉学章句注疏的旧传统，向义理之学转变；对经典提出怀疑，尊崇孟子，主张道统之说等。逸党在当时影响很大，"斯人之一唱，翕然天下随。斯人之一趋，靡然天下驰"[1]。

迄今为止，学界对东州逸党关注不多，已有的研究多是讨论其文学成就，对其学术亦有简要论述[2]，但对其和北宋京东地区社会文化的关系很少讨论。本文将关注点集中于与齐州邻近的泰山地区，就东州逸党与泰山文化的关系作一

---

1 （宋）颜太初：《东州逸党》，载（宋）吕祖谦编《宋文鉴》卷一六，中华书局 1992 年版，第 219 页。

2 主要论文有张富祥：《宋初"东州逸党"与齐鲁文化遗风》，《山东师大学报（社会科学版）》1991 年第 1 期；崔海正：《北宋"东州逸党"考论》，《武汉大学学报（人文科学版）》2003 年第 4 期；程杰：《北宋京东文人群体及其诗文革新实践》，《文学遗产》1996 年第 3 期；马银华：《"东州逸党"诗人群创作考论》，《河北学刊》2009 年第 4 期。笔者在张熙惟主编的《济南通史·宋金元卷》（齐鲁书社 2008 年版）和徐长玉主编的《山东区域文化通览·济南文化通览》（山东人民出版社 2012 年版）等著作中均曾论及东州逸党的文学和学术成就及影响。

初步讨论。这不仅有助于我们认识东州逸党兴起的原因及影响，而且有助于我们更深入地了解北宋泰山对周边社会文化的影响。

一

《宋史·范讽传》称：

> 讽字补之，以荫补将作监主簿，献《东封赋》，迁太常寺奉礼郎。又献所为文，召试入等，出知平阴县。会河决王陵埽，水去而土肥，失阡陌，田讼不能决，讽分别疆畔，著为券，民持去不复争。

澶渊之盟后，宋真宗为树立"德绥海内"的形象，制造祥瑞，东封西祀，鼓励臣民作赋献颂以宣扬"承平之景"和"天子圣德"，使献赋歌颂之风大盛，直到仁宗庆历新政时方才结束。[1]大中祥符元年（1008）十月庚寅，封禅出行以前，"诏以御史中丞王嗣宗摄御史大夫，为考制度使，右正言、知制诰周起摄中丞，为副使，所经州县，采访民间不便事并市物之价，车服、权衡、度量不如法者，举仪制禁之；有奇才异行隐沦不仕者，与所属长吏论荐，鳏寡茕独不能自存者，量加赈恤；官吏政绩尤异、民受其惠，及不守廉隅、昧于政理者，孝子顺孙义夫节妇为乡里所称者，并条析以闻；官吏知民间利病者，亦为录奏"[2]。由此，宋真宗东巡途中，不断有人随驾献文、献颂以歌功颂德，皇帝择其文辞尤佳者召试，中等者特赐进士及第、出身、同出身或是升转官职。[3]这一献文风潮一直持续到第二年。大中祥符二年（1009）六月，因"东封岁献文者

---

1 参见马言《北宋献赋颂扬风尚及其成因》，《辽东学院学报（社会科学版）》2017年第1期。

2 （宋）李焘：《续资治通鉴长编》卷七十，大中祥符元年十月庚寅条，中华书局2004年版，第1567—1568页。

3 参见王丽《"文德治世"：宋代献文召试制度考述》，《河南大学学报（社会科学版）》2014年第2期。

甚众"[1]，还命近臣考第，择优授予进士及第、出身。范讽之所以在大中祥符二年
（1009）春知平阴县，是因为此前他向朝廷献文，获得召试并合格；再往前，
他还因献《东封赋》，获迁太常寺奉礼郎。范讽向朝廷献文并获得召试应在大
中祥符元年（1008）年底或大中祥符二年（1009）年初；至于献《东封赋》，
很可能是在宋真宗东巡途中。

范讽初以荫补入仕，时间当在其父范正辞于真宗初年升为从五品的膳部郎
中以后，到大中祥符元年（1008）至少已有六七年的时间。这期间，其未获差
遣。大中祥符初年，他抓住宋真宗东封泰山的时机通过两次向朝廷献文，不仅
得以晋升寄禄官阶，更获得了知平阴县的差遣，后又考中进士，仕途变得光
明起来。范讽的这一做法颇为符合《宋史》对他"捭阖图进，不守名检"[2]的评
价，有助于我们加深对范讽其人性格的认识。总之，宋真宗东封泰山为范讽提
供了良好的机遇，使之由一名通过荫补入仕而只有虚衔者获得了主政一县的差
遣，从而为其日后仕途的晋升奠定了基础。

二

北宋大中祥符二年（1009）春，范讽出知平阴县。今天可看到他在平阴任
上所撰的《重修左传精舍记》一文[3]，现将全文录下：

> 昔孔子作《春秋》，左氏为传，《论语》尝称其与己同耻也。孔子既
> 没，凌夷以至战国，卒遭秦火，不独微言绝而大义乖，并姓氏亦属渺茫。
> 或以为传《春秋》者别一左氏，然窃考之史记，迁书最为近古，而《自

1　（宋）李焘：《续资治通鉴长编》卷七十一，大中祥符二年六月壬辰条，中华书局 2004 年版，第
　　1610 页。

2　（元）脱脱等：《宋史》卷三〇四《范讽传》，中华书局 1985 年版，第 10064 页。

3　范讽无诗文集传世，其诗文流传到今天的很少，本文见于山东省曲阜市文物管理委员会孔府档案馆
　　藏清乾嘉时抄本《左传精舍志》，可补《全宋文》之缺。参见谭景玉《新见北宋范讽散佚诗文述略》，
　　载姜锡东主编《宋史研究论丛》第 22 辑，科学出版社 2018 年版，第 332—343 页。

叙》"与上大夫壶遂问答"及《报任安书》并言"左邱失明，乃传《国语》"。然则《论语》所称与传《春秋》者，其为一人无疑也，且以《论语》所载门弟子之例考之，凡有学行，率见揄扬。左氏网旧闻，窥寻微显，错综二百四十二年事了如指掌，视于《春秋》之成不能赞一词者为有功焉。

祥符元年冬十月，天子有事于封禅。礼既毕，因幸曲阜，以太牢祀孔子，追封文宣王。凡属先贤后裔，咸加恩宠。追封左子为瑕丘伯，授其四十七代孙邱芳衣巾，以主祀事，褒宠攸隆。

二年春，余承命来莅兹邑，知县之东古肥子国地即左子故里，古庙犹存。访其遗迹，知此即为传《春秋》之处，故名曰"左传精舍"。洁奠，下询其居守子孙，则后裔邱芳携其旧谱而至。问其家世，乃避新莽之乱，去"左"袭"邱"以自晦。因知古人姓氏几为变迁，非得已也。观其庙貌渐颓，因为之重新焉。数月告竣，故为论叙如右，而寿之于贞珉。

范讽在上文中对左丘明的成就、故里及后裔等做了论述，有如下几个方面值得关注。

第一，对于《左传》作者的认识。

一般认为《左传》作者为春秋末年鲁国人左丘明，其书为传《春秋》而作，但从唐代的赵匡开始，提出了《左传》作者另有其人的观点，对宋代《春秋》学有很大影响。[1] 虽然宋代《春秋》学比较兴盛，但也表现出明显的阶段性特征，真宗朝以前的《春秋》学延续了五代以来的学术传统，主流依然是《春秋左传》学[2]，主要学术观点也是传统的认识。范讽的观点遵循了《春秋左传》学的传统主流认识，未像颜太初对"东州逸党"的批评，"六籍被诋诃，三皇

1　参见（清）段玉裁《经韵楼集》卷四《驳山东巡抚请以邱姓人充先贤左邱明后博士议代礼部》，清嘉庆十九年（1814）刻本，第 23 页。

2　参见葛焕礼《尊经重义：唐代中叶至北宋末年的新〈春秋〉学》，山东大学出版社 2011 年版，第 64 页。

遭毁訾"[1]。

今还存有范讽在知平阴县任时所作的两首题为《谒左氏祠》的诗，其一曰：

> 锁院清风竹半扃，为知左氏留遗型。
>
> 声销啼鸠人千古，泪洒钼麟抱一经。
>
> 铁笔绽秋连瓦碧，丹心月照冷苔清。
>
> 封章曾历汉唐旧，奕奕长留俎豆馨。

其二曰：

> 春秋大义谁能扬，萧飒松风荫一堂。
>
> 此日渊源垂斧衮，当年笔削见羹墙。
>
> 烟寒青镂铭青史，声重素臣配素王。
>
> 庙貌巍峨犹如昨，文明博得千秋香。[2]

上述两首诗指出了左丘明在思想文化史上的贡献和巨大影响。

北宋初年，京东地区儒学发达，士人多重经学，《宋史·地理志》就称"东人"中"专经之士为多"。直到宋仁宗景祐年间以前，"齐鲁举子尚多以一经决科"[3]。范讽家族亦有治《春秋》学的传统，其父范正辞即长于《春秋》学，《宋史》本传称其"治《春秋公羊》《穀梁》"[4]，并以之在诸科试中登第而出仕。

---

1 （宋）颜太初：《东州逸党》，载（宋）吕祖谦编《宋文鉴》卷一六，中华书局 1992 年版，第 219 页。

2 此两首诗见于 2014 年 11 月在山东省肥城市新城街道陈留村发现的邱仲霖 1952 年抄本。参见谭景玉《新见北宋范讽散佚诗文述略》，载姜锡东主编《宋史研究论丛》第 22 辑，科学出版社 2018 年版，第 332—343 页。

3 （宋）李格非：《宋故中散大夫致仕贺公墓铭并序》，载韩明祥编著《济南历代墓志铭》，黄河出版社 2002 年版，第 73 页。

4 （元）脱脱等：《宋史》卷三百四《范正辞传》，中华书局 1985 年版，第 10059 页。

通过上引文可知范讽在《春秋》学方面也有一定的素养，至于其除《左传》学外，是否也通《公羊》和《穀梁》之学尚不可知。

第二，宋真宗封禅泰山往返途中对儒家先贤的追封。

大中祥符元年（1008），宋真宗封禅泰山，在回銮途中特意到曲阜祭祀文宣王。李焘的《续资治通鉴长编》有较详细的记载。据该书，十一月初一这一天，"上服靴袍诣文宣王庙酌献。庙内外设黄麾仗，孔氏家属陪列。有司定仪止肃揖，上特再拜。又幸叔梁纥堂。命刑部尚书温仲舒等分奠七十二子、先儒暨叔梁纥、颜氏，上制赞刻石庙中。复幸孔林，以树木拥道，降舆乘马，至文宣王墓奠拜，诏加谥曰玄圣文宣王，祝文进署，仍修葺祠宇，给近便十户奉茔庙。又诏留亲奠祭器。翌日，又遣吏部尚书张齐贤等以太牢致祭，赐其家钱三十万、帛三百匹。以四十六世孙、同学究出身圣佑为奉礼郎，近属授官及赐出身者六人"[1]。这里主要记述了宋真宗对孔子的祭祀及对其后裔等的封赠，也记述了对孔门弟子及先儒的祭祀。

大中祥符二年（1009）五月初一，"诏追封孔子弟子兖公颜回为国公，费侯闵损等九人为郡公，成伯曾参等六十二人为列侯，宰相群官分撰赞"[2]；七月戊寅，"诏封玄圣文宣王庙配享先儒鲁史左丘明等十九人爵为伯，赠兰亭侯王肃司空，当阳侯杜预司徒，命近臣各撰赞"[3]。李焘的《续资治通鉴长编》只是概述了对"七十二子""先儒"的封赠情况，欧阳修撰《太常因革礼》卷二《总例二·神位下》引《国朝会要》对此有详记：

大中祥符二年五月，诏赠兖公颜回进封兖国公；闵损等九人进封公，

损封琅琊公，冉耕封东平公，冉雍封下邳公，宰予封临淄公，端木赐封黎

---

1 （宋）李焘：《续资治通鉴长编》卷七十，大中祥符元年十一月戊午朔条，中华书局 2004 年版，第 1574 页。

2 （宋）李焘：《续资治通鉴长编》卷七十一，大中祥符二年五月乙卯朔条，中华书局 2004 年版，第 1605 页。

3 （宋）李焘：《续资治通鉴长编》卷七十二，大中祥符二年七月戊寅朔条，中华书局 2004 年版，第 1625 页。

阳公，冉求封彭城公，仲由封河内公，言偃封丹阳公，卜商封河东公；赠成伯曾参等六十二人进封侯，参封瑕丘侯，颛孙师封宛丘侯，澹台灭明金乡侯，宓不齐封单父侯，原宪封任城侯，公冶长封高密侯，南宫括封龚邱侯，公皙哀封北海侯，曾点封莱芜侯，颜无繇封曲阜侯，商瞿封须昌侯，高柴封共城侯，漆雕开封平舆侯，公伯寮封寿张侯，司马耕封楚邱侯，樊须封益都侯，有若封平阴侯，公西赤封巨野侯，巫马施封东阿侯，陈亢封南顿侯，梁鳣封千乘侯，颜幸封阳谷侯，冉孺封临沂侯，曹恤封上蔡侯，公孙龙封支江侯，颜骄封雷泽侯，漆雕哆封濮阳侯，商泽封邹平侯，狄黑封林虑侯，公西蒧封徐城侯，孔忠封郓城侯，邽巽封高堂侯，叔仲会封博平侯，公西舆如封临朐侯，颜何封棠邑侯，施常封临濮侯，颜之仆封冤句侯，步叔乘封博昌侯，颜哙封济阴侯，秦非封华亭侯，郑国封朐山侯，燕伋封汧源侯，左人郢封南华侯，县成封武城侯，荣旂封厌次侯，公祖句兹封即墨侯，申党封淄川侯，奚容蒧封济阳侯，秦宁封新息侯，蘧瑗封内黄侯，琴张封顿邱侯，伯虔封沐阳侯，冉季封诸城侯，秦祖封鄄城侯，申枨封文登侯，漆雕徒父封高苑侯，壤驷赤封上邽侯，林放封长山侯，石作蜀封成纪侯，任不齐封当阳侯，句井疆封滏阳侯，公良孺封牟平侯。

七月戊寅，诏封玄圣文宣王庙配享先儒，左丘明赠瑕丘伯，齐人公羊高封临淄伯，谷梁赤封龚丘伯，秦博士伏胜封乘氏伯，汉博士高堂生封莱芜伯，汉九江太守戴胜封楚江伯，汉河间博士毛苌封乐寿伯，汉临淄太守孔安国封曲阜伯，汉中垒校尉刘向封彭城伯，后汉大司农郑众封中牟伯，后汉河南人杜子春封缑氏伯，后汉南郡太守马融赠扶风伯，后汉北中郎将卢植封良乡伯，后汉大司农郑玄封高密伯，后汉九江太守服虔封荣阳伯，后汉侍中贾逵封岐阳伯，后汉谏议大夫何休封任城伯，魏大将军王肃赠司空，魏尚书郎王弼赠偃师伯，晋镇南大将军杜预赠司徒，晋豫章太守范宁封新野伯，分祀两庑。

以上史料只是记载了当时对先贤的封号，并未涉及封赠的相关制度。据前引范讽文可知，当时对先贤后裔亦有封赏，目的是让其主持祭祀，"凡属先贤后裔，咸加恩宠。追封左子为瑕丘伯，授其四十七代孙邱芳衣巾，以主祀事，褒宠攸隆"。除左丘明后裔外，其他先贤后裔的封赏情况尚待详考。

宋真宗的东封西祀不仅是一场试图以大规模的封祀礼仪来证明赵宋皇权的合法性、合理性和权威性的"神道设教"活动，而且是礼治社会整合和调适统治阶级政治秩序、强化意识形态和构建精神信仰的一场思想运动。[1] 封禅完毕后到曲阜祭祀孔子及祭祀、追赠其他儒家先贤的活动也是这场运动的组成部分。封禅的地点在泰山，大量儒家先贤的故里都在以曲阜为中心的京东地区，京东社会及齐鲁文化的发展由此受到了深刻影响，对此尚待进一步讨论。

第三，关于左丘明故里、墓址及其后裔的认识。

对左丘明的故里和墓址，历来多有争议。前引范讽文称其在北宋平阴县东"古肥子国地"。《汉书·地理志》引应劭之说称西汉肥城县即古肥子国。该县置废不常，宋代该县地土分属奉符和平阴县，故范讽以知平阴县主持修复了境内的左传精舍。今天所见关于左丘明墓最早的记载出于《魏书·地形志》，即认为其位于今肥城（当时称"富城"），唐代地理总志《元和郡县图志》和宋初成书的地理总志《太平寰宇记》都有相同记载。前引范讽文较详细地记述了宋代左丘明故里、祠庙的情况，为研究左丘明故里提供了重要史料。

对于左丘明后裔究竟姓左还是姓邱的问题，历来受到学界重视。因为它不仅涉及哪一个姓是左丘明嫡裔，更关系到左丘明是姓左、姓丘还是姓左丘的问题。前引范讽文提供了一种说法，即其后裔"避新莽之乱"，不得已"去'左'袭'邱'以自晦"，得到不少学者的认可。[2]

综上所述，范讽家族有研治《春秋》的传统，其本人对《左传》应有一定

1　参见何平立《宋真宗"东封西祀"略论》，《学术月刊》2005年第2期。

2　参见张为民、王钧林《左丘明姓氏推考》，《管子学刊》2001年第1期；张汉东《左丘明与都君邱氏——〈左传精舍志〉资料分析》，《管子学刊》2001年第1期；耿天勤《左丘明及其后裔姓氏考》，《山东师范大学学报（人文社会科学版）》2009年第2期。

的研究，相关观点符合当时的学术主流，尤其是他关于左丘明故里和墓址的认定及对其后裔在北宋时期状况的介绍，为今天确定左丘明故里在今肥城境内提供了重要依据。这是范讽对泰山文化的一个重要贡献，今存《左传精舍志》抄本有的署作"齐州范讽原辑"，虽然不当[1]，却恰恰反映了范讽对左丘明研究的贡献。

三

东州逸党存在的时间不是很长，大致到庆历元年（1041）石延年去世即告结束，但其成员与稍后在京东地区兴起的泰山学派有密切的联系，对其产生了深刻影响，并通过这种影响凸显了自身在宋代文化史和学术史上的意义。

要具体探讨东州逸党对泰山学派的影响，需要从其成员的交游谈起。在东州逸党成员的交游中，最重要的当数泰山学派的孙复、石介等人。

孙复是李迪的侄女婿，李迪与范讽是姻亲，故孙复与范讽有不浅的交往。石介是泰山学派宗主，与范讽交往很多，现存其文集中就收录了他给范讽的三封书信及给范讽儿子的数封书信，极力向范讽介绍士建中等，希望他能对京东士人多加提携。

石介与石延年也多所交往，交谊颇厚。他曾遵石延年嘱托为其诗集写序，盛赞石延年的诗歌。石介称"近世作者，石曼卿之诗，欧阳永叔之文辞，杜师雄之歌篇，豪于一代矣"[2]，如其《偶成》之二：

年去年来来去忙，为他人作嫁衣裳。

1　参见谭景玉《新见北宋范讽散佚诗文述略》，载姜锡东主编《宋史研究论丛》第22辑，科学出版社2018年版，第332—343页。

2　（宋）石介著，陈植锷点校：《徂徕石先生文集》卷二《三豪诗送杜默师雄并序》，中华书局1984年版，第13页。

仰天大笑出门去，独对春风舞一场。[1]

该诗第三句尽显其豪迈之情，无愧于石介对他的"豪于一代"之誉。

石介对贾同也很尊崇。宋仁宗宝元元年（1038），石介在剑门读了贾同通判绵州时留题的诗石后，写下了《剑门读贾公疎诗石》：

剑门驻马立踟蹰，读尽新篇味有余。

关令多情兼好事，诗名留得贾公疎。[2]

石介还称儒家道统自韩愈以后的 300 多年间，有"柳仲涂、孙汉公、张晦之、贾公疎，祖述吏部而师尊之"[3]，将贾同视为北宋前期传承儒家道统的重要人物。

石介的为人和作风亦深受"逸党"之风的浸染。东州逸党人物关心国计民生，敢言无顾忌，豪旷奔放的性格在石介身上也很突出。欧阳修就称石介"貌厚而气完，学笃而志大，虽在畎亩，不忘天下之忧"[4]。庆历新政之初，他写成九百余言的长诗《庆历圣德颂》，以爱憎分明的态度鞭挞尸位素餐的保守派，热情歌颂范仲淹等新政的领袖人物，为改革大造舆论。这首"别白邪正甚详"的政治诗一问世，立刻震惊了朝野上下，由此出现了许多抨击他的言论，不少人都要将其置于死地而后快。

总之，由于地缘上的临近，加之双方成员的相互交往，东州逸党对泰山学派的学术和文学都产生了深刻影响。

首先是学术上的影响。从整个宋学来看，由章句注疏转向寻求义理、疑经思潮及标榜自己承续孔孟之道统都是其极为突出的特征。"逸党"学者顺应了

---

1 北京大学古文献研究所编：《全宋诗》卷一七六，北京大学出版社 1991 年版，第 2009 页。

2 （宋）石介著，陈植锷点校《徂徕石先生文集》卷四，中华书局 1984 年版，第 57 页。

3 （宋）石介著，陈植锷点校《徂徕石先生文集》卷七《尊韩》，中华书局 1984 年版，第 79 页。

4 李逸安点校：《欧阳修全集》卷三四《徂徕石先生墓志铭》，中华书局 2001 年版，第 506 页。

唐宋之际学术发展的大势，在治学上表现出了一些新的倾向，如"不治章句"，开始突破汉学章句注疏的旧传统，向义理之学转变；对经典提出怀疑，尊崇孟子，主张道统之说等。虽在东州逸党之前，已有柳开等个别学者在治学上表现出上述倾向，"逸党"学者虽不是开宋学风气之先者，其治学方法亦处于守旧与革新的过渡阶段，却是宋学初兴阶段的重要推动力量。东州逸党在学术上的这些倾向到稍后的泰山学派更为突出，并成为宋学奠基者——泰山学派学术上的重要特色之一。

其次是文学上的影响。由于东州逸党成员诗文存世不多，此处只论述东州逸党的豪迈文风对齐鲁文坛的影响。石介深受东州逸党豪放诗风的浸染，其诗歌多因事而发，以政治时事为主题，如长诗《庆历圣德颂》即为庆历新政造舆论而作。再如其《寄沛县梁子高》之"醉读兵韬斗龙豹，闲抽宝剑舞星辰"，《喜雨》之"天捉乖龙鞭见血，雷驱和气泄为霖"等诗句都可表现石介的豪迈诗风。在东州逸党及石介等的影响下，齐鲁诗坛的豪放之风日甚一日。"皇祐以后，时人作诗尚豪放，甚者粗俗强恶，遂以成风"[1]，这种风气在京东地区尤为明显。苏轼在评价石介弟子杜默"豪于歌"时说：

> 默之歌少见于世，初不知之，后闻其篇云："学海波中老龙，圣人门前大虫，推倒杨朱、墨翟，扶起仲尼、周公。"皆此等语……观杜默豪气，正是京东学究，饮私酒，食瘴死牛肉，醉饱后所发者也。[2]

四

综上所述，范讽为领袖的东州逸党与泰山文化有密切关系，其或者利用统

---

1 （宋）魏泰撰，李裕民点校：《东轩笔录》卷一一，中华书局 1983 年版，第 128 页。

2 （宋）胡仔纂集，廖德明校点：《苕溪渔隐丛话·前集》卷二五，人民文学出版社 1962 年版，第 174 页。

治者对泰山神圣地位的重视谋求自身仕途的晋升，或者对泰山文化的一些具体问题有重要论述，或对稍后的宋学的奠基者泰山学派有重要影响，并通过这种影响凸显了自身在宋代文化史和学术史上的意义。

通过东州逸党的发展与泰山文化关系的论述，我们也可看到具有神圣地位的泰山对于其所在的北宋京东社会文化的重要影响，并可得到一些启示。

第一，对泰山文化的研究必须扩大视野，跳出泰山研究泰山。宋真宗时，京东地区像范讽那样借皇帝封禅泰山之机进献歌功颂德之文者不在少数，范讽也非唯一获得出身或得以晋升者。这启发我们可系统搜集相关人物的事迹，考察其在北宋政坛及文化领域的成就，从而更好地说明真宗泰山封禅给京东士人带来的重要机遇及对京东社会发展的影响。对泰山封禅的研究除了关注封禅本身的问题外，也要关注皇帝沿途之作为及其影响，如前述宋真宗封禅泰山往返途中对儒家先贤的追封，从而更全面深入地把握封禅对北宋政治、社会的意义。

第二，山东各地目前都很重视地方文化的发掘，一些地级市已出版了全面记述该地区历史发展的通史性著述，如《济南通史》《聊城通史》《滨州通史》等，还有一些县市也出版了类似著述，目前还有《泰安通史》《淄博通史》《新泰通史》等著作正在撰写中，但这些著述的空间范围往往以今天的行政区划为界限，而古今行政区划变动很大，从而导致一些问题尤其是社会文化史的问题不易深入，影响了对该地区历史发展进程的准确把握。比较好的做法应该是在一定程度上突破今天行政区划的界限，借鉴区域社会史研究中对"区域"的选定，或以文化区为单位进行。《济南通史》不能不写"泰山学派"，《泰安通史》不能忽略"东州逸党"。

泰山府君祭：中国道教对古日本信仰之影响

王　静

华侨大学

相较于日本对佛教与儒家思想的受容与认可，中国道教思想是否曾对日本文化产生较大影响的问题，一直是学界争议的焦点。虽然日本学者对道教的研究颇多，成果亦颇丰，但其主旨多是通过道教研究来认知中国文化，鲜有以道教对日本文化的影响为切入点的有力论证。部分日本学者否认道教信仰对日本古文化的诸多影响。例如，福井文雅在其编著的《道教事典》中不仅否定道教对日本古代文化的影响，甚至直接否认道教曾传入日本。日本历史学家津田左右吉认为，虽然中国道教的部分知识传入了日本，但没有在日本人的生活世界产生影响并形成信仰。笔者则试图通过对泰山府君祭的道教属性的解读，探讨道教思想对古日本文化的影响。

一、祭文具备道教属性

"泰山府君"是泰山神之一，其称谓始见于东晋《搜神记》，最初源于人们的自然崇拜，后作为道教神仙信仰的形式存在。在中国，泰山府君称谓历经多次变更，魏晋时期为"泰山府君"，唐代为"天齐王"，宋代为"东岳大帝"，明清时期为"碧霞元君"。东汉时期已有"魂归泰山"之说，魏晋年间，泰山府君被认为是主管地府、治理鬼魂之神。泰山府君信仰传入日本后，其被信众当作具有掌管生死与荣辱法力之神。该信仰与佛教融合后，泰山府君被认为是阎魔王的侍者。从平安朝到明治时期的近千年时间内，关于日本天皇、上层贵族和武士的泰山府君祭祀的记载共有 400 余次，由此可见泰山府君在古日本信仰文化中占据着重要的地位。

泰山府君祭的"都状"是施祭者向诸神表达祭祀、祈愿目的的路径之一。与日本佛教中的"愿文"及神道教中的"祓词"形式相通，均为"祭文"的异称。祭文在祭祀者内心具有通神性，故其内容表述真实可靠。相较于通过经后人编撰、流变的书籍来考证日本泰山府君信仰，都状无疑更能直接、客观地反映祭祀者的真实诉求与信仰。天皇与贵族施祭的泰山府君都状中，多次出现"息灾延命""长生久视""保万福于百年之间"等道教思想祷词。例如，位居官阶正四位右大辨的藤原伊房，为救治重病爱女而祭祀泰山府君的祭文中有"三壶闻名，宁觅仙药于蓬岛之月"一句，与道教经典《抱朴子内篇》中的"丹药"思想如出一辙；藤原实行在祈求高升的祭文中有"藐姑射之春华，唯喜德馨之及家园"，其中的"藐姑射山"出典于道家经文《庄子·逍遥游》，本意指远方有神人居住的仙山，在祭文中则喻指太上皇的御所，并借此祝愿太上皇能够像神仙一样长寿。由此可见，泰山府君祭祀目的的多与道教中的消灾祛病、长生不死等信仰相关，异于佛教的涅槃灭度。此外，泰山府君都状采用"黄纸朱书"的写作形式，与道教上章时使用的"黄表"形式类同。

二、祭祀神灵多为道教神仙

泰山府君祭主要祭祀十二座冥道神，即"泰山府君""阎罗天子""五道大神""天官""地官""水官""司命""司禄""本命""同路将军""土地灵祇""家亲文人"。日本学界普遍认为以上诸神源自佛教的"十王信仰"。

然而，笔者经考证后认为，此十二冥神多出自中国的民间信仰，与道教之神同源。例如，"天官""地官""水官"合称"三官大帝"，为道教斋醮仪式中不可或缺的解厄除灾之神灵；"司命"为《北斗经》《太平经》与《云笈七签》等道书中掌管人的生命之神；"司禄"源于民间信仰的文昌帝君、梓潼神，在道教思想影响下转变为掌握功名利禄之神灵；"本命"神源于中国民间的"求顺星"，后道教将其发展为"六十甲子""六十元辰"之信仰，且设"本命醮"祭祀本命神，其在早期道教典籍《太上玄灵北斗本命延生真经》中被视为支配人的命运之神；"家亲文人"属传抄中的笔误，应为"家亲丈人"，是道教与中国民间信仰融合后产生的一种祖先崇拜形式。此外，从日本平安后期阴阳师主持的四十余种阴阳道祭祀的名称（如天曹地府祭、本命祭、招魂祭、太阴祭、土公祭等）来看，所祭祀神灵也多为中国的道教神仙。故而，某些日本学者把十二座冥道神归于佛教之神确有不当之处。

三、祭祀与章醮相似

日本泰山府君祭祀的行使者为阴阳师，而道教章醮的执行人一般为"高功"，二者虽有各自特点，但阴阳师与道教高功在职司上具有重叠之处。从事祭祀的阴阳师虽没有"道观"，但其归由政府主导的阴阳寮机构管辖，二者均在团体组织下行使宗教事宜。阴阳师除了负责祭祀，还掌管着漏刻、天文等技术，其职责范围与早期道教高功相近。东京博物馆所藏《不动利益缘起绘卷》（14世纪）中的一幅图描述了泰山府君祭祀场景：穿着官服的阴阳师席地而坐诵读着都状，其旁边燃着一堆柴火，正对面摆放着长条供桌，桌上摆着用纸扎成的"银钱""白绢"等贡品，桌子前上沿粘着画有"鞍马""勇奴"等的纸符。整个祭祀场景与《隋书·经籍志》记载的道教章醮仪式类似，"并具赞币，烧香陈读。云奏上天曹，请为除厄，谓之上章。夜中，于星辰之下，陈设酒脯饼饵币物，历祀天皇太一，祀五星列宿，为书如上章仪以奏之，名之为醮"。泰山府君祭祀时间多为"月星见，天与善谓哉"，与道教章醮时间"夜中，于星辰之下"亦相似。

由此可见，泰山府君祭祀的都状内容、神仙思想、祭祀过程等均蕴含着浓郁的道教文化印迹。据此可推测，至少在日本平安朝时期道教思想已开始影响天皇和贵族的个人生活，并证实了在平安时期，中国道教信仰对日本文化确有浸染之处。

　　历史上，日本常参照周边强盛国家文化来发展自身文化，古代中国曾对日本文化产生过深远的影响。随着近代中国的衰落与西方列强的崛起，日本学习的目光由中国转向了欧美。尤其是明治维新之后，日本"放弃儒教精神，脱离中国思想，吸收学习西方文明"的"脱亚"思想盛行。受此思想的影响，日本学者对诸多历史文化遗产采取了规避中国化的倾向，在思想史研究方面，更是尽量剔除道教文化的影响。诚然，日本在吸收中国传统文化的过程中不乏创新，但也应尊重历史上的文化传播事实。

泰山文化在越南

夏　露

北京大学

前　言

　　越南地处东南亚，但在其长期的历史发展过程中，与朝鲜半岛、日本列岛一样，属于东亚汉文化圈。比较而言，越南所受中国的文化影响是最深的，以至于西方有些学者在研究越南传统文化之后，认为它简直就是"中国大树上掉下来的一枚果子"。这种评价虽然未必准确，却形象地反映了中越文化悠久而密切的关系。1597 年越南黎朝政治家、文学家冯克宽在明神宗寿辰时出使明朝，与来使燕京的朝鲜使臣李晔光在诗歌唱酬中写下了"彼此虽殊山海域，渊源同一圣贤书"的诗句，可见当时的东亚地区非常认同以孔子为代表的儒家思想文化。

　　早在秦汉之际，中国就在现今越南北部地区设郡县进行直接统治。自秦汉至唐末，越南历史实与中国一体，唐末五代十国分裂之际，越南于 938 年趁机建立地方割据政权，并于 968 年建立第一个封建王朝丁朝，开启了独立建国的道路。但丁朝建立之后不久就于 973 年遣使入宋，与宋朝建立了宗藩关系。这种宗藩关系一直持续到 1885 年《中法条约》签订之后清朝承认法国对越南的统治为止。无论在郡县时期还是在自主建国近千年的封建时期，越南的政治、经济、文化都深受中国影响。特别是中央集权制度和在此基础上的科举制度，在越南影响深远，法国统治越南之后都没敢立刻取消科举制度，直到1919年才正式将其废止。在漫长的历史中，越南读书人与中国读书人一样学习"四书五经"，熟悉《孟子》中"孔子登东山而小鲁，登泰山而小天下"的经典语句；熟悉杜甫的《望岳》等相关诗文。作为中国文化史的一个局部缩影的泰山曾经长期在越南享有很高的知名度，历代出使中国的越南使臣都非常熟悉泰山文化。因着历史的关系，泰山山岳文化对越南的山岳文化有着深远的影响，越南各地也有不少泰山寺。越南人的日常生活及风俗信仰中也留有泰山文化的烙印。

一、越南安子山山岳文化与泰山

泰山是中国的国山，虽然海拔并非最高，但因其气势雄伟及浓厚的文化氛围被誉为五岳之首，成为中华民族精神的象征之一。无独有偶，越南也有一座类似泰山地位的圣山——安子山（núi YênTử）。与泰山一样，这座山也是融合儒释道三教的名山。

越南国土在地图上看是一个"S"形，人们常用"一根扁担挑着两个谷筐"来形容越南地形全貌，其中"扁担"指的是长山山脉，"两个谷筐"指的是北方的红河平原和南方的湄公河平原。可见越南是一个多山的国家，高山峻岭，起伏连绵，山地面积约占全国总面积的四分之三。安子山位于与中国广西接壤的越南广宁省北部山区。在越南史籍中，最早记录安子山的是黎崱（约1260—1340）的《安南志略》。

安子山：一名安山，或名象山。高出云雨之上。宋皇佑初，处州大中祥符官赐紫衣洞渊大师李思聪，进《海岳名山图》并赞咏诗云：第四福地在交州安子山。

数朵奇峰登新绿，

一枝岩溜嫩接蓝。

跨鸾仙子修真处，

时见龙下戏碧潭。[1]

　　此处言"第四福地"，可见与道教有关，而"交州"一词沿用了唐代对这一地区的建制。在我国史籍中，唐人杜光庭《洞天福地记》列出的七十二福地中就有"安山——在交州北，安期生先生隐处，属先生治之"。可见，安子山是中国唐代的七十二福地之一。另外，《大清一统志》里也记录："安子山是汉代安期生得道之处。"

　　在越南的传说中，安子山正得名于秦汉之际中原的术士安期生。相传他奉命到南方寻求长生不死药，来到越南安子山之后，立刻被这里的风土人情吸引，加之根本没有长生不老药，回去无法交差，因而他没有回中原，在此终老。后来越南人为纪念他，将此山命名为安子山。不过，在越南的《大越史略》《大越史记全书》《钦定越史通鉴纲目》等史书中都没有记载安子山。而我国的《史记》《列仙传》等史籍中，有关安期生的记载不少，但几乎没有记载他到过越南地区，基本只将他视为黄老学说的传承人。如《史记·乐毅列传》说："乐臣公学黄帝、老子，其本师号曰河上丈人，不知其所出。河上丈人教安期生……"而《史记·孝武本纪》则又言："安期生仙者，通蓬莱中，合则见人，不合则隐。"汉代刘向《列仙传》记载安期生曾在东海边卖药。晋朝的皇甫谧在其《高士传》中则记载："安期生者，琅琊人也，受学河上丈人，卖药海边，老而不仕，时人谓之千岁公。秦始皇东游，请与语三日三夜，赐金璧直数千万。"尽管中越有关安期生的传说不尽相同，但安子山的得名与道教有关是毫无疑问的，它很早成为越南道教的名山，是道教文化在越南传播的一个重要例证，现今安子山还有安期生石像。

1　[越] 黎崱著，武尚清点校：《安南志略》，中华书局 2000 年版，第 23—24 页。

安子山风景如画，陈朝诗人范师孟《题东潮华严寺》可见一斑：

> 插天翠色玉芙蓉，胜景千年海郡雄。
>
> 竹影华阴青障寺，神刋鬼刻白云宫。
>
> 北回万岭排霜戟，南把春江涌玉虹。
>
> 日暮杖黎高望处，山川秀气满胸中。

华严寺位于安子山山腰，至今还在。笔者 2009 年夏天曾随越南僧人登临安子山，拜访华严寺及山顶的铜寺。山上白云缭绕，宛如仙境。

中国自古有"泰山安，四海皆安"的说法，因而历代帝王亲登泰山封禅或祭祀，将之视为神山。而越南历代帝王也都爱登安子山，越南陈朝（1225—1400）皇帝陈仁宗（1258—1308）晚年甚至在安子山出家，在此著书立说、招收门徒，创立了越南禅宗史上有名的"竹林禅派"，因而安子山又是越南的佛教名山。越南人常常把陈朝和之前的李朝合称"李陈"，将之类比中国的汉唐。安子山所在的东潮地区是陈朝时期的圣地。"越南东北部及东潮地区曾是陈朝的圣地之一，陈氏出自此地，而且在此地取得了超绝其他地方的精神成果。这样的出发点令陈朝成为越南史上的一个伟大王朝。"[1]

当今时代，每逢正月初十，越南安子山都举行盛大庙会，其持续时间往往长达一个月，山腰的华严寺及山顶的铜寺都是越南人争相朝圣之地。人们相信山上的寺庙灵验无比，春节期间登临一次，将会保佑全年平安，这在很大程度上满足了人们的精神需求。一些国家领导人也会在春节期间登临安子山。

1　大西和彦：《东潮县安子山概观》，载王雷亭主编《泰山文化研究》（第一辑），山东人民出版社 2014 年版，第 325 页。

二、越南诗文及日常生活中的泰山

"泰山"作为一个饱含中华文明思想的名词对越南民间语言和文学乃至生活也有重大影响。过去谈到儒家文化在越南的影响，很多学者认为其影响主要在上层阶级，并未普及到民间；但我们考察越南民间文学特别是歌谣时，发现儒家的忠孝节义思想早已融进越南普通人的思想中，其中一段与泰山相关的歌谣更是妇孺皆知，几乎是每个母亲唱给幼儿的摇篮曲，也是越南人教育子女遵守孝道的警世之语。歌谣内容如下：

> Công cha như núi TháiSơn（父功如泰山）
>
> Nghĩamẹ như nướctrongnguồnchảyra（母恩似源泉）
>
> Mộtlòngthờmẹ, kính cha（一心敬奉父母）
>
> Cho tròn chữ hiếumớilàđạo con（尽孝才是人子之道）

这四句歌谣采用了越南民间六八体诗歌形式，即一句六字一句八字循环往复，既有尾韵也有腰韵，六字句的最后一字与八字句的第六字同韵，朗朗上口，容易传诵。歌谣把泰山与《佛说父母恩重难报经》的内容联系在一起，将父亲视为泰山，把母亲视为源泉，意即父母对子女恩重如山，情深似海，为人子必须行孝道。歌谣简明扼要又形象生动地结合了儒家与佛家思想。

在我国，泰山为父、黄河为母是盛行的，不过，好像泰山主要用于尊称岳父，语出唐代段成式《酉阳杂俎》：

> 明皇封禅泰山，张说为封禅使。说女婿郑镒，本九品官。旧例，封禅后自三公以下，皆迁转一级。惟郑镒因说骤迁五品，兼赐绯服。因大脯次，玄宗见镒官位腾跃，怪而问之，镒无词以对。黄幡绰曰："此泰山之力也。"

段成式《酉阳杂俎》里所记载的风土人情和民间传说很多反映了现今中越文化共同的东西。不过，尊称岳父为泰山的说法在越南并不盛行，而且随着越南文字革新之后采用拉丁字母文字，大部分越南人对于"泰山"的具体含义也不太清楚了，甚至并不知道泰山在中国，只是大概知晓"泰山"一词有"高大、厚重"的含义。

在越南的许多地方，尤其是南方的胡志明市、安江省和平阳省都有泰山寺。寺庙名用汉字"泰山寺"写成，同时有现代越南文对照。笔者曾经采访越南胡志明市著名的圆觉寺住持释同闻，向他请教有关泰山寺的命名，以及寺庙供奉的问题。他是研究越南寺庙与传统文化的博士，曾经两度来北京大学中文系访学。他告诉笔者：越南的泰山寺的命名是受到华夏文化的影响，主要来自民间歌谣"父功如泰山，母恩似源泉"。寺庙以"泰山"为名是为了说明佛和教主的智慧福德像泰山一般巍巍，而寺内主要供奉佛，并不供奉碧霞元君。

类似的，越南人时常用"泰山"一词来指代那些有威严的、高尚的、值得大家尊敬的或厉害的人物，"泰山"也成为越南人精神文化的丰碑及攀登人生高峰的寄托。不少人越南人取名"泰山"，例如越南裔著名钢琴家邓泰山（寓意"登泰山"，攀登高峰），邓泰山是获得华沙肖邦国际钢琴比赛第一名的亚洲第一人，早于中国的李云迪和郎朗许多年就在国际钢琴领域声名鹊起。越南还有一著名歌手高泰山，笔者也有几位越南学者朋友为自己的孩子取名"泰山"。此外，越南还有不少地名也取名"泰山"，例如南方前江省有一个著名的泰山岛，是越南最大的生产水果的岛屿，也是一个旅游胜地。越南还有一些餐厅、旅行社取名"泰山"。旅居加拿大的越南人开设有一家有名的连锁餐厅，也取名"泰山牛肉粉"，来彰显其餐厅的气势或地位。

值得一提的是，在中越千年的藩属关系中，越南不定期派使臣到中国求封、进贡、谢祭、告哀。这些使臣多为科举制度选拔的文官，有较深的文化文学修养。许多使臣在出使中国的沿途赋诗著文，表达对中国历史文化和山川景物的感受。他们许多人曾到达或途径泰山，留下珍贵的诗文。例如大诗人阮攸出使中国返程回越南时途经山东，留有《东路》《管仲三归墓》《荣启期拾穗处》《孟子祠古柳》《嵇康琴台》《东阿山路行》等六首描绘山东风光和凭吊历史人物的诗篇，均收入他的《北行杂录》。其中《东路》直接描写了泰山，全诗如下：

> 泰山山色满青徐，千里山东纵目初。
>
> 何处圣贤松柏下，别成弦诵鲁邦余。
>
> 他乡颜状频开镜，客路尘埃半读书。
>
> 行色匆匆岁云暮，不禁凭轼叹"归与"。

阮攸于 1813 年到 1814 年间出使中国，他经由陆路从广西镇南关入境，然后一路经过湖南、湖北、河南、直隶之后抵达燕京，回城时经山东、江苏、浙江之后走水路回到越南顺化。到山东时他已经在中国待了大半年，在中国期间他对于中国社会存在的问题有惊讶和思考，诗歌最后一句"不禁凭轼叹'归与'"用典孔子周游列国之后慨叹"归与"，也颇有深意。阮攸被誉为越南的屈原和曹雪芹，他的长篇叙事诗《断肠新声》(又名《金云翘传》《翘传》)是越南古典文学的第一杰作，被誉为越南的《红楼梦》，其中也包含浓厚的儒释道思想。

需要说明的是，历代越南使臣出使中国的线路基本固定，阮攸所走过的道路也是在他前后出使中国的越南使臣走过的。未来如果我们能搜集整理越南使臣描绘泰山的所有诗文，从越南人视角下来观察一下泰山，必定能丰富我们对于泰山文化的认识。

三、越南的泰山石敢当信仰及其变异

越南首都河内市中心有一个著名的湖泊——还剑湖，那里有一座道观玉山祠被誉为还剑湖的明珠，但其实它也是一处儒释道三教融合的所在，此外，还供奉有关公。研究关公信仰的俄罗斯汉学家李福清先生就曾言他第一次见到关帝庙是在河内的玉山祠。玉山祠常年香火旺盛,春节期间更是人头攒动,人们络绎不绝地来祈求平安幸福,如果家中有即将参加考试的孩子,他们也会祈求神灵加持。在玉山祠的笔塔前面,赫然有一块石碑,上面写着"泰山石敢当"五个汉字。可惜来来往往的人很少注意到此碑的来历,一本有关河内历史文化的书在解释玉山祠的"泰山石敢当"时竟然将之翻译成"敢与泰山相比",真让人扼腕叹息。

其实石敢当信仰很早就传入了越南。尽管具体在何时传入尚不得而知,最近几十年来,越南学者会同法国及中国台湾学者整理了相当多的碑铭资料。据他们的考察,石敢当在现今越南境内南北各地都可见:北方的北宁省、北江省、河内市、清化省非常多,中部和南部的石敢当则集中在顺化市、会安市、胡志明市、隆安省等从前华人聚居的地方。"目前越南找到最早的石敢当是位于北江省昌江古城以北的镇宅石敢当碑。昌江城是明军于 1407 年占领越南期间所建,是明军从中国广西到越南东关(即今河内)最重要的防卫城堡。"[1] 1407—1427 年越南曾有 20 年的属明时期,明朝将之纳为郡县,越南地区与中原的人员往来十分频繁,在这种情况下石敢当信仰在越南普及开来也是顺理成章的。

与在中国一样,石敢当在越南的功能主要是灵石辟邪镇宅。笔者搜索越南网站,发现有各种造型的石敢当销售,除了一般的长条形,还有山形、狮形、虎形、龙龟形、麒麟形等,所用石材绝大部分非泰山石,而是本地石材,也有金属、木、玉、纸质的石敢当,名称上一般写"石敢当"或"泰山石敢当",同时还写一些发财、富贵之类吉利的文字。另外,在越南还有不少石敢当画像,通常画一座山,山体上写上"泰山石敢当",山脚有两只神龟,山头两侧写上"神""福"等汉字。近年来,随着越南人民生活条件的改善,石敢当信仰与风水迷信结合得非常普遍。一般家庭盖新房或买新房之后都会请风水师事先

---

1 阮黄燕:《简论越南石敢当信仰》,《泰山学院学报》2015 年第 5 期。

看好放置石敢当的位置和时间，再采用专门的仪式迎回石敢当并举行开光礼。很多富贵人家即使建造西式洋楼，也会在门口放置石敢当辟邪镇宅。而那些住在医院和养老院附近或风水不好的地方的人们，家中是一定要请一尊石敢当除魔的。据说一般风水师举行石敢当放置仪式时会念如下咒语："泰山石敢当；镇百鬼，压灾殃。官吏福，百姓康；风教盛，礼乐昌；护弟子家庭福绵长。"[1]人们相信这样请进家门的石敢当会使得主人家辟邪去灾、招财进宝、富贵吉祥。

不过，非常遗憾的是1919年越南在法国统治下取消科举制度之后，汉文的官方地位消失，喃文也随之消亡了。文字改革造成的文化断层让越南人对祖先的文化产生了许多误解，对石敢当的认识也是。除了上文谈到多数越南人对河内还剑湖的石敢当视而不见，也不明白其中的含义或误会其中含义之外，石敢当还被一些风水师和商人曲解，他们把石敢当神化为包治一切的神物，以达到蛊惑人心而赚钱的目的。

此外，石敢当信仰在越南还有一些变异，例如"石不敢当"的石碑。实际上它的功能与石敢当大同小异。学者们在越南东北部的清化省和中部的承天顺化省的乡村发现了立于越南阮朝时期的"石不敢当"石碑。据当地方志记载，这些石碑还有专人负责看护，不得有散失，村民须留心爱护，逢年过节须敬拜。笔者猜测"石不敢当"是越南人出于谦卑的心理对"石敢当"信仰进行的轻微变通。

结　语

近年来，在对泰山文化的研究中，有学者把泰山和希腊的奥林匹斯山相提并论，认为东方文明的发源地就是泰山，笔者认为颇有道理。其他不说，单从山岳文化的影响上看，我们发现越南安子山、日本富士山、韩国智异山文化都与泰山文化存在一定的联系。与孔子一体的泰山文化影响着东亚文化圈一代

1　阮黄燕：《简论越南石敢当信仰》，《泰山学院学报》2015年第5期。

又一代人，也成为越南教育特别是孝道的重要内容。越南首都河内的文庙历经多次战火依然保存完好，至今越南教育部评正教授职称都要在文庙举行庄重的仪式。

美国未来学家、《大趋势》的作者约翰·奈斯比特在泰山脚下进行"人类命运共同体构建与世界百年未有之大变局"主题演讲时，提出国家之间要相互理解、相互支援，建议中国努力去赢得国际社会的人心。实际上，在与"一带一路"国家的交流中，中国一直在努力做到民心相通。例如，2015年习近平总书记访问越南，在越南国会发表演讲时曾提到中越山岳文化的相通。

1942年到1943年，胡志明主席在中国从事革命活动期间，写下了"登山登到高峰后，万里舆图顾盼间"的诗句。中国唐代诗人王勃也说过："登泰山而览群岳，则冈峦之本末可知也。"中越关系已经站在新的历史起点上。让我们登高望远、携手努力，为开创中越全面战略合作伙伴关系新局面，为建设持久和平、共同繁荣的亚洲和世界，作出新的更大的贡献！[1]

习近平主席演讲中提到的胡志明登高诗写于他老人家当年在安徽黄山疗养期间，其诗意与"初唐四杰"之一的王勃有异曲同工之妙。而王勃生活的时代，越南地区为唐代安南都护府所管辖，他是在赴安南看望父亲时遭遇风浪惊恐而死，至今越南义安省有非常可观的王勃夫子庙，越南人将他们奉若神明，甚至相信当地诞生了阮攸等大诗豪也正是由于王勃父子的庇护。

中越之间有深厚的文化联系，然而，长久以来由于种种原因，中国成为许多越南知识分子的一个渴望亲近又害怕走近的精神故乡，而中国知识分子对越南的了解则十分有限。在当前构建人类命运共同体与国际社会发展中，我们呼吁具有高度智慧的政治家、历史学家、文学家和艺术家共同探讨，充分挖掘中越历史文化上的这些共同遗产，发挥泰山石敢当精神，为中国与周边国家真正做到民心相通、为地区和平发展作出贡献。

---

1 参见新华网《习近平在越南国会的演讲》，2015年11月6日，http://www.xinhuanet.com/world/2015-11/06/c_1117067928.htm。

中外交流　文化互鉴

——记诺贝尔文学奖得主莫言与勒克莱齐奥的交往

许　钧

浙江大学

随着中国在政治、经济、外交等领域的国际影响力不断增强，中国文化日益为世界文化所关注和接受。习近平总书记为扩大中外文化的交流指明了方向："从延续民族文化血脉中开拓前进，推进各种文明交流交融互学互鉴。"如何广开路径、拓宽渠道，有效推进中外文化的交流与互鉴，是学术界要着力思考与解决的重要课题。莫言与勒克莱齐奥这两位诺贝尔文学奖得主近年来的交往与对话，正是中外文学良性互动的生动一例，本文就此做一探讨。

一、架设文学的丝绸之路

勒克莱齐奥是法国著名作家，有法国"在世最伟大的作家"之称，2008 年荣膺诺贝尔文学奖。获奖之前，他已有六部作品被译成中文。中国作家莫言于 2012 年获得诺贝尔文学奖，也已有多部作品在获奖前被译为多种语言，仅译成法语的就有十余部作品，在法国有着广泛的影响。他们两位正是法国和中国当代最具代表性的作家。他们之间的相遇与交流，拿勒克莱齐奥的话说，有着一种必然性，更有着重要的象征力和号召力。

勒克莱齐奥从年轻时就向往中国，喜欢中国的历史与文学。早在 20 世纪

90 年代，他就为老舍的《四世同堂》法译本撰写了题为《师者，老舍》的长篇序言。获得诺贝尔文学奖后，他多次访问中国。2011 年 8 月 17 日至 18 日，勒克莱齐奥应上海书展组委会邀请，参加上海书展暨"书香中国"上海周系列活动。他参加了书展活动的开幕式，在展览中心发表了题为《都市中的作家》的公开演讲，之后与读者见面，为冒雨前来的一千余名读者签名。第二天，作家毕飞宇、翻译家袁筱一和笔者参加了他作品的朗诗会。正是在这次朗诗会上，他向读者谈到了他所阅读的中国现代作家老舍、当代作家毕飞宇和当时尚未获得诺贝尔文学奖的作家莫言的作品。

勒克莱齐奥与莫言的相遇，是通过阅读对方的作品开始的。他们第一次见面，是在 2014 年 8 月 17 日。据人民网西安 8 月 18 日电："两位诺贝尔文学奖得主莫言、法国作家勒克莱齐奥聚首西安大唐西市，进行了一场'长安与丝路'的对话。此次东方起点的代表莫言与西方起点的代表勒克莱齐奥的对话紧紧围绕丝路与文学，并探讨了如何借助丝路红线，加强中法文化交流与合作。""长安与丝路"对话活动的组织者一开始就明确了这次活动的目标："长安与丝路的对话——星耀长安"活动旨在通过大师们的对话，深度解读、解密与丝绸之路有关的文化问题，引导丝绸之路向更深的领域延伸。确实，活动组织方看重的不仅仅是莫言与勒克莱齐奥的代表性与象征价值，而是在"一带一路"、共谋发展的背景下，通过两位诺奖得主的对话，为古老的丝绸之路注入新时代的精神。在这场对话中，他们相互表达了对对方作品的喜爱，发表了对对方作品的看法，更是从各自的角度，对丝绸之路的文化与精神价值作了深刻的诠释。作为这场对话的译者，笔者从两位诺奖获得者充满诗意和深刻思想的对话中更为真切地感受到了文学交流之于文化交流的特别意义，一如勒克莱齐奥在对话中所言：丝绸之路，不仅仅是贸易之路，也是文化交流之路，更是精神互通之路。"对于勒克莱齐奥而言，丝绸之路是没有尽头的，在东西方交流的过程中，文学让交流更加容易。文学能够让人们产生共鸣。在读莫言作品的时候，勒克莱齐奥感到自己仿佛被莫言邀请进入了他的家门，了解了农民的生活，并与莫言发生了共鸣。重走丝路意义重大，马可·波罗通过丝路走到中国，玄奘通过丝路取得佛教文化，这条丝路已经成了一条精神上的丝绸之路，通过交流，不仅能够交换丝绸、香料，更能产生精神上的相通。

对于丝绸之路，莫言的理解深刻且具有时代性。在他看来，丝绸之路从来都不仅仅是"经济之路"，更是"思想之路、文化之路、友谊之路、和平之路"。莫言在对话中发表的这一观点，与勒克莱齐奥的理解完全契合。到西安与勒克莱齐奥谈丝绸之路，莫言的选择不是盲目的。一个作家，要用文学"介入"社会，回应世界的发展之道。实际上，在两位诺奖得主对话之前，莫言对丝绸之路已经有了深入的思考，他在多个重要场合，表达了一个作家在新的历史时期参与"丝绸之路"建设的期望。如在 2013 年的全国政协会议上，莫言做过有关"丝绸之路"的发言；2014 年访问土耳其，于 2 月 22 日与土耳其总统会面时，他也谈到了"丝绸之路"，并呼吁文学要参与丝绸之路的建设：丝绸之路建设，文化不能缺席，文学应有作为；2016 年 9 月 20 日，在首届丝绸之路（敦煌）国际文化博览会上，莫言接受了新华网高端智库平台"思客"的采访，指出："丝绸之路变成了文化之路，文化之路最终变成了人的道路。最终要达到什么目的？人活着要干吗？就是通过各种各样的经济文化活动使自己的心灵更丰富，让人感叹生活更美好。"[1] 两位文学家，就这样以他们特有的方式，通过对话，向世界发出了声音，对中国倡导的"一带一路"建设做出了积极回应，由此拓展了文学与文化交流之路，也赋予了文学交流新的意义。

二、交流重在理解与共鸣

如果说在丝绸之路起点的西安，在"大唐西市"，两位作家具有象征意义的相遇和深入的对话，诠释的是新时期的"丝绸之路"精神，那么，就莫言与

---

1 新华网思客《莫言：丝绸之路是文化之路，会使人的心灵更丰富》，https：//wx.abbao.cn/a/9687-ad9c464230ef29cc.html（2018 年 1 月 4 日读取）。

勒克莱齐奥的对话而言，延续与体现的正是丝绸之路所蕴含的"交流"之道，也为他们开启了深厚的友情与理解之路。

西安对话的四个月后，在寒冷的冬日，时任山东大学校长的物理学家张荣教授将莫言与勒克莱齐奥请到了一起。勒克莱齐奥之所以接受张荣校长的邀请，与莫言再次相聚，有他特别的考虑：山东是孔子的家乡，在山东大学与莫言相聚，是向中国哲学家孔子学习的一次重要机会。在讨论与莫言对话的主题时，笔者曾向勒克莱齐奥建议以"存在"的书写为主题展开对话。勒克莱齐奥认为，在孔子的家乡，谈"存在"这样与哲学相关的问题很合适，因为孔子就是哲学家。但他又觉得，"孔子之学是人之学"，由"人"而及"仁"，要探讨的应该是关于"人"的重要问题。就这样，经与莫言商定，最后确定了在山东大学的对话主题为"文学与人生"。张荣校长在对话的致辞中，深刻地阐述了这次对话的意义："习近平主席近期提出，文明因交流而多彩，文明因互鉴而丰富。正如勒克莱齐奥先生所言，文学本身就是一种跨国界交流的方式。第三期山东大学文学大讲堂有幸邀请到两位诺贝尔文学奖获得者展开高端对话并与同学们交流，这是一次以文学为媒的中西方思想文化交流互鉴，是文学大讲堂的历史性突破，是山大学者的一次精神文化盛宴，也将成为百年山大历史上永恒的纪念。"[1]

文学，涉及人类物质生活与精神生活的方方面面。文学作品的深刻性在于促进不同国家、不同民族和不同地域的人们对人的存在和人性的思考，促进灵魂的共鸣与精神的升华。莫言与勒克莱齐奥就"文学与人生"展开的对话，将文学指向了社会，指向了人生，也指向了人性。莫言在对话中首先发言，他集中谈了三点。一是他对这次对话主题的理解："今天对话的题目叫'文学与人生'。关于人生，可以理解为人的生命过程、人的生活过程。而诸多人的人生过程、诸多人的生活过程，便构成了社会的生活。从这个意义上来讲，人生毫

1　山东大学新闻网 2014 年 12 月 16 日新闻《中法诺贝尔文学奖得主勒克莱齐奥莫言山大对话谈文学与人生》。

无疑问是文学最重要的元素。没有人生，哪有文学？文学是因为有了人才有的，所以文学与人生息息相关。"二是文学对人生的影响："文学肯定会影响人，甚至会发生巨大影响。我们看很多人物的传记，其中写到人看到某一本书以后突然做出重大决定，然后由此改变自己人生的方向，改变了自己的发展道路，成就了一番伟大的事业。我想即便是没有这样一种戏剧化的、变革性的影响，但潜移默化的影响，每个人都能体会到。"三是通过文学，对法国社会、法国人有了更为深刻的理解："法国文学，群星灿烂。我们可以通过书、小说感受，甚至通过小说改编的歌剧，比如雨果的《悲惨世界》改编的歌剧，感受到。法国作家对中国当代作家的影响非常大。我觉得法国作家除了传达给我们法国的人文、历史、自然等一些可以触摸的、可以感觉的东西之外，更重要的是传达给我们一种法国的精神，法国人那种自由的、浪漫的精神。法国人热爱自由、追求自由，这样一种千百年来的努力，得到了一种非常充分的形象化的表现。"

对莫言就文学与人生关系的理解与诠释，勒克莱齐奥表示完全赞同。笔者作为现场对话的译者，记录下了勒克莱齐奥回应的要点。勒克莱齐奥回应的也是三点。第一，勒克莱齐奥认为，中国的文化历史悠久，积淀深厚，外国文学有不少都从中国的历史文化中获得创作之源，比如灰姑娘的故事，据说原型就在中国。外国文学的渊源与中国文学的渊源有交融，比如被诺奖评奖委员会称为"魔幻现实主义"的莫言的文学创作，既有外国文学的滋养，更有中国文学的传统。第二，中国的文学有鲜明的特点，比如中国的心理小说。而中国文学传统中，特别强调文学所服务的对象的重要性，文学要走进大众，才会真正有生命力，文学可以启迪人，照耀人生。第三，勒克莱齐奥谈了他阅读中国文学中一些代表性作家作品的感受；他觉得读老舍的书，可以感到他的书是为大家所写。"我读了老舍的书，很喜欢。后来因为老舍，我到了北京，还见了他的夫人，参观了他的旧居。在我的心中，好像老舍至今还活着。"在2016年5月浙江大学组织的莫言与勒克莱齐奥就"文学与教育"主题展开的对话中，勒克莱齐奥再次论及老舍的作品之于他的意义："多年前我对老舍有过阅读，我喜欢他的文字，也喜欢他描述的那个空间。后来我到了北京，北京是老舍生活过的地方。到了以后我发现他所描写的世界很多已经不存在了；那个时候的人，也在这个世界中慢慢消失，但是老舍的文字却把他们留下了。如果说他的作品能够影响我，是因为我的内心对他构建的世界有某种认同。我说的那个世界，或者老舍的作品里的一些描写让我有很多满足，因为他带有一种思乡的情感，同时又隐现着忧愁，这两者对我有很大的触动。"[1]

　　文学与人生的对话，既涉及两位作家对文学之于人生意义的思考，也涉及他们阅读文学文本的感受，像勒克莱齐奥一样，莫言坦陈他在阅读勒克莱齐奥的作品时，想到了自己的童年："我从勒克莱齐奥先生小说的细节，想到了莱辛的小说，想到了我的童年。我也想到了一个作家最能让人感动的部分，就是引起共鸣的部分。一个读者看书让他感动的地方，也是让他引起心灵共鸣的部分。共同的生活经验、共同的心理经验，使作家能够进入到后期的再度创作，进入到跟自身生活经验、跟他所了解的生活进行对比、联想，在文学的创作当中，是一种非常美妙的奇遇。"由文学，到人生，再到人。通过这样的交流，勒克莱齐奥有一种强烈的愿望，想到莫言的老家去看看，看看莫言所书写的土地。对话结束后，莫言夫妇邀请勒克莱齐奥到高密走走，笔者有机会陪同勒克莱齐奥一起到了莫言的老家，看望了莫言90多岁的老父亲。我还清晰地记得，当勒克莱齐奥低下头，走进莫言居住了多年的小土屋，看到裸露的土墙，裸露着泥土的地面，感受到了屋内的冰冷时，他的神情一下凝固了，片刻之后，我看到眼泪从他的眼眶涌出。有记者捕捉到了勒克莱齐奥弯下一米九二的高大身躯，低下头走进土屋的镜头，冠以"法兰西人低下了高贵的头颅"的说明。而莫言深知，是文学的力量将勒克莱齐奥召唤到了高密，是人性的力量把高大的勒克莱齐奥引进了简陋得不能再简陋的土屋。"法兰西人低下了高贵的头颅"，被莫言诠释为"最是那一低头的温柔"。在莫言文学馆，勒克莱齐奥留下了他

1　莫言、勒克莱齐奥、徐岱：《文学是最好的教育》，《浙江大学学报（人文社会科学版）》2016年第5期。

的题词：在高密这片坚硬而贫瘠的土地上，结出了最坚实而丰富的精神之果。由对话到心的交流，由文学的阅读到对中国社会与文化的了解，勒克莱齐奥次年在北京师范大学的演讲中，深情地讲述了他与中国文学相遇的历程，尤其是莫言老家之行给他带来的真切而强烈的感受。

> 我与中国文学的相遇还在继续，年复一年不断加深，特别是从我在南京大学开课起，这还得感谢我忠实的译者兼好友许钧先生。住在江苏的日子让我深受启发，因为我能直接接触到这片孕育了许多一流作家的土地，比如《西游记》的作者吴承恩、《红楼梦》的作者曹雪芹，还有《大地》的作者赛珍珠——她是我在南京相隔八十年光阴的近邻。可最打动我的，莫过于去年和莫言先生一道去他儿时及至青年时期居住的地方高密。我看到了给莫言灵感写下《红高粱家族》的高粱地，还参观了高密县为他设立的文学馆。但这趟旅途中最动人的时刻，还是到高密乡村去看莫言出生的老屋。陋室还是三十年前莫言夫妇离开时的样子，这让我得以想见那个年代这家人经历的苦难，那时莫言往返于军队和老屋，在此写下了他的早期作品。小屋以土为地，窄窄的砖墙裸着，没有墙漆，它给人极度贫困的感觉，却同时让人感觉充满希望，因为正是在这种环境下，才能看出夫妇二人如何凭意志创造出全新生活，激发出文学才情。莫言小说中的每一个字因此而变得更加真实、更加有力，因为无论《红高粱家族》还是《檀香刑》，都在这片景象中生根，都扎根于这座逼仄的老屋中。[1]

三、作家对话提升中国文学国际影响力

莫言与勒克莱齐奥的对话，没有止于文学，但对于中外文化与文明的互

---

[1] 勒克莱齐奥：《相遇中国文学》，施雪莹译，《文学评论》2016 年第 1 期。

学互鉴而言，优秀作家之间的对话与文学交流可以起到不可替代的重要推动作用。2015年10月22日至26日，在北京师范大学张清华教授的积极推动下，勒克莱齐奥应北京师范大学国际写作中心主任莫言的邀请，访问北京师范大学，发表了题为《相遇中国文学》的著名演讲，而这场演讲的主持人就是莫言。在这次演讲中，勒克莱齐奥谈到，认识中国文学的最好途径还是阅读。年轻时在墨西哥，他首先接触了几部有关孔子、孟子和老子的中国哲学典籍。之后，他读到了法文版的《红楼梦》《水浒传》，二者虽然风格迥异，却共同将他引入中国文化的核心。至于勒克莱齐奥对现当代中国的了解，则得益于老舍的作品。老舍是勒克莱齐奥钟爱的作家。他从老舍对胡同生活的描写中，看出了现实主义的神韵，又体会到老舍独有的伤逝之感。其灵动风趣的笔调、深刻的心理刻画与挥之不去的忧愁，让勒克莱齐奥确信他是中国当代文学最重要的作家之一。他也特别欣赏毕飞宇的小说，认为毕飞宇的作品通过一个个生动自然的人物，展现出了变化中的中国社会。

对文学作品的阅读，可以深化作家之间的对话，而作家之间的对话，反过来也可以有力促进作家对于文学作品的阅读。比如，在北京师范大学访问期间，东道主安排了一场勒克莱齐奥与作家余华的对话，参加者有张清华教授和我。在对话中，勒克莱齐奥与余华就文学的使命做了深入的探讨。勒克莱齐奥指出，文学应该有一种介入现实的姿态，尤其在社会与文化的层面，作家要为"饥饿的人"写作。在勒克莱齐奥看来，中国当代作家的写作具有介入的力量，展示了一种世界的视野和人文的情怀，余华的写作就是一个明证。这样的写作，不仅仅是写给中国人看的，也是写给其他民族的人看的，有助于世界了解中国的文化与文明。勒克莱齐奥在与余华的对话中提出这样的观点，是因为他对余华的作品有较多的阅读与深入的思考。实际上，为了能真正展开对话，勒克莱齐奥告诉我他读了不少余华的作品，比如《许三观卖血记》。在去北京参加活动的路上，他一路在读余华的《世事如烟》，还与我讨论了余华叙事的特点与语言的特征。同样，在莫言与勒克莱齐奥于西安首次见面之前，他们已经阅读了对方的不少作品。在他们对话的前夕，我见证了两位诺奖得主带着对方作品的译本，互求签名留念的感人场面。我记得，莫言送上的是勒克莱齐奥的《诉讼笔录》和《非洲人》，而勒克莱齐奥请莫言签名的则是厚厚的《丰乳肥臀》。莫言在勒克莱齐奥《丰乳肥臀》法文版的扉页，写下了："敬爱的前辈勒克莱齐奥先生，请指正。"而勒克莱齐奥很幽默地对莫言说："您有20多部作品在法国传播，还好在您的书还没有'贵'起来的时候，我就在书摊上淘到了好多部。"由于他们之间不断对话，友谊也在不断加深，勒克莱齐奥不仅仅关心莫言的作品在法语世界的传播，也很留意莫言、毕飞宇等一批重要作家作品在世界其他地区的译介和传播。2017年9月，勒克莱齐奥来南京大学授课，从机场回城里的路上，他告诉我，在美国、韩国的书店和大学的图书馆，他发现都有莫言、毕飞宇的书。

文学交流需要文本的阅读，也需要深入的阐释与持久的传播。在多个场合，莫言论及他对勒克莱齐奥作品的理解，在他看来："勒克莱齐奥先生的文笔非常优雅。他的小说从小处入手，依然展示丰富的人性和广阔的人生。那种感觉和细节很好。我认为他是在法国新小说运动的基础上又往前跨了一大步。"莫言还在多个场合称道勒克莱齐奥作品的汉译，说"袁筱一翻译得很传神"。莫言对勒克莱齐奥作品及其汉译的高度评价，无疑有助于其在中国的传播。而勒克莱齐奥也同样如此，他在对话中所表达的有关中国文学，有关老舍、莫言、毕飞宇等作家的观点，在他的课堂上有讲解，在国际书展所组织的活动中也有讲解。对于勒克莱齐奥来说，能与中国优秀的作家对话，是他学习与理解鲜活的中国文学的好机会。近几年来，他先后与莫言、毕飞宇、余华、方方等作家进行过对话，参加过上海书展、扬子江作家周、南京"青年文化周"、"大益文学节"和《大家》杂志社组织的活动，与中国的广大读者近距离接触，身体力行，积极推进中外文学文化交流，扩大中国文学在国际上的影响力。

2018年底，勒克莱齐奥结束在南京大学一年一度的讲学，启程回法国。行前，他告诉我，开始写有关中国的文字了，不是小说，是随笔，题目也已定好，是接受了我的建议，叫《历险中国》。我明白，"历险"一词，对勒克莱齐奥来说，具有特别的含义：克服认知的重重障碍，一步步加深对中国的认识与理解；历险之路，便是走近中国之路，也是探知中国之路。他说，在这部书中，会写他在中国遇到的人与事，写他熟悉的作家，写莫言的家乡，写许钧的父母，写他理解的中国文化与中国思想。他还特意请我转达他对莫言先生的问候。我知道，勒克莱齐奥与莫言的交往，仅仅是开始，他们的交往与对话，显示出优秀作家的历史担当与人文情怀，也为我们展现了一个推进文学互动、扩展中外文化交流的范例。

建构跨疆界、跨族群的和谐社会

——以新加坡汉传和南传佛教团体的互动为例

［新加坡］许源泰（Hue Guan Thye）

新加坡国立大学

佛教随着早期南来的商人和移民传播至东南亚，传播方式与亚洲地区类似，即在保留其精神内涵的同时，又能入乡随俗，以当地人能接受的形式植根发展。尽管面对迥异的外在环境，佛教均能以灵活的姿态加以适应，同时又不削弱其慈悲、容忍及虔诚等核心思想。直至今日，佛教依然维持这种令人称羡的特质。佛教在传入英国殖民统治时代的新加坡时，也以同样的方式调整而融入本地人的生活。当时，新加坡仍是穷乡僻壤，佛教领袖在慈善与福利服务方面，扮演着重要角色。在教育尚未发展之时，佛教界领袖积极办校；在公共医药不足之机，佛教寺院为贫困人士施医赠药。长期以来，新加坡佛教居士林等佛教团体不仅致力于弘扬佛法，同时通过服务社会，依照佛陀的教诲身体力行。新加坡建国总理李光耀提道："要在新加坡取得蓬勃的发展，佛教团体不能仅局限于满足信徒们在精神与世俗方面的需求。同其他团体一样，佛教团体必须对我国多元种族与宗教的社会特质有透彻了解，彼此和睦共处。"[1]

今日，新加坡佛教僧俗团体的进步与发展，既是中国、泰国、斯里兰卡和缅甸佛教僧俗四众遵行传统文化的交流与交叠之结果，也是亚洲文明大框架下

---

[1]《李光耀内阁资政献词》，载《走过狮城七十年·1934—2004·新加坡佛教居士林七十周年纪念特刊》，新加坡佛教居士林 2004 年，第 16—17 页。

的佛教文明和睦共处的集中体现。上述各国的佛教传统皆从古印度的恒河流域出发，经过两千余年的发展与沉淀，如今都汇集到新加坡，新加坡成为其中一个聚合点，确实是一个千载难逢的殊胜机遇。佛教的"宽容"特色，是一种在种种差异中维持和谐、团结的高尚美德。虽然各大传统佛教来自不同的国家或地区，其信徒属于不同肤色、不同种族，却可以在同一个大前提下、在新加坡这个小岛上和睦相处、彼此尊重、互相礼让，不仅没有出现过重大争议，甚至还出现了互相配合、互惠互利的多项紧密合作的案例。兹举以下两例说明。

（一）汉传法师赴南传圣地瞻仰与修行，南传僧俗向汉传佛教学习与拓展

1898 年 12 月 29 日，新加坡英文报 *Straits Times*（《海峡时报》）刊登了一则佛教新闻。一支由锡兰（旧称，今斯里兰卡）和缅甸僧俗组成的佛教代表团在新加坡逗留、转站，前往泰国曼谷接受 King of Siam（"暹王"，即旧时的泰皇）恩赐的佛陀舍利。在新加坡负责招待这支佛教代表团的是锡兰侨领 B.P. De Silva。《海峡时报》进一步介绍了一件引起新加坡佛教徒极大兴趣的大事，即来自中国福建的贤慧禅师僧团曾到锡兰静修六年，如今将在新加坡创建一座佛寺，由刘金榜捐赠约 56 英亩土地。这项工程已经耗资 25000 叻币，并将继续筹资 30000 叻币。锡兰侨领 B.P. De Silva 不但慷慨捐资，而且是负责兴建这座汉传佛教寺院的总监督。[1]

中国福建贤慧禅师曾到锡兰静修六年的历史点滴，以及接受刘金榜捐赠土地兴建新加坡第一丛林双林禅寺的事迹，被记载在了双林寺内一座非常具有历史意义的碑记《莲山双林禅寺缘起》上。此石碑为慈妙尼师在两位儿子贤慧禅师与性慧禅师先后圆寂后，决定返回中国前所立。由于这座碑记关系到新加坡第一座北传佛教寺院的创建因缘，具有特殊的历史意义，我们不妨全文誊录

1　To Siam for Relics, *Straits Times*, Singapore，1898–12–29.

如下：

余泉州惠邑人也，俗姓萧，一家团圆颇裕田园之乐。缘吾二子觉悟浮生如梦，劝请安素从缁，于壬辰年（1892）率合家男女一十有二人，航海到高浪雾，在楞伽山岩栖六载。至戊戌年（1898）季春下山，遍游佛国后，因游槟过吡，拟回古国。蒙刘姓施主喜舍此山，故吾长子贤慧在此创建双林禅寺，并拟于大殿之后结构珠琳庵一区，以为余并吾长女尼禅慧及吾甥女尼月光三人栖身之所。讵意吾子贤慧于辛丑季夏顿舍幻化之躯，径入涅盘之藏，致此工程未能告竣。浮生如梦，固如是乎！但吾母子在此数年，满望大功克竣，上报佛恩，今既如此，复何言哉。今吾子贤慧既已归真，吾三女尼未便居此，故将后事咐嘱我次子性慧之徒明光大师管理，唯冀克乘先志，不堕宗风，是余所厚望焉。兹因将次附航返国，未免感慨系之，特叙数言，勒之贞石，庶游览诸君知其缘起，并知此珠琳庵即法堂，法堂即珠琳庵也。光绪壬寅年秋吉旦比丘尼慈妙立。[1]

贤慧禅师，祖籍福建省泉州惠安县。长大后与弟弟一同发愿出家，其父母不但首肯，还亲自斥资创建清音寺和清德庵，（全家）男女分住两座寺庵。[2] 正如石碑所记载，1892 年，贤慧禅师、其弟性慧禅师、母慈妙尼师、妹禅慧尼师与表妹月光尼师等 12 人航行到佛国锡兰朝圣，在楞伽山修道 6 年，1898 年回国时途经槟城和新加坡。根据中国福州怡山西禅寺的文献记载，刘金榜父子均梦见金人西来，恰逢贤慧禅师一家人从槟城回国途经新加坡，刘氏疑为梦中金人出现，随即迎接贤慧禅师一家入驻星洲。同时，刘氏也率先捐资聘请中国的名师巧匠南来星洲，仿照福州怡山西禅寺之丛林格局兴建该寺，使之成为新加坡最早、最宏伟的中国式佛教建筑，借以迎请贤慧禅师主持。建寺工程于 1898 年正式启

---

1 《莲山双林禅寺缘起》碑，载 Kenneth Dean and Hue Guan Thye, *Chinese Epigraphy in Singapore 1819—1911*, Vol. 2, Singapore & Guangxi: NUS Press & Guangxi Normal University Press。
2 参见释能度等编《莲山双林寺》，新加坡莲山双林寺 2001 年，第 12 页。

动，1909 年竣工，前后历时 11 载，耗资近 50 万叻币。[1]

至于 B.P. de Silva，汉译"巴拉惹"（Balage Porolis de Silva），是新加坡为数不多的扎根致富的锡兰移民。如今在新加坡落地生根、来自包括锡兰在内的南亚印度人约 35 万，仅占新加坡总人口的 9%。百多年来，新加坡商界出现了少数传承数代的南亚的显赫家族，B.P. de Silva 的 Amarasuriya 家族便是其中一家，其有一个历经五代的珠宝企业。Amarasuriya 家族企业的创始人巴拉惹本是锡兰的小贸易商，1869 年带着几小袋加勒（Galle）著名的天然宝石，漂洋过海来到新加坡进行贸易。1872 年，年仅 20 岁的巴拉惹便在新加坡成立了 B.P. de Silva 公司，并在谐街开了第一家珠宝店铺。如今已发展成为包含名表经销、珠宝业、茶业、镀金礼品及餐饮业的百年大家族企业。[2]

身为一位成功的锡兰企业家兼佛教徒，巴拉惹自然很关注锡兰移民在马来西亚吉隆坡建筑的佛寺（印度城十五碑等），并一直留意地点和机会，期望在新加坡创办锡兰佛寺，以为锡兰移民群体提供佛教祭祀活动和安顿身后丧葬等仪式之场所。[3] 在此之前，贤慧禅师僧团曾在他的家乡锡兰静修 6 年，并且在新加坡创建大乘佛教寺院，此寺院无疑是一个足以让他和锡兰同乡获得宗教和情感认同的圣地，可以处理锡兰佛教徒日常祭祀和丧葬仪式。因此，巴拉惹在率领侨民创办锡兰佛寺之前，便以锡兰商人之身积极捐资、参与汉传佛教的莲山双林寺之建筑工程。1904 年，莲山双林寺不仅成为中国移民的佛教寺院，也是锡兰移民佛教徒的活动中心。

为了迎接 2448 年佛诞，英文佛教会（English Buddhist Mission）和日本佛教会（Japanese Buddhist Mission）分别在 Havelock Road 和 Serangoon Road 举行庆典，锡兰佛教徒则在汉传佛教的双林寺庆祝。巴拉惹不仅在双林寺张灯结彩以资供

---

1 参见释能度等编《莲山双林寺》，新加坡莲山双林寺 2001 年，第 15 页。

2 参见郑明彬《兰卡 Amarasuriya 家族五代打拼，几包宝石变出五个聚宝盆》，《联合早报》（新加坡）2017 年 1 月 8 日。

3 Anne M. Blackburn, *Ceylonese Buddhism in Colonial Singapore: New Ritual Spaces and Specialists 1895—1935*, Singapore: Asia Research Institute, Working Paper Series, No.184, May 2012, pp. 7–8.

养佛陀，更布施食物给 3000 位孤苦无依者享用，成为新加坡自开埠以来的首次大布施。[1] 理解了这段历史渊源，再重读邱菽园撰写的《募建莲山双林禅寺碑记》"锡兰贾胡诸埠檀越，均乐崇隆三宝"，以及寺内的两个百年文物——百年楹联和梁签的"西廊息理末"或"息理末"（见图 1、2），不禁有更深一层的感悟和体会，新加坡的锡兰佛教与汉传佛教僧俗四众之缔交善缘，竟早如斯。

> 师（贤慧）偕弟性慧全眷出家有名，戊戌先成后院，以俾安禅，继而环岛善信若颜、邱、陈、林等众，旁及锡兰贾胡诸埠檀越，均乐崇隆三宝。丁未合成中殿，而终之以前座而山门……[2]

（二）汉传与南传佛教僧俗四众紧密合作，争取佛诞日为法定公共假日

初期的新加坡汉传和南传佛教徒，都是根据各自的传统而选择在不同的日子庆祝佛教教主释迦牟尼佛的圣诞。斯里兰卡、泰国和缅甸等南传佛教徒以每年阳历五月的月圆日作为释迦牟尼佛的佛诞日，中国的汉传佛教徒则以农历四月初八作为佛诞日。当他们在祖籍地以不同日子庆祝佛诞时，由于没有比较，旁人自是毫无异议，然而，当他们集中在新加坡这座小岛上却分别在不同的日子庆祝寿辰时，有了差异和对比，难免会招惹非议。后来，经过新加坡第一位南传法师法乐法师（俗名陈景禄）[3]、新加坡佛教总会主席李俊承居士、世界佛教友谊会新加坡区分会主席毕俊辉女士和光明山普觉寺住持宏船法师等僧俗四众的努力斡旋，南、北传佛教徒都同意以每年的农历四月十五日作为佛诞日，并且都愿意在维多利亚纪念堂一起庆祝卫塞节。这是一个非常艰难的争取过程，亦可视为新加坡多元佛教之间努力与合作的成果。

1　The Buddhist New Year, *Straits Times*, Singapore 1904–04–28.

2　Kenneth Dean and Hue Guan Thye, *Chinese Epigraphy in Singapore 1819—1911*, Vol. 2, pp.1034–1035.

3　Willie Tay, "Ven. Dhammasukha（1900—1966）: Founder, The Buddhist Union, Singapore", In Golden Anniversary Souvenir, Singapore: The Buddhist Union, 1987, p.129.

图 1　百年楹联　　　　　　　　　　　图 2　梁签

　　根据殖民地政府华社事务所秘书档案（Secretary for Chinese Affairs File）的记载，最初采取主动权向海峡殖民地政府提出申请者，是锡兰佛教徒组织的"新加坡佛教会"（Singapore Buddhist Association）。当时是 1947 年 10 月 14 日，新加坡佛教会的秘书与其他 10 人联署盖章投递请愿书，请求新加坡总督金姆森爵士（Sir. F. C. Gimson）批准将纪念佛陀圣诞的卫塞节设为新加坡的公共假日，理由是新加坡基督教徒、印度教徒各自的宗教节日都被政府定为公共假日，但将近50万个来自中国、泰国、缅甸、印度和其他国家的佛教徒，却没有属于佛教节日的公共假日。[1] 然而，负责审查这项申请的官员认为华人自称是佛教徒，其实是响应本身属于什么宗教信仰时的一般答辞，却未必是真正实践佛教仪轨的佛教徒（Practising Buddhists）。同时，他们根据所搜集到的部分资料进行推论和估计，认为20世纪40年代末的新加坡有50万个佛教徒纯属夸大之辞。[2] 因此，新加坡总督的秘书于1947年11月10日代替总督回函给新加坡佛教会，表示总督不予批准这项申请。[3]

为了进一步提出申请，英文佛教会创办人陈景禄居士向宏船法师提议，获得后者的鼓励和支持后，两人于1949年一同向英国驻东南亚最高专员麦唐纳爵士（British High Commissioner, Mr. Malcolm MacDonald）提出建议。陈景禄居士是英文教育者，由他负责向麦唐纳爵士阐明新马各宗教都有特定的纪念节日和公共假日，基于宗教平等的原则，佛教的卫塞节也应获得政府的尊重，同样被定为新加坡的公共假日。麦唐纳爵士在详细询问了卫塞节的来历和意义后，便认同他们的建议，嘱咐他们具函呈交，以便他面谒新加坡总督时请他考虑。[4]

于是，是年宏船法师与来自50余所佛教寺院和佛教团体的佛教徒在新加坡维多利亚纪念大礼堂一起庆祝卫塞节。两千余位来自中国、印度、锡兰的佛教徒参加了这场巨大的佛教盛会。法会结束后，全体佛教徒站立表决支持再次向政府申诉设定佛诞为公共假期。[5] 由于当时的新加坡佛教总会还没成立，便由

1 "Department File Reference No. 364/47, C.S.O 3579/47, Enclosure 1: Request to have the birthday of Load Buddha, The principal Buddhists festival, declared as a public holiday", in Secretary for Chinese Affairs Files, Microfilm Exposure, pp.73-96.

2 "Department File Reference No. 364/47, C.S.O 3579/47, C.S.O 5618/49, Vesak Holiday Minutes", in Secretary for Chinese Affairs Files, Microfilm Exposure, pp.73-96.

3 "Department File Reference No. 364/47, C.S.O 3579/47, Enclosure 4: Letter from Colonial Secretary Singapore", in Secretary for Chinese Affairs Files, Microfilm Exposure, pp.73-96.

4 《关于卫塞节成为公共假日的来源及其他》，《南洋佛教》1982年第153期。

5 "Buddhist call for holiday" in *Straits Times*, （Singapore）, May 13, 1949;《各民族联合举行佛诞大会决请政府订定佛诞为假期》，《南洋商报》（新加坡）1949年5月13日。

陈景禄居士准备文件提出申请。[1] 这是一个包含了全新加坡 51 所寺庙庵堂和佛教团体的名单，由他们组成"新加坡卫塞节公共假日委员会"（Singapore Vesak Holiday Committee），并于 1949 年 9 月 9 日正式投递公函。委员会在该申请书函中指出，据保守估计全新加坡多达六成人民是佛教徒。然而，过去的南、北传佛教徒分别在阳历五月月圆日和农历四月初八庆祝释迦牟尼佛圣诞，因此无法取得一致共识向殖民地政府申请佛教卫塞节为公共假日。但如今南、北传佛教徒已经取得一致认同，全新加坡佛教寺院决定在每年的阳历五月月圆日举行卫塞节庆典，因为这是一个集合了释迦牟尼佛圣诞、成道、涅槃的神圣日子。当时其他主要宗教的教主圣诞都被定为公共假日，而且同样属于海峡殖民地的槟城、马六甲，甚至是霹雳州和吉达州，都已经宣布了卫塞节为公共假日，因此希望新加坡总督能够定卫塞节为新加坡的公共假日。[2] 然而，殖民地政府再次拒绝了这项申请。[3]

1950 年 2 月 27 日，新加坡卫塞节公共假日委员会的另一轮申请，是以公共假日法令（第 174 章）为由，正式提交到新加坡立法议会的"特别委员会"（Select Committee），但还是被拒绝了。[4] 特别委员会在做出决定前，有考虑"华人参事局"（Chinese Advisory Board）的意见。该局认为仅有一小部分的新加坡人要求卫塞节成为公共假日，况且新加坡不应该有太多公共假日。[5] 宏船法师则以委员会主席的身份反驳华人参事局的说辞，并表示若政府不能增加公共假日，他并不反对以卫塞节取代既定的两个华族新年公共假日之一的

---

1 《关于卫塞节成为公共假日的来源及其他》，《南洋佛教》1982 年第 153 期。

2 "Appendix G: 'Vesak' Holiday Memorial", in Proceeding of the First Legislative Council, Colony of Singapore, 3rd Session, 1950.（Singapore, 1952），Microfilm, pp. C357–C358.

3 《关于卫塞节成为公共假日的来源及其他》，《南洋佛教》1982 年第 153 期。

4 "Report of the Selected Committee appointed by the Legislative Council to examine and report on the Holiday ordinance（Chapter 174）and to make recommendation thereon", in Proceeding of the First Legislative Council, Colony of Singapore, 3rd Session, 1950.（Singapore, 1952），Microfilm, pp. C348–C349.

5 "Department File Reference No. 364/47, C.S.O 3579/47, Enclosure 5: Extract from Minutes of meeting of the Chinese Advisory Board held on 12th May, 1950", in Secretary for Chinese Affairs Files, Microfilm Exposure, pp.73–96.

建议。[1]

1951年2月8日，新加坡佛教居士林的林长提呈了一份新的请愿书给新加坡总督。1951年2月12日，这份请愿书被转交给殖民地政府的秘书长。[2]同样的，华人参事局在召集了5月22日的会议后，再次否决了这项请愿。[3]尽管1951年的卫塞节还不是公共假日，而且是在必须工作的星期一，但全新加坡佛教徒从星期六便开始举行了一连三天的盛大庆典，强烈凸显了新加坡佛教徒的心愿。新加坡佛教会在其属下的欧南路佛寺内举办了一场法会。星期日，全国超过一百所的佛教寺院和佛教团体在清晨高高升起了佛教旗帜。上午11点整，所有的佛寺一起敲响了钟声，开始在各自的寺院举办庆祝活动。下午，新加坡佛教会除了在欧南路佛寺举行佛陀舍利子的展览以外，还到杨厝港麻风病院进行了拜访600位麻风病人的慈善活动，并在该麻风病院举行放生鸽子的活动。夜幕低垂时，所有的佛寺都张灯结彩，灯火通明。[4]当天，斯里兰卡佛寺（Sri Lankaramaya Temple）的纳兰达法师（Ven. Narada Thera）亲自拜访英文佛教会，并联合呼吁，希望海峡殖民地政府批准卫塞节为公共假日。[5]

到了星期一卫塞节当晚8点，超过一千名各族群的新加坡佛教徒齐聚于维多利亚纪念大礼堂，庆祝卫塞节。当晚，新加坡佛教总会主席李俊承居士正式公开呼吁，希望海峡殖民地政府批准卫塞节为公共假日。[6]同一个晚上，在斯里兰卡佛寺的法会上，很多信徒围集在该寺聆听纳兰达法师说法。纳兰达法师向佛教徒们分析，目前缺乏强大的灵修活动来吁请政府宣布卫塞节为公共假日，

1　"Appendix J, Part I: Singapore Vesak Holiday Committee", in Proceeding of the First Legislative Council, Colony of Singapore, 3rd Session, 1950.（Singapore, 1952）, Microfilm, p. C360.

2　"Department File Reference No. 364/47, C.S.O 3579/47, Enclosure 9", in Secretary for Chinese Affairs Files, Microfilm Exposure, pp.73-96.

3　Proceeding of the First Legislative Council, Colony of Singapore, 3rd Session, 1950.（Singapore, 1952）, Microfilm, p. C360.

4　Wesak Day Programme, *Singapore Standard*,（Singapore）, May 18, 1951.

5　Buddhists say Vesak should be holiday, *Straits Times*,（Singapore）, May 21, 1951.

6　Mass Celebration ends Wesak, *Straits Times*,（Singapore）, May 22, 1951;《世界佛教联谊会星分会庆祝佛诞佛总主席李俊承希望当地政府规定卫塞节为假期》,《南洋商报》（新加坡）1952年5月22日。

因此，在往后的卫塞节当天，希望大家都放下工作，虔诚地参加法会和静坐修持。只有通过这种方式，卫塞节才会被批准为公共假日。[1]

4年后，英国殖民地政府同意在新加坡举行立法议会选举制，给佛教界的申请带来了新的契机。在1955年4月的立法议会选举中，劳工阵线的马绍尔律师（Mr. David Marshall，犹太籍）被推选为第一任部长，新加坡佛教总会即刻把握良机，再度联合全新加坡佛教寺院提出申请。这次的申请终于获得批准，新政府议会于1955年6月正式批准卫塞节为新加坡的公共假日，并于是年6月27日发函照会所有部门的常任秘书。[2]

有关消息一经《宪报》正式刊登，全新加坡的佛教徒雀跃万分，兴奋不已，并且纷纷写信向马绍尔首长致谢。尤其来年（1956年）的卫塞节，将是全世界佛教徒共同庆祝释迦牟尼佛圣诞2500年的大节日，全新加坡佛教徒可以在第一次的卫塞节公共假日庆祝这个千年盛典，意义更是非同凡响。马绍尔首长在回复众多佛教徒的致谢信时，也致上了他对这个神圣节日的祝福，并提道："我能够协助忠诚、爱好和平和值得尊敬的广大公民争取到属于他们的合法权益，确实感到非常高兴。"[3]

从马绍尔首长的这番言语中，我们不难发现一个事实，当时的新加坡已经开始从海峡殖民地转型为初步实行民主选举制的半自治国家，一个人数日渐增多的新兴宗教社群，是接受人民信任和委托政权的政党领导人所不能忽视的。因此，马绍尔首长一上台，便签署批准全新加坡佛教寺院和信徒的申请，这间接地反映了一个没有明说的现实：当时的新加坡佛教在"量"的方面，也已经发生了显著的变化，而北传佛教联合南传佛教所展现出来的力量，更有助于彼此在这个多元宗教的岛国内占有一席之地。这是一项由新加坡两大传统佛教界

1　Make Wesak a "Holy Day" – Rev. Narada, *Singapore Standard*,（Singapore），May 22, 1951.

2　"Department File Reference No. 364/47, C.S.O 2606/50, Enclosure 17: To Permanent Secretaries. All Heads of Departments（A）on 27th June, 1955", in Secretary for Chinese Affairs Files, Microfilm Exposure, pp.73–96.

3　Colin Mc Dougall, Buddhism in Malaya, p.37.

同人历经重重波折，依然不屈不挠地向殖民地政府争取宗教平等、合法权益的结果，为新加坡佛教的传播与发展，谱写了历史性的重要篇章。

结　语

新加坡佛教界追求和谐社会的意愿，不仅体现在佛教宗派之内的互相合作，还延伸到主动向其他宗教伸出友谊之手。今日，维多利亚街圣婴女修道院内的圣尼各拉女校之课室拱门上，陈列着多达数十尊的弥勒尊佛，这便是笑佛和天主同在一个屋檐下和谐相处之确凿证据。（见图 3）据知这是在百余年前英殖民地时代，有一个佛教团体经常捐款给天主教修道院的孤儿院，为了感激这些佛教徒，天主教的修女们便把一尊尊笑佛陈列在课室的拱门上，以示敬重之意。可是这个宗教大同的和谐景象随着岁月的流转已经少为人知，直到最近为了准备庆祝女修道院建立 150 周年的活动，大家才惊讶地发现这个百年前的奇异景观。新加坡的天主教女修道院小学部一排课室之拱门上，门门皆有弥勒笑佛，既显示了当年的天主教修女们怀有一颗宽大包容、敬重各宗教之心，也反映了新加坡佛教的先贤们在追求宗教和谐方面所付出的一片苦心。[1]

新加坡佛教团体积极提倡各种族、各宗教之间的和谐共处、并存并荣之跨宗教理念，恰与李光耀资政在建国之初的期望不谋而合：在类似我们这样的世俗国家里，宗教绝对不能成为各种宗教团体之间的矛盾和仇恨之泉源。佛教有其温和的性质，足以成为社会团结的主要因素。仁爱、自律、和平与非凡的博大智慧可以协助佛教徒传播友好和仁爱。在佛教的哲

图 3　天主教女修道院小学部的课室拱门上之笑佛

1　参见《联合早报》2004 年 7 月 1 日。

学里，所有的生命都是宝贵的，不论其他人是基督教徒、印度教徒还是别的什么教徒。因此，我们能够从中获得安定。对于一部分佛教徒而言，连动物和昆虫的生命都是宝贵的，尽管这也许会把事情做得过头。无论如何，我还是希望"佛教会"能茁壮成长，并协助塑造新加坡成为一个更宽容、更和谐的国家，即使我们是一个多元宗教的国家。佛法本是平等性的，而非对立性的；是容他性的，而非排他性的。唯其如此，宽容、博大的佛法绝对可以为新加坡佛教与其他族群的文化兼容并蓄，汇合成波澜壮阔的一股滔滔洪流的和谐前景带来可能。

论泰山信仰与中国传统生死观

叶　涛

中国社会科学院

在中国文化的历史长河中，泰山享有崇高的声誉，它被誉为中华民族精神的象征，被称作"东方文物的宝库"。从传说中的三皇五帝，到历史上的秦皇汉武，历代帝王通过到泰山封禅告祭，宣扬其"受命于天""功德卓著"，从而确立了泰山在整个中国历史中不可替代的地位。自隋唐以来，封建帝王又通过对东岳泰山的封王封帝，尊崇日隆，使泰山逐步神灵化、神圣化、国家化，东岳大帝最终被纳入国家正祀的系统之中，成为国家奉祀的重要神灵之一。

泰山文化中凝聚着中华民族的生死观、宇宙观、人生观，山岳崇拜、神灵信仰及其典章仪式便是这些观念的具象化体现。山岳崇拜致使封禅仪典制度化、神圣化，泰山封禅成为历代帝王梦寐以求的国家政治行为；神灵信仰直接导致了东岳大帝、碧霞元君等泰山神灵的出现，使国家与民众两个方面都可以在泰山寻求到自己的崇祀对象，开启了中国历史上国家与民众共享泰山的先河。

一

提到泰山，人们津津乐道的常常是帝王的封禅大典。帝王到泰山封禅具有悠久的历史，据《史记·封禅书》记载，汉武帝之前，已有七十二家帝王到泰山举行过封禅。更早的文字资料——《尚书·舜典》中记有舜在接受了尧禅让后的第一个春天，巡狩泰山、举行祭祀的情况。汉唐时期，许多有名的帝王曾到过泰山，举行过封禅仪式。

"封禅"一词，初见于《管子·封禅篇》，惜已佚，今本《管子》中的《封禅篇》是从《史记》所引补录的。在《史记》的《封禅书》和《齐太公世家》中都有关于"封禅"的较为详细的记述。[1] 何谓"封禅"？唐代张守节在《史记·正义》中做过如下解释：

> 此泰山上筑土为坛以祭天，报天之功，故曰封。此泰山下小山上除地，报地之功，故曰禅。言禅者，神之也。《白虎通》云："或曰封者，金泥银绳，或曰石泥金绳，封之印玺也。"《五经通义》云："易姓而王，致太平，必封泰山，禅梁父，何？天命以为王，使理群生，告太平于天，报群神之功。"[2]

据此，我们可以对封禅有如下两点认识：首先，封禅的方式是在泰山顶上筑坛以祭天，在泰山下的小山上除地以祭地；其次，封禅的目的是"报天之功""报地之功""报群神之功"。《史记·封禅书》引管仲的话说，在秦以前有七十二个帝王曾行封禅之事，不过，文中也只提到十二个帝王，而且还多语焉不详，叙述模糊。也有学者认为，所说七十二帝只是约数，极言其多。自秦以来，秦汉唐宋诸朝均有帝王亲临泰山封禅。到了宋代，自从宋真宗举行封禅，王钦若导演了降天书闹剧之后，作为中国古代最具有代表意义的官方祭祀仪式——封禅大典，便戛然而止。此后，虽然仍有许多帝王到过泰山，但封禅大典再也没有举行。遇有大事，帝王也要举行告祭泰山的仪式。所谓"告祭"，

1　另外，司马相如有《封禅文》，据有的学者分析，《封禅文》的写作时间早于司马迁的《封禅书》，但《封禅文》过于简约，《封禅书》记载详悉，《封禅文》和《封禅书》是中国古代典籍中保留下来的最早的封禅著述。

2　司马迁：《史记·封禅书》"正义"，中华书局 1982 年版，第 1355 页。

就是帝王不亲自到泰山，而是派大臣代替帝王去泰山举行有关祭祀仪式。清代，康熙、乾隆等帝王都曾多次到泰山，却没有在泰山举行封禅。虽然不举行封禅，但帝王或遣官员代祭，或亲临拜祭，对于泰山的礼遇却始终不衰。

作为在泰山上举行的重要仪式性活动，相传起源于上古的泰山封禅大典，自宋元以来便被民众广泛参与的泰山庙会替代。泰山庙会的起源，有的学者将它追溯到汉唐时期，甚至更早。泰山庙会的真正繁荣应该是在宋代之后，这可以从明清小说、文人笔记中得到证明。《水浒传》是明代人以宋代为背景创作的优秀作品，其中所描写的泰山庙会极为生动。《醒世姻缘传》《金瓶梅》《老残游记》，以张岱笔记为代表的明清笔记中均有泰山庙会的记述。宋真宗的泰山封禅和对东岳泰山的封王封帝，对庙会成为定制起到重要作用。

唐末五代时期，泰山信仰迅速发展，除五行观念、泰山治鬼说深入人心以外，帝王的封禅泰山更对泰山崇拜起到极大的推动作用。宋真宗的封禅更是大造舆论，天下普见吉兆，无形中在民间起到了宣扬泰山的作用。宋真宗封禅后，封泰山帝号，各地大建东岳庙，泰山岱庙地位日隆，成为各地东岳庙的祖庙。同时，两宋时期，东岳诞辰渐渐固定为三月二十八日，并为各地民众所遵循。这些，都是泰山庙会兴起和发展的基本保证。金元时期，道教继续在泰山发展，全真派的著名弟子在泰山多有活动，南天门的一组庙宇就是全真教道士张志纯发起募捐而修建起来的，蒿里山规模宏大的酆都庙也创建于元代。元代，每逢东岳大帝诞辰，"天下之人不远千数百里，各有香帛牲牢来献"[1]。小说《水浒传》中对于泰山庙会的描写，也应该是写的这个时期的情况。[2]至于元代短篇小说和元杂剧中对泰山庙会的描写，更是直接以当时的现实活动为背景。

道教在明清时期已无法和其前期的繁盛相比，但此时泰山民间信仰的基础已经相当深厚，碧霞元君信仰自明初兴起以来，迅速发展，深入人心。明清时

1　陆容：《菽园杂记》卷七引《重修蒿里祠记》，转引自刘慧《泰山庙会》，山东教育出版社1999年版，第32页。

2　《水浒传》最早的版本为明代万历末年（1610年左右）的刻本。关于该书的成书时代，学术界还有分歧，其中一派观点认为作者之一施耐庵为元末人，因而定成书年代为元末明初。

期，泰山庙会在原有东岳大帝的基础上，又加入碧霞元君这一后来居上的泰山女神，形成了极其兴盛的壮观场景。庙会的会期也从单一的东岳大帝诞辰，进而发展为碧霞元君、王母娘娘、玉皇大帝等多神灵共主的局面，形成了中国庙会史上独具特色的泰山庙会群，其会期自春节至农历的四月份，形成了跨越整个春季的"万古长春会"。除春香庙会外，还有秋香庙会，延续一年的盛况。

泰山庙会自宋代形成以来，因其所蕴涵的深厚的民间信仰文化基础，以及长期所形成的民众自发参与的热情，在经过了明清时期的繁盛后，至清末民初继续保持着良好的发展。

二

在早期帝王的巡守和封禅泰山的礼仪中，泰山只是作为一个自然实体而存在，巡守和封禅的主要目的是对天、对地的告祭，泰山只是告祭的场所。不过，在长达数千年的巡守和封禅仪礼的举行过程中，泰山也因为它的特殊位置而完成了神灵化和人格化的过程。

帝王的封禅泰山发展到秦汉，已经不是单纯意义上的与"天"的沟通，而具有了"求仙""不死"的成分，这与后期的泰山主死而治鬼的观念形成鲜明对比。从战国至两汉，冥界的主宰从天帝转变为泰山神，泰山成为众鬼的归宿。[1]早期泰山神被称作"泰山府君"，这个称呼最早见于晋干宝的《搜神记》卷四"胡母班"条。[2]

在泰山神人格化逐渐确立之后，从唐代开始，随着对泰山神不断地加封，出现了泰山神的国家化和帝王化的倾向，泰山神灵的地位在国家和民众中最终得以确立。唐代武则天封东岳为神岳天中王，后又尊为天齐君。唐玄宗封泰山为天齐王。宋真宗在大中祥符元年（1008）泰山封禅后，加封泰山为仁圣天齐

1　参见萧登福《先秦两汉冥界及神仙思想探原》，文津出版社 1990 年版，第 50 — 69 页。

2　参见（晋）干宝撰《搜神记》，中华书局 1979 年版，第 44—45 页。

王；大中祥符五年（1012），又加封为天齐仁圣帝。宋真宗不仅加封泰山，还加封泰山夫人为"淑明皇后"，加封泰山的五子为侯、为王，加封泰山女儿为玉仙娘娘。到了元代，元世祖又加封泰山为天齐大生仁圣帝。[1]

从传说时代就在泰山上举行封禅这种典章制度上最隆重的大典，到宋代之后的帝王致祭泰山；从将泰山作为人间帝王与上天沟通的场所，到对泰山封王、封帝，兼封其妻子儿女，在数千年的历程中，泰山完成了其神灵化和人格化的过程。泰山神的人格化，使其具备了中国民俗神灵所具有的一般性质，同时，其安邦定国、通天告地的显赫本领，又使其具有了普通神灵所不具备的威力。历代帝王对泰山的加封和推崇，必然对民众的泰山信仰起到推动作用，加快了泰山信仰在地域上的扩布。

碧霞元君是中国历史上影响最大的女神之一，尤其是明清以来，她在民间的影响已经大大超过了泰山主神东岳大帝，以至于当时的文人士子对元君势力的发展颇有微词，明人谢肇淛的一段话最能说明当时的情形：

> 岱为东方，主发生之地，故祈嗣者必祷于是，而其后乃傅会为碧霞元君之神，以诳愚俗。故古之祠泰山者为岳也，而今之祠泰山者为元君也。岳不能自有其尊，而令它姓女主，偃然据其上，而奔走四方之人，其倒置亦甚矣。[2]

关于泰山女神碧霞元君称号的起源，过去一般认为是宋真宗所封，此说有谬。根据笔者对泰山玉女和碧霞元君称号的考察，可以比较肯定地说，元代末期，道教信徒开始把泰山玉女纳入道教神灵体系；到明代，皇帝和后妃们崇奉泰山女神，道教信徒趋炎附势而给泰山女神加上了封号。泰山女神有"天仙玉

1　参见（晋）干宝《绘图三教源流搜神大全》（外二种），上海古籍出版社 1990 年版，第 44—45 页；马端临《文献通考》，中华书局 1986 年版，第 757 页；王圻《续文献通考》，商务印书馆 1936 年版，第 3465 页。

2　（明）谢肇淛：《五杂俎》卷四，中华书局 1959 年版。

女碧霞元君"的封号，时间应该在明代前期。到明中期的弘治、正德年间，碧霞元君的封号已经非常普及，并通过民间宗教利用宝卷的形式广为传播，而为广大民众所熟知。

明代初期，朱元璋整顿祀典，登基的第三年（洪武三年，1370）就下诏书罢去泰山"东岳天齐仁圣帝"的封号，单称"东岳泰山之神"。为什么去掉"王""帝"这些封号呢？按朱元璋的说法是："因神有历代封号，予起寒微，详之再三，畏不敢效。盖神与穹同始，灵镇一方，其来不知岁月几何？神之所以灵，人莫能测，其职受命于上天后土，为人君者何敢预焉！惧不敢加号，特以'东岳之神'名其山。"[1]削去泰山神的帝王封号，无形中把东岳大帝和碧霞元君原来的差别（一主一从）缩小了，他们同为泰山神灵，一男一女，平起平坐，这就为民间崇奉碧霞元君提供了机缘。从洪武三年罢去泰山神的封号，到弘治十六年（1503）皇帝派员致祭碧霞元君，在这一百三十多年的时间里，碧霞元君已从宋代的默默无闻，经元末明初的陪祀东岳，最后发展成为声名显赫与东岳大帝并驾齐驱的泰山主神。尤其是到了明代中后期的嘉靖、万历年间，碧霞元君信仰深入民间，在民众心目中牢牢地扎下了根基，以碧霞元君为奉祀主神的泰山香社也空前活跃，民众在泰山的进香活动进入历史上最繁盛的时期。这种繁盛景象一直持续到清代的康熙、乾隆时代，余波至于光绪年间，时间长达四百余年。

<h1 style="text-align:center">三</h1>

泰山在五岳中位于东方，五行观念中属青，主生。但是，汉唐以来，随着地狱观念的逐步融入，泰山便成为中国人死后的归属之地，"魂归泰山"是泰山（东岳大帝）主死观念的代表，蒿里山（十八层地狱）、奈河则是泰山主死

---

1 《明洪武去泰山封号碑》(习称《去封号碑》) 今存泰山岱庙天贶殿西侧的北碑台上，碑文收入《岱史》。马铭初、严澄非校注：《岱史校注》，青岛海洋大学出版社 1992 年版，第 86 页。

的象征。与东岳大帝不同，民众祈求于泰山女神碧霞元君则是为了赐子、祛病、延生。

碧霞元君从最初配祀东岳，就与泰山信仰的基本功能——"育化万物，始生乾坤"结合在一起。因此，把碧霞元君最初的职司定位于生育神应该是恰当的。碧霞元君生育神的职司最晚于明朝初年就已经具备。因为到嘉靖年间拓建岱顶碧霞祠时，就有了碧霞元君的副神子孙娘娘殿的辟建。嘉靖十一年（1532），皇太后曾遣太子太保到泰山"致祭于天仙玉女碧霞元君之神"，为嘉靖皇帝求子，御祝文中讲道："皇帝临御海宇，十有二载，皇储未见，国本尚虚，百臣万民，无不仰望。兹特遣官敬诣祠下，祗陈醮礼，洁修禋祀，仰祈神贶，默运化机，俾子孙发育，早锡元良，实宗社无疆之庆，无任垦悃之至。"[1] 上述资料表明，碧霞元君所具有的能致人生育的职司，已经得到宫廷上层的认可。这种功能的具备必然是在民众之中经过一段较长时间的发展之后，才会从民间而进入上层、进入宫廷，又经过宫廷的认可、提倡（为皇帝来泰山求子就是最好的提倡），而这种认可和提倡又必然会反过来对广大民众产生重要影响。

实际上，碧霞元君信仰发展到嘉靖、万历年间，碧霞元君的职司已经从单一的生育神演变为无所不能的神灵。万历二十一年（1593）王锡爵《东岳碧霞宫碑》铭记云：

> 齐鲁道中，顶斋戒弥陀声闻数千里，策敝足茧而犹不休，问之，曰：有事于碧霞。问故，曰：元君能为众生造福如其愿。贫者愿富，疾者愿安，耕者愿岁，贾者愿息，祈生者愿年，未子者愿嗣，子为亲愿，弟为兄愿，亲戚相厚，靡不交相愿。而神也亦靡诚弗应。[2]

贫者、疾者、耕者、贾者、祈生者、未子者……不同的阶层，愿富、愿

1　马铭初、严澄非校注：《岱史校注》，青岛海洋大学出版社 1992 年版，第 149 页。

2　（明）王锡爵：《东岳碧霞宫碑》，载《重修泰安县志》卷十四，民国十八年刊本。

安、愿岁、愿息、愿年、愿嗣……不同的愿望，一起汇集到泰山，大明王朝的子民们虔诚地匍匐在碧霞元君的面前，元君则"靡诚弗应"。正如有的学者指出的："泰山碧霞元君的信仰，是各种关于生育成长神话传说的综合，最后集中到'泰山娘娘'身上。宋真宗筑'昭真祠'供奉的只是玉女，但因祠建在与生育成长观念密切的泰山，于是日渐汇集各种生育观念，成为我国古代妇女信仰的主要偶像。"[1]

碧霞元君信仰功能的扩展，既是民众信仰需求的结果，也是碧霞元君影响不断增强的具体体现。这种功能的演变，对于碧霞元君这个女神而言有着特殊的意义，它为不同阶层、不同性别的人士进香于元君提供了依据，在相当大的程度上扩大了其信众的范围，其结果便是民众进香泰山活动的兴盛和民间信仰组织香社活动的繁盛。

进入 21 世纪，泰山一如既往代表着中华民族的风骨。正如《我们是黄河我们是泰山》歌中唱到的那样："我登上泰山之巅，天风浩荡向我呼唤。中华的风骨像泰山千秋耸立，铭刻多少功绩多少荣耀多少尊严。泰山向我呼唤，要做中华好汉！"泰山寄托着中华民族数千年来国泰民安、风调雨顺的美好愿望，继续延续着作为中华民族"拔地通天"、气贯长虹的神圣场域的光荣。

---

1 中国社会科学院世界宗教所道教研究室：《道教文化面面观》，齐鲁书社 1990 年版，第 153 页。

近七十年泰山文化研究述评

张　琰

泰山学院

近七十年，泰山文化研究经历了从沉寂至兴盛再至繁荣的阶段，表现为：其一，研究内容更加丰富。从讨论泰山的基本问题扩展到分析该礼俗的香社、进香活动、信众、文化传播等问题。其二，研究方法不断创新。经历了从单一研究方法到民俗学、人类学、宗教学、社会学、历史学等多学科研究方法的综合运用。其三，研究所用资料种类增多。表现为从单一研究资料到多种研究资料的综合运用。本文试对近七十年泰山文化研究成果做一回顾与前瞻。

一、1949 年至 20 世纪末的泰山文化研究

泰山文化是中华文化的重要组成部分，对其之研究绵延千年。20 世纪的后 50 年，泰山文化研究经历了由沉寂到高潮的两个阶段。

第一个阶段是 1949 年至 1979 年。这一时期，尽管大陆对泰山文化的研究有所开展，如顾铁符、唐兰、俞剑华、张鹤云、王献唐等一批文史专家分别从不同领域对泰山文化的有关内容进行探析，郭沫若更是提出了泰山在中华文化中的地位——"中华文化史的一个局部缩影"的精辟论述，但是这一时期泰山研究的力作较少，更多的是介绍泰山的科普读物。而港台地区则呈现了不同的景象，苏雪林、凌纯声、饶宗颐、孔德成、余英时等诸人，把泰山文化置于世

界文化的大背景下，探讨泰岱文明，使泰山文化研究达到了一个新的高度。

这一时期，独具特色的泰山文化引起了东瀛学者的关注，汉学家们纷纷涉猎泰山文化研究，代表性成果有《山川诸神——〈山海经〉研究》《碧霞元君》《泰山府君》《东岳庙》《有关封禅的一个考察——以齐桓公封禅为中心》《始皇帝的泰山封禅与秦之郊祀》《史记封禅书与汉书郊祀志》《泰山香税考》《泰山曲阜访碑录》《关于泰山府君的由来》《石敢当——中国民间的神》，带动了海外泰山文化研究的热潮。

第二个阶段是 1979 年至 20 世纪末。这一时期，泰山文化研究迎来了发展的高峰，并日渐成熟，主要表现在以下几个方面。其一，泰山文化研究的领域不断拓展，除了传统的文献研究外，出现了对泰山文化的理论思考，初步提出了“泰山精神”“大泰山”等命题，提升了泰山文化研究的水平。其二，研究队伍不断壮大，除了之前从事泰山研究的中老年学者之外，还加入了许多进行泰山研究的年轻学者，同时地方学者成为泰山文化研究的中坚力量，形成了较为稳定的研究团队，如刘慧关于泰山宗教的研究、周郢关于泰山历史文献的研究等。其三，研究成果在质量上有了很大提升，在数量上可谓是成果丰硕，并出版了汇集泰山文化研究成果的专刊《泰山研究论丛》等。新编《泰山志》《泰山大全》等一批集学术性、资料性为一体的著作集中展示了这一时期研究的整体水平。其四，将多学科研究方法应用到泰山文化研究中去，将泰山文化投置于中外文化的大背景中去审视，为泰山文化研究提供了新的生机和活力。其五，开始出现以泰山为中心的学术活动。1990 年与 1991 年泰山研究会分别召开两届国际性会议。学术会议的召开，极大地推动了泰山文化的研究和传播。

20 世纪中叶至 20 世纪末泰山文化研究的另一个特点，是国外泰山研究的蓬勃开展，欧美学者注重对泰山信仰和泰山石刻的研究——《泰山：十八世纪社会和文化上的互相影响》，日本学者则延续其传统，注重对泰山府君信仰及石敢当的研究，《中国的泰山》《泰山与冥界》《泰山府君研究》《从石敢当看中国、冲绳、奄美》《中世末期丰后臼杵的唐人街和石敢当》等都是这一时期的代表作。

二、21 世纪的泰山文化研究

2000 年以来，泰山文化研究取得了较为显著的进展，尤其是在泰山古籍文献的整理、工具书的编纂、石刻的普查辑录、非物质文化遗产的研究、泰山文化学术活动的开展等几个方面。

第一，泰山古籍文献的整理方面。进入 21 世纪，泰山古籍整理工作取得了很大成果，产生了诸如《泰山文献集成》《泰山志校证》《岱览校点集注》《岱粹抄存》《岱粹抄存续编》等鸿篇巨制。《泰山文献集成》学术价值较高，其对明清以来的 13 种泰山专著进行了标点校勘，总字数达 400 万字，其中包括一些稀有版本如《泰山图志》《泰山述记》等。《泰山志校证》具有鲜明的学术特色，是一部学术性笺证著述，校者以"校证"形式，征引近千种文献，对明汪子卿《泰山志》进行疏解、考订，辑录了众多的珍稀资料，并提出诸多视角独到的新见解，堪称泰山文化研究的小书库。《岱览校点集注》采用"集注"的形式，对原著进行了纠谬、训诂和解说，体式上是一种新体式的尝试之作。《岱粹抄存》《岱粹抄存续编》为民国王价藩、王亨豫父子搜罗编辑的泰山文献。《岱粹抄存》收文 176 篇，诗 341 首。《岱粹抄存续编》，收文 151 篇，诗词 471 首。内容繁富，其中许多篇章绝无仅有，深具文献与学术价值。

除了对泰山古籍文献进行整理之外，也有对泰山其他文献的整理，如《百年泰山：1900 —2000》取镜头中的泰山，对百年变迁中的泰山老照片进行了辑录，具有极高的史料价值。又如《民国泰山（研究卷）》采用影印的方式展示了民国时期泰山文献资料的原貌，为进一步研究泰山，提供了珍贵的文献依据。

第二，泰山工具书的编纂方面。进入 21 世纪以来，泰山工具书的编纂有了很大进展，出版了《泰安历代书目提要》《泰山研究资料索引》等工具书。《泰安历代书目提要》著录泰山著述 440 余部，每书均作内容提要与作者简介，为研究者提供了有用的资料线索。《泰山研究资料索引》收录论文资料 7890

种，图书资料 976 种，总计 8866 种，内容涵盖人文与自然 20 多个学科门类。该书除了收录资料外，还采用多种方法展示了泰山学术研究的历史轨迹、学术盛衰、研究阵容等，堪称是"学术性索引的一个范例"。

第三，泰山石刻的普查、辑录与研究方面。泰山上下石刻众多，这些石刻是泰山文化遗存的重要组成部分，历来是泰山研究的重点之一。21 世纪以来，泰山石刻的代表性著作有《泰山石刻大观》《泰山石刻》《泰山石刻全解》《岱庙碑刻研究》等。《泰山石刻大观》选取著名石刻 465 方，每方石刻皆收有全拓缩印和拓本局部；全书共收图照 2700 余幅，均作录文及考释。《泰山石刻》在普查、著录上取得更大的进展，本书以图照为主体，共收录图版 9700 幅，登录石刻 6300 块。该书在收录范围上超出了泰山山体所在范围，包含了泰山周边地区的石刻遗存；在记录方法上对石刻现状、周边环境、载体、形制、地点等重要信息进行了记录。此后，《泰山石刻全解》又广加搜罗，增加了石刻词条 400 余个，规制更加宏大，收集碑刻更加全面，并将两卷本改为《岱庙、灵应宫》《登山古道》《岱麓》《灵岩寺》《岱顶》等五卷本，条分缕析，更加醒目从容。尤其是在录入碑文的基础上，大胆进行翻译阐释，碑刻文字历来被认为难读，大多数佶屈聱牙，即使是颇具修养的文史大家有时也认为难读，《泰山石刻全解》能知难而上，确实是在这一领域的大胆尝试，此为一大亮点。《岱庙碑刻研究》选取岱庙主要碑刻近 50 通，试图就碑刻的文物、书法及其历史文化价值做出阐述。以上石刻著作的出版，为泰山石刻研究的进一步深入奠定了坚实基础。

21 世纪，有学者依托泰山石刻进行了卓有成效的研究，为一些重要历史史实提供了有力的佐证，《蒙古汗廷与全真道关系新证——新发现的蒙古国圣旨（懿旨、令旨）摩崖简述》即以新发现的摩崖碑刻为例，全面分析了蒙古时期的政教关系。《明万历壬辰之役"借兵暹罗"发覆》以灵岩寺碑刻为中心，重新分析了万历壬辰之役。《明清士绅支持泰山全真道行为探析》以泰山道观中的碑刻为基础，探研了明清士绅与全真道之间的互动。

第四，非物质文化遗产的研究。世界及全国性保护人类非物质文化遗产工程的启动，带动了非物质文化遗产的研究，进入 21 世纪，泰山石敢当、东岳庙会、泰山道教音乐、泰山皮影戏等相继被列入"国家级非物质文化遗产名录"，围绕以上非物质文化遗产，展开了深入研究。这种对非物质文化遗产的保护和研究，扩大了泰山文化研究的影响，具有十分重要的意义。

第五，关于泰山文化特质的讨论。关于泰山的文化特质，讨论主要围绕泰山是"国山"而展开。"国山"之议进入学术研究的层面，始自 21 世纪。较早探讨这一专题的有王雷亭、宋体金、汤贵仁、周郢、刘凌等人。《"泰山——国山"命题的提出过程与意义》等文对泰山之"国山"内涵作了分析。《泰山"国山"地位的历史回顾》则提出了国山"五分期"和"五要素"说。2007 年全国两会期间，因有人大代表提出"国山"议案，进而引起社会广泛关注与讨论。2017 年，《东岳论丛》泰山文化研究专栏刊载了三篇关于"国山"的文章，文章围绕"国山"展开了深刻讨论。

另外这一时期出版的《中华泰山》《泰山：一个民族的精神家园》《中华第一名山泰山》《中华第一山：泰山》《泰山天下安》《泰山——中华之魂》等书对泰山文化特质问题也有较为深入的讨论。

第六，与泰山相关的学术活动充分展开。21 世纪以来，有关泰山的学术活动，渐次开展。首先表现为针对泰山文化某一方面的研讨会的召开，如泰安各县市区分别以左丘明与肥城（2001）、岱岳下港与齐长城兵学文化（2004）、罗贯中与东平（2006）、柳下惠与新泰（2007）、范蠡与陶山（2008）等为主题，召开的国际或全国性学术研讨会。其次是在非泰山所在地召开的泰山文化研讨会，如"东岳论坛国际学术研讨会"（2008）。这些学术活动可以分为两类，一是接地气的小区域性、定点式的学术研讨，克服原先纯粹地方研究的狭窄视野与粗放经营，通过学有专长、受过学术训练的研究者的参与，集合吸引纯粹的地方文史研究者，抓住热点与难点，重点突破，促使原先的研究水平得到尽快提升，并努力趋向正规化与学术化；另一类是吸引高端专家人才进入研究领域，通过他们的精良的学术研究与专长，带动泰山研究向着更高更深的领域拓展延伸。

第七，泰山文化普及工作广泛展开。21世纪，随着网络的普及和新媒体的出现，泰山文化得到了更广的普及，手段主要有：其一，各级各类泰山文化讲坛，如山东省图书馆与《齐鲁晚报》联合主办的大型公益讲座"大众讲坛"，山东省政协与省社会科学联合会主办的"齐鲁文化进北大"系列活动，泰安电视台、泰山学院联合主办的"泰山讲坛"，中央电视台《道德与法》频道录制的"泰山奇案"等，以普及泰山文化为宗旨，寓泰山文化于生动的讲述中；其二，电视节目，如泰安市电视台录制的《每周泰山》、大型电视连续剧《石敢当之雄峙天东》等，极大地推动了泰山文化的普及；其三，自媒体的应用，如在喜马拉雅等平台上播放泰山专题的音频，普及泰山文化；其四，通过开展与泰山文化有关的活动，如"泰山文化进校园""石敢当海峡两岸行"等促进泰山文化的传播；其五，出版泰山文化普及读物，如泰安市社会科学联合会组织相关泰山文化专家学者，以泰山为研究对象，编纂创作的泰安市首部系统全面的《泰山文化社会科学普及读物》系列丛书，是一部特色鲜明的泰山文化社科普及读物。该系列图书分为《泰山古碑石刻的故事》《泰山古树名木的故事》《泰山名诗佳文的故事》《泰山古建筑的故事》《泰山民间传说故事》《泰安老街巷的故事》六个分册，共计343000字。以上手段的应用，使泰山文化的普及和传播与时俱进，颇见成效。再如泰山管委组织专家学者，选择"名人""碧霞元君""景物""奇案""封禅祭祀""诗词"等十个方向，以"故事"的方式解读泰山文化，使之走出象牙塔。

三、泰山文化研究存在的问题与前瞻

综上所述，近七十年来，泰山文化研究无论数量还是质量均取得了很大成就，这为之后泰山文化的研究奠定了良好的基础，尽管如此，学界对泰山文化的研究仍然存在以下问题：

第一，关于泰山文化的功能、作用及地位等问题的研究有待进一步挖掘。虽然学界对泰山文化的方方面面进行了深入的研究，并积累了众多高质量的成果，但是如何从宏观上把握泰山文化，厘定泰山文化的内涵、精神与范围一直是泰山文化研究的弱点。只有从宏观上把握泰山文化，才能更好地展现泰山文化的功能和作用，体现泰山文化的地位。泰山文化研究已经取得重大进展，也在更多的领域深耕拓展。每一项重大突破都是向着泰山文化精神内涵的挺进，亦即面临更大的困难，这个困难就是如何解读领会泰山文化的核心内涵。而要更好地解决这个问题，需要研究者不断提高自身的学术修养，需要学界更深厚的学术储备。

第二，关于泰山文化研究的方法有待进一步更新。从研究方法上来看，尽管学界关于泰山文化的研究引入了人类学、考古学、历史学、宗教学、文献学等多学科的研究方法，但是目前关于泰山文化研究的成果大部分是运用单一研究方法的体现，相较于其余学科的研究，泰山文化研究的方法略显单一。新史料、新方法是学术研究突破的必要条件，目前泰山文化研究者对新方法一方面使用不够全面，另一方面很难做到得心应手。这首先需要强化方法论意识，由自发到自觉，其次需要有毅力，下苦功夫去掌握和运用。未来泰山文化向着更高目标前进，此为重要的支撑与保证。

第三，关于泰山文化研究的历时性问题尚需更深入探讨。泰山文化的形成既有共时性的一面，更有历时性的一面。目前学界关于泰山文化研究的历时性维度挖掘不够，尽管关于泰山文化研究的成果很丰富，但是我们仍然无法从整体上把握泰山文化，从而使得泰山文化的研究呈现"碎片化"的状态。

鉴于以上问题，泰山文化的研究尚需加强对以下领域的研究和讨论：其一，引入多学科研究方法和视角，重新审视现存泰山文化资料，从整体上把握泰山文化，探究泰山文化的功能、地位和作用。其二，泰山文化史的总结和研究，泰山文化历史绵长，其发展脉络、历史变迁，很值得做一总结。其三，加强泰山与其他中外文化名山的比较研究，通过把泰山与其他名山相比较，厘清泰山文化的特质。其四，泰山的地位与影响研究，泰山地位的论定，是泰山研究中的一大课题，对其研究是传承与弘扬泰山文化，普及和传播泰山文化的基础。

重写泰山——《泰山编年通史》的学术创新

周 郢

泰山学院

本人主持的《泰山编年通史》一书，2016 年 9 月获列国家社科基金后期资助项目，经过三年编写，今已完成 120 万字书稿，即将申报结项。今对本书的学术创新予以简介。

一、新体例的尝试

编年体史书编纂有着悠久的传统，其体例已形成几种定式，有范可循，有规可依。但具体到泰山历史的书写，尚需结合其自身的特点，在记述体式上做新的尝试。

郭沫若称泰山是"中国文化史的一个局部缩影"。我对此语的理解，乃言泰山是中国大历史与大文化的一个投影——历史上重大的治乱兴亡、社会变革，均在这座域中首山上有所体现。因此在编年纪事中，对史料进行剪裁组织，使之与历史大势相扣合，从而突现泰山文化的这一特点。今举例以见之。

李唐初立国于西部，尚未与泰山发生直接联系，但本书于唐史第一条撷录唐柳宗元《龙城录》东岳神助李渊起兵之传闻，以见唐室初起便借助泰山信仰以造势；而记唐朝覆亡，特别举出禅位册中"封泰山，禅梁父，略可道者七十二君，则知天下至公，非一姓独有"语，以见代唐者亦以泰山典礼作为其篡夺之依据。这样便将李唐一朝兴亡与泰山紧密绾合在一起。记其他诸朝起讫，也大多采用这一呼应笔法。

除了王朝兴亡首尾呼应，还有一些史事，其中心地点并不在泰山，甚至关系不大，从大历史上看却是惊天变局。对此则力求在泰山文献中获得一二对应史料，在编年中有机体现。诸如近代史上的鸦片战争与庚子之变，前者通过《普照寺香火田碑》"辛丑、壬寅间。夷（指英军）氛甚恶，海疆戒严"为切入点进行记述，后者则通过引述清末王宾基《庚子七月登泰山》诗中对时局的悲慨来加以反映。通过对史料的精心剪辑，上挂下联，将大历史与泰山区域史丝丝相扣，既是一山之史，又是中国全史的"局部缩影"。这种扣合，并不局限于上述治乱兴亡之事，一些文化史上的变革，如宋词之兴，元杂剧之盛，昆曲与花部（地方戏曲）之繁荣等，也都仿此史笔加以记述。

本书记事另一个变例是，记事件时兼及后世影响。一些史事除见于正经正史外，在地方文籍、碑石中也有所追记，有的且有遗迹存世。由于其出现时代较晚，史家较少关注。本书在申报立项时，即有评审专家指出，原稿标引史据时将早期经史与晚近方志并列，不够严谨。从史源学上讲，这一意见完全正确。然乡土文献或传闻之词，遗迹遗物或出于依托，从另一方面看，正反映了相关人事在这一地域所产生的影响与回声，是大历史在地域文化上的投影。因此本书采用一种处理手法，即以原始记录为主线，而将遗迹传闻附后作为补充与印证。如记周公东征史事后，附列宁阳"周公台"与新泰"周公庙"；记韩信征齐之役，附列长清"韩信台"；记隋末李密据有泰山，附列东平"李密窝"与长清"李密墓"、历城"李密洞"；记黄巢转战泰山，附列岱岳"黄巢寨"、长清"黄巢庄"、历城"黄巢庄"，并引述《长清县志》中所记土人于黄巢寺"发地得金盔甲，或巢物也"之佚闻。不仅使史实与传闻相扣合，也使历史场景更加生动鲜活。

历代编年史书多对文学创作不予纳入。泰山文学活动十分活跃，作品丰厚，是泰山文化的一大重心。如何将之在编年中加以体现，且又与史实相照应，颇费斟酌。因考虑到本书是以史为本位，不同于文学作品选，因此除一二大家外，作品选取标准不在其艺术水平高下，而是看其中有无能反映历史社会的内容。如诗歌引唐人唐彦谦《望岳时贼据华夏》，以见唐末泰山附近成激战之区，国家祀典尽废之状；引宋柳永《巫山一段云》，以见真宗"天书"事件对社会之影响；引明张吉《泰安州拜岳》"虺蛇本阴类，影响蹦神龙"句，以见士人对元君信仰之抨击；引宋燕《泰山大水歌》，以见泰山灾异之惨象。游记则引王沄《漫游纪略》，以见其时香税征收之状；引明人池方显《登泰山记》中拟移碧霞祠之论、汪坦《登岱记》中磨改封禅石刻之议，以见一时思潮。至姚鼐《登泰山记》虽负盛名，因文中并无独特史料，故只作简述而不备引。经过这一处理，泰山诗文的著录便成为展示历史场景的组成部分。

又编年史一向只记"朝"而不记"野"，但泰山文化是由朝堂、士人与民间互动而组成，忽略任何一方均无法反映其整体面貌，故而本书以相当篇幅来记民间文化。然而具体操作起来困难重重，一是民间文化事项多缺少可资凭据的史料，二是很难准确系于具体年月。为此下了极大功夫来寻访相关资料，对此方面加以体现。如从东岳庙会发掘出南宋曾三聘《因话录》所记蒋大防母述技艺表演，从泰山香会发掘出清《王钟霖日记》中所记"女合山会"，从庙祀音乐发掘出元人《湖海新闻夷坚续志》所记演奏《万年欢》乐目，从民间美术发掘出清人王贤仪《辙环杂录》中所记"泰安木板画"，从地方戏曲中发掘出清人周寿昌《思益堂日札》中所述"泰安腔"（即今之莱芜梆子），从曲艺表演中则发掘出明祁承爜《岱游记》中所记"胡女复弹筝傅粉，歌呜呜以撩行客"场景及近代西方学者慕嘉德所记"岱庙书场"。均属全新资料。特别是当今引发社会关注的"挑山工"，也从浩瀚文献中寻觅到关于其源起、行会、生活状况的几则记录：宋赵鼎臣《游山录》登岱人中"有负而趋者"，明公蓏《登岱八首》"寸木囊沙负戴跻，扪参历井上云梯"，查志隆《岱史》"危崖峻岭之上，材木瓴甓，转运最艰，即一砖之费，十倍平地。乃其役夫巉岖血汗可怜之状，余尝目击焉"，弥足珍贵。将这类资料整合后，选取一个节点插入，多方面地展示泰山文化风貌。

二、新史料的采用

近年来古典文献的集合刊布，简帛碑石的大量出土，古近代档案的整理公布，海外汉籍的大批浮现，以及外语资料的不断译介，皆为本书写作提供了丰富素材。

1. 出土文献。近年地下文物迭现层出，填补了泰山历史的诸多空白点。如清华简《系年》佐证了齐长城始建年代，周家台秦简展现了秦人泰山信仰，岳麓书院秦简、西安封泥数现秦汉泰山官署、政区名。而在西安、洛阳等地出土的万方唐人墓志，不少志石涉及乾封、开元封禅史事，显示了社会各层人士参与这一盛典的情形。有的记录甚至可发史之秘，如《金石录》等书记泰山有《登封纪号文》碑，其撰者未详，而据墓志，知其出于通事舍人贺若贞亮之手。又唐中宗神龙朝亦有封禅之议，为正史所讳言，新出《亡宫才人志》则重现这一轶史。泰安本地出土的北宋《姜规墓志》，不仅可据此考订建封院改升元观事，且可印证白龙池、小蓬莱、桃源峪诸题刻年代。

2. 新见碑石。除去地下墓志，其他类型的碑石也多有发现。泰山本地之所见，重要者如在青桐涧寻获的南宋嘉定十五年（1222）泰安州民刘镇题刻，昔金石家谓南渡以后"大河以北无赵家片石"（《语石》），泰山不独见建炎题刻，今复见嘉定题刻，为南宋一度收复山东之见证。另在肥城、长清间发现的元延祐五年（1318）"泰山石敢当"碑，为今见最早贯以"泰山"二字的石敢当碑，展示了石敢当信仰传播中的一个关键节点。在泰山以外，也有相关碑石被搜获，如在宜兴周王庙寻获明人蒋如奇《登岱帖》刻石，关涉明末祀岱典制，颇可与史互证。

3. 新公布档案。在中国第一、第二历史档案馆及台湾"中研院"史语所、故宫博物院、曲阜孔子博物院等处均藏有海量明清及民国档案，近年不断被整理公布。本书及时跟进，从中获得大量第一手资料。如自第一历史档案馆新公布的户部题本中，寻觅到关于泰山碧霞祠香钱征收的文档，解开了以往研究者对这一制度的诸多疑窦。自第二历史档案馆寻觅到民国灵应宫重修档案，内收《灵应宫志略》及碑石抄件，涉及明初道士周思德肇建此宫及清皇三子允祉为宫题额等事，均前所未知。其他台湾藏档、孔府藏档也都有不少关涉泰山的内容。

4. 民间文书。包括谱牒、地契、账簿、杂记册等。本书中较多采录谱牒中的罕见资料，如据《肥城县邱氏族谱》查出明万历全真名道人周玄贞族系及生平，据《汶邑路氏族谱》考明吕祖蓬莱始祖路圆守曾"阐教徂徕"事迹，据《泰安张氏族谱》考察张所存于康熙大震后复兴岱庙之事功，据《新甫孙氏族谱》考明重修武帝庙之"功德主"孙德寅生平，据《山左蛇邱阴氏族谱》考察清中叶泰山地区昆曲演出活动。另外在搜访中也获得一些其他文书，如在肥城汶阳石家楼获一《二贤祠记略》抄册，详记清末重修泰城二贤祠石族各支捐资、出工等细项。在岱岳区范镇大王庄获见清末王氏《月恒堂笔记》原本，内抄碑文涉及明末史东明之变事。均属私家秘籍，价值独特。

5. 域外汉籍。正如研究者所言，"海外稽古"已成"中国古典学研究的新景观"。泰山研究亦当紧跟这一学术前沿。通过对域外汉籍的搜寻，惊喜发现了一些国内佚失的古籍珍本，如美国哈佛大学燕京图书馆藏别本《泰山蒐玉》（与国内本有颇大差异），日本进德会藏《泰山诗选》，而且还从朝鲜、越南、琉球的"朝天""燕行"录中搜检到诸国贡使多篇泰山诗文，反映其独特的泰山观念。

6. 外语资料。近代以来，众多东西方学者对泰山文化予以关注，留下颇多记录。今值开放之时代，得以广撷博采。如威海市档案馆自英国复制大宗英租威海卫时期档案，其中涉及威海行政官员骆克哈克、庄士敦访问泰山记录，亟往抄录、翻译。笔者访学德国期间，获得李希霍芬《中国旅行日记》、薛田资《在孔夫子故乡》、海司《山东与德国在中国属地：1898 年从胶州到中国圣地以及从扬子江到北京》、加里·凯尼格《海外——德国军医加里·凯尼格之见闻》等德语文献，都请人译出收入书中。诸多日、韩、越、法、俄等语种资料也有数量不等的泰山记录，亦酌译编入。

除此之外，近年汇编影印的几种大型丛书，如"四库五种"《明别集丛刊》《清代诗文集汇编》《清代诗文集珍本丛刊》《故宫珍本丛刊》《北京图书馆古籍珍本丛刊》等，为新资料搜寻提供了极大便利。几种大型数据库如"鼎秀古籍全文数据库""民国报刊数据库"《中国金石总录》数据库"的开发，也让各种新鲜资料浮出水面。这些新史料的广泛采撷，使本书诸多记述，超越前贤，呈现出较多新意。

三、新观点的提出

作出一部通史著作，并非仅胪列史料，陈述史实，在一些大关目上，均提出著者的独到见解。

如关于封禅大典，提出霍去病之"封狼居胥"，实为汉武帝泰山封禅之预演。霍氏在这一事件中充任了汉武封禅的支持者与策划者，司马相如《封禅文》中请封之大司马即隐指霍氏。去病之子名嬗，亦与封禅相关。对于汉宣帝诏定五岳，并列泰山为五岳宗长之举，揭出此盖借泰山石立宣扬其嗣位之合法性，而时人以"石立"为"宣帝起之表也"，又与帝早年曾活动于泰山附近有关。

泰山佛教传播中，经石峪《金刚经》尤为人所注目。但此刻石摩刻者历来不详，本书据清人李文藻所见题记，提出经主为薛宸说。隋唐之际泰山名寺岱岳寺不详其地，今据岱庙西北部出土的佛教遗物，推定毗邻岱庙的这一失名寺院，即岱岳寺址（后为岱庙所并）。

泰山书院是泰山文化中的一大亮点。传统观点认为书院之兴，起于孙复、石介，本书则提出实导源于宋初姜綝，姜綝讲经于徂徕等地，"以五经教授，邹鲁间名士多从之"，实可视为泰山书院之先声。又学界多认为景祐二年（1035）孙复至泰山，为其居岱之始。本书则考证其祖籍即在泰山附近，少时且寓家新泰，后人连带计算，故有其"隐泰山三十年"之说。岱顶曾建五贤堂，祀孟、荀、扬、韩、文中子五人，本书提出其堂之建与孙复所倡儒家道统谱系相关，应是孙石学派在泰山的一项建置。对宋代之后的儒学传播亦有新见，明朝人于经石峪镌刻信仰的《大学》，但镌人素来无考，本书考其人为嘉靖时汪坦，其刊儒经于梵典之上，不仅体现儒佛之争，从其《大学》底本选取上亦体现了朱、王学派之争。

碧霞元君信仰兴起为泰山一大变局，本书对此特别关注，并提出诸多不同于前人之见。认为"碧霞元君"封号并非始于唐宋，而是始现于明。宋真宗在封禅中崇祀玉女，实基于皇嗣空缺危机而行特异之举。世传明崇祯帝加封妈祖为"青灵普化慈应碧霞元君"，今据康熙《颜神镇志》，考此实为加封泰山女神之号。另外本书提出，除去封禅大典，清代还曾举行一封山大典，也就是清代诸帝对碧霞元君的遣使致祭。此在当时被视为国家大祀，甚至比作前代封禅："碧霞元君之庙……我朝东封之典尤隆。"典礼延续一百五十余年，对泰山崇祀有深远影响。与碧霞信仰密切相关的"香税"制度，则据宋杨万里《杨公墓志》考其北宋时之管理体制；据明人黄瓒《公务疏》，揭出地方官府与宦官围绕香钱征收之争斗；据康熙《重修观音殿碑》及《泰安施氏家谱》，考出清初香税管理由山东省下移至泰安州之状况；据新发现的税票实物，证实同治年间泰安府重征香税之事。

在一些涉及泰山的人物行迹上，也有新的突破。如南宋词人辛弃疾早年行迹多不能详，本书考辛弃疾曾宿岱顶石室，夜看浴日。可补稼轩少岁经历之缺。

不仅著者多抒新见，对当代学坛一些最新研究，也予充分纳入。如日本学者大西克也提出"泰"字为秦炫耀天下统一而创造之新字，此与泰山关系甚大，故加引述。姜守诚认为"柏木在古人眼中是拥有神秘力量"，此说可为汉武泰山植柏动机提供佐证，也采之入书。

四、新理论的借鉴

西方史学家提出"长时段"观念："长期的连续性和短期的急剧变化之间的互动关系才是历史本质的辩证关系。"[1]认为历史研究不能仅限于关注细节，更应关注长时段的文化结构和事态。本书借鉴这一理论，从大的时间点上对泰山历史文化进行新的分期。泰山文化贯穿中国古今历史，其文明历程从未中断，但其文化结构在不同时段中却呈现出各自特点，捕捉到这些特点，便理清了泰山文化的发展脉络。因此，本书在具体史事基础上，提出了泰山历史文化"五期说"，即：先秦至秦汉时期为"政治山"形成期，魏晋南北朝为"宗教山"形成期，隋唐宋金时期为"文化山"形成期，元明清三代为"民俗山"形成期，民国以来为"精神山"形成期。本着这一认识，本书虽以朝代为章节，但内在思路中贯彻了这一文化分期——即每一时代的引言及编年记事，皆有意彰显各自时段的文化特点，虽史事繁杂，而红线宛在。

本书草创于 1987 年，迄今已三十余年，虽孜孜以求仍时感才学并陋，难以现泰山历史文化之底蕴，谨列此一愚之得，提请方家予以匡正赐教。

1　罗凤礼主编：《现代西方史学思潮评析》，中央编译出版社 1996 年版，第 265 页。

中国文化影响下的日本文化表现形式及其现代意义

［日本］佐藤炼太郎（Sato Rentaro）

日本北海道大学

我是日本北海道大学终身名誉教授佐藤炼太郎。我研究明清思想，尤其是阳明学派的思想，这次泰山国际文化论坛邀请我，我觉得非常荣幸，非常感谢。山东曲阜是伟大的儒教圣人孔子的诞生地，日本人从古至今特别尊重《论语》。我受邀参加此次泰山国际文化论坛，非常感激。

日本北海道大学的前身是 1876 年所建立的札幌农学校。首任校长是美国人威廉·史密斯·克拉克（William Smith Clark 1826—1886：Presidentof the Massachusetts Agricaultural College）。他离开札幌的时候，给学生们留下了一句有名的话："Boys be ambitious！"（少年要胸怀大志）这句名言至今亦是表示北海道大学建学开拓精神的校训。所谓大志，不是获得个人的名声（Not for fame），不是赚得金钱（Not for money），而是为了保护人民，为了人类社会献身的远大志向。

新渡户稻造（1862—1933）是札幌农学校第二期的毕业生。他是日本第一号农学博士，而且，作为国际联盟副事务长，为世界和平贡献力量。他为了帮助美国的新教徒了解武士道，用英文撰写了《武士道》一书。该书的副标题是"The Soul of Japan"，就是"日本人灵魂"之意。这本书在 1900 年出版了。他对比武士道与欧洲文化，并向世界介绍日本独特的伦理。这本书成为世界的畅销书。在欧洲，以基督教作为宗教教育的内容，因此伦理观的基础上有基督教。然而，明治时代的日本没有与像欧洲一样的宗教教育，但有武士道教育。

12世纪朱子学传来日本，当时是武士阶级掌握政权的镰仓时代（1192—1333）。最初佛教寺院里的僧侣研究朱子学。到了江户时代（1603—1868），德川幕府把朱子学作为官学，所有的武士都开始学习朱子学。朱子学实际上成为武士阶级的基本素养。阳明学也在江户时代初期传来，适合武士尊重行动的气象。武士阶级原来信奉佛教者居多，尤其是指导武士阶级的老师，大部分是禅宗和尚。中国的朱子学派拼命排斥禅宗和阳明学，但日本的武士阶级反之。因为阳明学的知行合一等行动主义教义与禅宗教理相似，所以武士阶级比较容易接纳阳明学。在日本，朱子学与阳明学、佛教并行而没有激烈的对立，跟日本自古以来的神道结合起来，渐渐形成了武士道。

江户时代初期，日本人不单将武道看作一种杀人的武艺，而且自觉地将之作为自身规律、社会秩序，以及保护和平的工具加以理论化。江户时代将军的兵法导师柳生宗矩（1571—1646）用禅宗的词汇作为其著作《兵法家传书》的篇名。柳生宗矩得到临济宗大德寺派的泽庵宗彭（1573—1645）的指导，而著柳生新阴流的秘籍《兵法家传书》。泽庵禅师在其著作《不动智》中提倡，临战之时，不可将心放在对手的太刀上，不可将心放在对手的动作上，不可将心放在任何地方，而要让心自由地活动。他提倡不控制心，放弃执着，获得无心心境，就是禅宗"应无所住而生其心"（《金刚经》）。另外，泽庵禅师在其著作《太阿记》中写道："达人原本不用刀杀人，而用剑救活人。"柳生新阴流继承了这一教诲，不以杀人为目的，重视保全自身的剑术，也就是不伤害对手、使得自己不被伤害、抑制暴力的剑术。禅的教义与剑术融合，就是剑禅一如。

三代将军家光尊崇泽庵禅师，奉柳生宗矩为政治导师。剑禅一如的精神，不但存在于柳生新阴流中，也渗透于各种武道流派。在幕末明治时期，小野派一刀流中出现了山冈铁舟（1836—1888）。幕臣山冈铁舟与官军统帅西乡隆盛（1828—1877）进行谈判，实现了江户城的无血开城。一个坚持剑术修行的武士，竟然放弃战斗，通过讲和的方式使得江户城一百万人民免于战火。这就是

"活人剑"。山冈铁舟继承了泽庵禅师"剑禅一如"的精神，并在禅的一套句"心外无法"（心之外没有真理）的基础上，提倡"心外无刀"（心之外没有刀），提倡剑术的修行，无非是心的修行。第二次世界大战后创立的全日本剑道联盟继承了山冈铁舟的以剑术为精神修养之道，并制定了剑道的理念"剑道乃人格形成之道"，提倡"交剑知爱"（对交战的人怀抱敬爱之心）。

虽说武士曾奉禅僧为师，但到了江户时代，从中国传来的朱子学成为官学，也成为武士学习的对象。朱子学是由南宋朱熹（1130—1200）集大成的新儒学。朱熹在南宋被辽、金等北方民族压迫的背景下，倡导"忠君爱国、尊王攘夷"（尊崇皇室，驱逐夷狄）。他提出"修己治人"（修养自身，治理他人）、"克己复礼"（控制自身的私欲，践行礼义）等口号，强调君臣道德的重要性，推崇臣民的忠义。在中国长达八百年，李氏朝鲜长达六百年，朱子学一直为官僚选拔的基准。在日本江户时代，它亦官学化，并孕生出赤穗义士，明治维新时期导致"尊王攘夷"的口号大流行。朱子学曾是东亚共通的伦理基础。

禅或武道的意义是，益于精神修养和身心的锻炼。而学习剑术的重要之处则在于将其运用于日常生活当中。中国的朱子学派将佛教，尤其是禅的教义当作异端而进行排斥。而在日本，除了幕末的水户学以外，其他学派并无排斥佛教的举动。明代批判朱子学的王守仁（1472—1529）将禅的教诲吸收而创造了实践主义的阳明学。幕末时期佐藤一斋（1772—1859）、吉田松阴（1830—1859）等大量的武士在兵学之外兼习朱子学和阳明学。

在日本，融合禅学、朱子学、阳明学、兵学、神道等形成武士道。在新渡户稻造所著的《武士道》中，又将武士道与基督教相结合。日本人的伦理观的根底之中一直存在着武士道。武士道可以说是融合神道、朱子学、阳明学、禅学、基督教等教义而形成的伦理。可以说日本人礼貌的态度也是从《论语》颜渊篇"克己复礼"中培养的习惯。在朱子学中，对"克己复礼"的解释是"控制自身的私欲，践行礼义"。这种克服自我中心性，遵从公共社会秩序的思想，放诸当下仍未失效。孔子曾说"己所不欲，勿施于人"（自己所不想要被施以的行为，也不要对他人做），然而即便这样简单的话，也是难以践行的。不限于禅或朱子学，在东方的古典中，指引我们改过为善良的智慧随处可见。

欧洲近代文明发端于英国的产业革命。其思想基础为倡导博爱的基督教。然而，产业革命带来了由"大量生产—大量贩卖—大量消费"所构成的资本主义式的扩张循环，以及由于武器的大量生产所带来的大量破坏。为根绝战争，实现世界和平，维护可让全人类共存的环境，重新学习东方古典，是具有必要性的。

我希望这次泰山国际文化论坛能促进世界文明交流，互相了解，也希望贡献于构建全球人类命运共同体的大同世界。

分论坛发言小结

孙　晓

中国社会科学院

　　第一点，关于封禅。天神感应，君权神授，皇帝祭天祭地到泰山，目的很简单，就是当了皇帝，要获得上帝的认可，也就是说要通过上帝来解释皇权的合理性，一般的教材都是这样说的。可是我对这个问题也做了进一步思考，是不是这里面蕴含着更深的、没有被发掘的意义？其实，封禅不是都在泰山，最早最可靠的文献应该是在河南的太室山，《天亡簋》铭文中所记录的周武王时期的封禅活动。《天亡簋》清道光年间出土于陕西眉县，现在是中国国家博物馆馆藏国宝，它上面的铭文记载很清楚，武帝以西方诸侯的身份带领东方诸侯、南方诸侯、北方诸侯在太室山做了一次很盛大的活动，就是封禅。现在把"封"解释成祭天，"禅"解释成祭地，其实"禅"字从古代文字学定义来说也是祭天。我们祭的天到底是什么天呢？一般来说天就是上帝，但从文字学来讲，"天"是什么呢？从甲骨文到金文再到小篆可以看到"天"这个字的变化。天就是一个人字，上面加一个方框，这个方框就是人头，金文的变化看得很清楚，《说文解字》说天至高无上，天者巅也，就是人的顶也，人的脑袋，所以天本身就是人的放大。所以中国的天很怪，在哪儿？它不像西方的上帝具有人格化，它有多样这种文化意象的意涵，不是完全具有人格化的概念。因此，中国的天道没有发展成像西方一样的宗教，这就是中国古代人对天的一种很特殊的解释。所以说天的人格化和我们现在读的小说中的玉皇大帝完全是不一样的，起码在古代思想家心目中不一样。在古代，在诸子百家中，墨家是特别讲天的，他们讲天德、天意。天子这个概念就是从汉武帝开始演化定性，汉武帝为了解释皇权的合理性，让经学家把他解释成上天的孩子，天子的概念出来了。所以中国的"天"有一些人格化的内容，也有一些无形的自然的内容。我们封禅祭天，首先要明白这个"天"是什么。

第二点，卜宪群先生专门讲到黄帝，讲到黄帝不仅仅是汉族的，是九族共祖。中国历史文化，有一个很鲜明的特点，就是对祖先神的崇拜大于自然神的崇拜。祖先神是一个时间的概念。司马迁编写《五帝本纪》，日本大德本《史记》中《三皇本纪》是后人编的，实际上这是中华民族用历史时间编的一个世系，是用历史时间来展示中华民族的存在；"天"是对自然神的崇拜，就是用历史空间展示中华民族的存在，给多民族国家找出一个原始的空间。刚才我们的一个学者已经讲了，东方是万物之始。找一个共同的祖源，要有一个时间，也要有一个空间。中华民族有了时间和空间坐标，就能很好地把握自己民族的位置，确定自己国家的定位。

第三点，为什么司马迁要写《封禅书》？因为他父亲司马谈因病不能随武帝一块儿祭泰山，临终时拉着司马迁的手说，这是千古难遇的一件大事，"封泰山"，我不能从行，是命啊，是命啊！很遗憾，所以司马迁发誓一定要把这个《封禅书》写出来，虽然里面有很多荒诞离奇的记载，但是《封禅书》是这样成形的。而且我们现在看到的《史记》中的《今上本纪》，即《武帝本纪》，实际上也是从《封禅书》中抄来的，这是一些史料的问题。

简单说一下结论：封禅的起源来自人对自然原初的认识，是对难以理解和不可把握自然界的一种原始崇拜。我们应该仔细研究与思考古代泰山封禅的意义。其实，封禅应解释为多民族团结与国家统一的一种美好的象征，在重视血缘与祖先崇拜的文化背景下，封禅寄托着许多美好的愿望，封禅可以为不同的家族、宗族、种族确定一个共同的族源，在期盼风调雨顺、五谷丰登的愿景下，维系天下大同，国泰民安。

泰山国际文化论坛学术总结

田　波

中国社会科学院

尊敬的张涛市长、刘洪海部长、各位专家学者：

在古代，五岳是对中华民族的形象描述，泰山是五岳之首，地位崇高；随着历代政治中心转移，五岳之中，其他四岳指称的对象多有变化，唯有东岳泰山，亘古不变，地位稳固；自先秦以降，泰山就是人文荟萃之地，儒、释、道等多元文化和谐相处，同生共荣。同时，古代在泰山的封禅祭典，被视为与天地对话，是祈求国家昌盛、天下和平、人民安宁的最重要的仪式，寄托着无数美好的梦想。

今天，来自海内外的知名学人、文化巨擘展开了一场生动且深厚的文化对话。泰山岩岩，群贤济济。泰山国际文化论坛共有两场平行论坛，与会学者围绕论坛主题做了学术报告和交流。报告内容丰富、精彩纷呈，既有宏观的论述，又有具体的文献考证，为构建人类命运共同体注入了新的能量。具体来说，本次论坛呈现出以下五个方面的特点。

第一，主题明确，视野高远。与会专家围绕"人类命运共同体构建与国际社会发展""中国道路与国家治理体系建设""国泰民安与泰山文化"等三大议题，探讨了泰山与中华文化的关系。大家深刻认识到：在中华民族五千多年的发展史中，泰山以其雄伟的自然风貌、深厚的文化遗产成为中华民族的象征，成为中华民族各族儿女心中的一座丰碑；在数千年的中华文明发展史中，泰山对中华政治文化、精神文化的构造产生过独特的历史作用；泰山与中国大一统政治文化有着密切的关系，是中国大一统政治文化、制度文化、精神文化的物化象征，是中国人民的精神家园，对中华民族共同体的塑造具有巨大的推动作用；泰山所蕴含的大一统政治理念是中华优秀传统文化的组成部分，需要我们深入挖掘，实现其创新性转化、创造性发展。同时还深入探讨了文化视角下的国家治理体系建设，以及国泰民安与泰山文化的关系，泰山文化、泰山信仰的历史，泰山文化研究的学术史等，扩展了泰山文化研究的广度和深度。

第二，论坛层次高，充分显示了当前泰山文化研究的国际性。当今世界不同文明之间，是冲突还是对话、是对抗还是合作，这已经成为关乎全人类前途命运的重大课题，也是对人类文明何去何从的"时代之问"。今天的论坛，来自中国、越南、韩国、日本、欧美的学者，畅所欲言，从各自文化的角度，给予了不同的答案，展示了文化的差异，提出了许多真知灼见，取得了很多有意义的共识。

第三，文史相通、文艺相通，研究视角多元，研究方法推陈出新。论坛中既有中外诺贝尔文学奖获奖作家的精彩对话，又有中外学者围绕泰山文化，从历史学、文学、艺术学、美学、宗教学等多学科的视角做出的深刻剖析、阐释；既有围绕泰山文化的历史渊源、不同时代的特征、历史地位等做出的厚重的历史学考证，又有围绕人类命运共同体的构建、泰山对相关国家的影响做出的具有很强现实意义和时代感的学术观察。同时，我们还注意到，有的学者从跨文化的视角、国际关系的视角，阐述了在全球化时代构建人类命运共同体的必要性、可能性及其路径。本届泰山国际文化论坛的召开是为响应构建人类命运共同体而做出的一次务实的努力，一个有意义的尝试。

第四，我们可喜地看到，这次论坛上，中外学者群贤荟萃，老、中、青三代齐聚一堂。既有奋战在学术最前沿的知名专家，也有年富力强的学术骨干，更有作为后备力量的青年学者。这既体现了泰山文化研究的国际性、开放性和强大后劲，也彰显了泰山文化研究强大的吸引力。

第五，论坛深入贯彻了习近平总书记的世界文明应当"包容互鉴"的精神。习总书记指出，"交流互鉴是文明发展的本质要求""深化人文交流互鉴是消除隔阂和误解、促进民心相知相通的重要途径"。通过紧张有序的学术报告和交流，达到了彰显中华文化自信、展示传播中华文化、促进世界文化交流、凝聚文化共识的目的。泰山国际文化论坛所孕育的包容、学习的对话心态，所倡导的平和、开放的对话方式，强化了中外之间的文化交流与沟通，拉近了人与人、国与国之间的心灵距离。

　　既然称为"首届泰山国际文化论坛"，就说明主办方已经为推动泰山国际文化研究、推动泰山国际文化的传承与发展做好了长远的规划，希望未来世界各国的专家学者能够继续关注泰山，共同为人类命运共同体的构建贡献宝贵的经验和智慧。也祝愿中国社会科学院古代史研究所与泰安的合作结出更多的硕果！

　　以上总结挂一漏万，不妥之处，请大家指正。谢谢！

文明互鉴·文化共荣·人类共赢

——第一届泰山国际文化论坛综述

陈丹曦　林淑娟

中国艺术研究院

　　泰山是中国古人观天下的地方，是中国的文化之山、精神之山。"孔子登东山而小鲁，登泰山而小天下。"2018 年 6 月，习近平总书记在上海合作组织成员国元首理事会第十八次会议上的讲话中曾引用《孟子·尽心上》里的这句话，希冀上海合作组织成员国能够站在推动人类文明进步的高度上，凝聚共识、齐心协力，努力实现合作共赢，共同承担起构建人类命运共同体的伟大使命。2019 年 10 月，由中国艺术研究院、中国社会科学院古代史研究所、山东省泰安市人民政府共同举办的泰山国际文化论坛在山东省泰安市隆重举行，此次文化盛会以"人类命运共同体构建与世界百年未有之大变局"为主题，邀请了来自国内外的专家、学者共 40 余位，其中包括 2012 年诺贝尔文学奖得主莫言先生，2008 年诺贝尔文学奖得主、法国作家勒克莱齐奥先生，以及美国未来学学者约翰·奈斯比特夫妇等。此次论坛深入贯彻习近平新时代中国特色社会主义思想，尤其是习近平总书记关于推动构建人类命运共同体的重要思想，依托泰山蕴含的丰富历史文化和精神内涵，传播中华文化、讲述中国故事，推动泰山文化、中华文化与世界文化的交流互鉴，为构建人类命运共同体提供坚实的人文基础，同时为应对全球性问题提供了中国智慧和中国方案。

　　中国艺术研究院院长、党委书记、研究员韩子勇，中国社会科学院古代史研究所所长、研究员卜宪群，厦门大学人文与艺术学部主任委员、国学研究院院长、教授陈支平，韩国东北亚历史财团理事长、延世大学文科大学历史系教授金度亨等来自中国、韩国、日本、马来西亚、新加坡等国的专家和学者出席了开幕式。韩子勇院长在开幕式致辞中指出，中华文明有传承创新和运行不息的不竭生命力，不仅强调了不同文明之间的包容、开放、交流、互鉴的重要性，还强调了构建人类命运共同体的重要意义。同时，在物质生产和经济技术交流与文明文化互鉴二者间存在不平衡、不协调的状况之下，提出世界各国应抛弃各式各样的居高临下、颐指气使的霸权思维，以平等、包容、合作、共赢的心态对待彼此。这也为此次论坛的召开奠定了总的基调。陈支平院长亦指出中华文明在漫长的历史长河中既扮演着文明传播者的角色，也不断地从其他文明中汲取各种养分，如此既壮大发展了自身，也为世界文明做出了重大贡献，生动诠释了"文明因交流而多彩，文明因互鉴而丰富"。

"峨峨东岳高，秀极冲青天。"卜宪群所长则提到泰山是中华民族最重要的象征之一，蕴含着中华民族美好的精神追求和寄托。泰山文化内涵极为丰富，其不仅在历史上对中华民族的凝聚、繁荣与发展有着巨大作用，在今天仍然有不朽的价值。来自世界各地的学者共襄盛举，他们既对泰山文化的内涵进行了深入的研究，也对泰山文化的现代意义做了进一步的阐释，探讨其在构建人类命运共同体、促进世界文明交流互鉴中的作用。这是对泰山文化的又一次挖掘，是党的十八大以来，对习近平总书记关于构建人类命运共同体倡议的又一次阐释和弘扬。

党的十八大以来，习近平总书记积极倡导"一带一路"建设和构建人类命运共同体。美国未来学家约翰·奈斯比特以"一带一路"倡议为切入点，指出其是中国创造的一个大趋势，是一个宏伟的愿景。这一愿景不仅将改变中国，而且旨在激发国际社会的新思维：要联合而不要两极分化；要互学互鉴，互利共赢；要相互学习，互惠互利；要共同解决全球性问题。"世界如何实现共赢？中国正在破题"，中国正在带头书写一个新的故事，重塑全球化以造福大众。金度亨教授从建立和发展各国友好关系的角度指出，中国提出构建人类命运共同体的设想，提出以超越民族国家和意识形态的"世界观"来谋求人类和平发展，是解决现在和未来诸多问题的有益倡议。

由此可见，此次泰山国际文化论坛中，与会专家、学者均深刻认识到泰山文化内涵及对其进行创造性转化和创新性发展的重要性，以及世界各国文明互鉴与共同构建人类命运共同体、推动人类文明共同进步的重要意义。总的来说，此次论坛主题鲜明，来自各国的专家、学者以宏观或微观的视野，以时间或空间为维度，从多角度围绕论坛主题进行论述，带来诸多启发。从此次论坛主题的展开、专家的发言及提交的论文来看，本次论坛主要有以下三个亮点。

第一，中外诺贝尔文学奖获得者以"文明互鉴：文学的可能"为主题展开深入对话，共同畅想人类美好未来。2019 年 10 月 23 日下午，我国作家、2012年诺贝尔文学奖获得者莫言与法国作家、2008 年诺贝尔文学奖得主勒克莱齐奥在岱庙东御座展开了一场精彩绝伦、别开生面的文化对话。该对话以文学为主要对象，通过详细地剖析、解读各自的作品创作过程与人生历程，再一次诠释了不同文明或不同文化之间对话、交流和互鉴的重要性。莫言开篇便强调，文学毫无疑问是人类文明进程当中最美丽的花朵之一，最丰硕的成果之一，是人类加强理解与包容的重要方式。他还指出，每个作家都有国籍，但是文学没有国界。好的文学之所以能够传播至海内外，必定是因为其中所包含的一种普遍性或是普世价值观。正是因为好的文学以人类共同的感情为内核，人与人之间、地区与地区之间、国家与国家之间才得以相互理解、相互尊重、相互包容和相互支持。

文明因交流而多彩，文明互鉴又为人类文明的创造性发展注入了不竭动力。他山之石可以攻玉，莫言又指出，任何一个作家都不能回避外来文学对自己积极的推动作用。交流互鉴是文明发展的本质要求，只有交流互鉴，一种文明才能充满生命力。此次对话的主持人韩子勇院长亦认为，文明或者文学都只能在开放中生长、壮大，文明互鉴、相互学习和欣赏，是获取心灵能量、拓展精神空间的重要方式。勒克莱齐奥则立足国际化的大背景之下，指出在全球化更加倾向于美国或者西方价值的情况下，在文化和价值观不断趋同的形势下，如何保留和传承本国的价值显得尤为重要。因而，文明的互鉴需要平等、包容、相互欣赏和学习。只有深刻认识到文明是多样的、平等的、包容的，才能实现不同文明之间的相互尊重与和谐共生。

第二，泰山文化内涵及其现代意义的深入挖掘和阐释对构建人类命运共同体具有重要作用。在中华民族五千多年的发展历史中，泰山以其雄伟壮观的自然风貌和深厚的历史文化底蕴成为中华民族的象征，成为中华儿女的精神家园。在漫长的历史长河中，泰山与中华政治文化、制度文化和精神文化的构造有着非常密切的联系。卜宪群所长从思想史、政治史和文化史的角度阐释了泰山与中国历史上的大一统文化的深厚关系，同时指出各代帝王追求一统、认可一统、完成一统才可登上泰山完成封禅，封禅中的许多内涵亦与大一统所追求的国泰民安、以民为本、德主刑辅的思想相统一。中国艺术研究院副研究员、《中国艺术时空》主编姜玉芳表示，封禅是泰山最重要的活动功能，也是泰山历史文化内涵形成的最初动力。封禅须以"太平功成"为前提条件方能告成，因而，泰山实是民本思想的发源地。

习近平总书记指出："对传统文化中适合于调理社会关系和鼓励人们向上向善的内容，我们要结合时代条件加以继承和发扬，赋予其新的涵义。"对于泰山文化的时代性意义的赋予，中国社会科学院近代史研究所副研究员李俊领则从政治象征与文化认同的角度进一步揭示出民国时人对符号化泰山的建构方式及其时代意蕴。在民国时期，泰山作为魂魄归宿的信仰观念大为减弱，作为革命精神与人民利益的政治象征却不断被强化。新知识人还将泰山演绎为中国的代表与中华民族的象征，希望借此唤起大众的文化认同与民族尊严。2018年6月，习近平总书记亲临山东视察，殷切希望山东广大干部群众以永不懈怠的精神状态和一往无前的奋斗姿态，真抓实干，埋头苦干，勇做新时代泰山"挑山工"。中国艺术研究院马克思主义文艺理论研究所副所长、副研究员鲁太光以冯骥才所写的散文《挑山工》为例，指出今天讲好"中国故事"应该有一种艰苦朴素的基调，泰山文化中，挑山工所体现出的"脊梁"精神就是一种很好的诠释。山东省旅游行业协会旅游景区分会副会长吕继祥将泰山精神的基本内涵总结提炼为：坚忍不拔的进取精神、顶天立地的担当精神、天人合一的和谐精神、海天之怀的包容精神，并强调泰山及泰山精神是实现中华民族伟大复兴中国梦不可或缺的精神支撑。

纵观泰山文化内涵不断丰富和完善的历史过程，其还与周边国家和地区的文明的形成和发展有着深厚的文化联系，充分显现出不同文明之间的交流和互动。浙江工商大学东方语言文化学院江静教授表示，"泰山府君"信仰作为泰山文化的重要组成部分，于唐宣宗大中元年（847）被来唐求法的日本天台宗僧人圆仁传到了日本，从而成为天台宗的护法神——赤山明神，之后在当地文化的影响下，成为日本民俗信仰中的重要神祇。可以说"泰山府君"信仰是中日两国共同的文化传统和历史遗产，我们应珍惜并有效利用好这一文化交流的成果，增进两国人民的认同感、亲近感，聚同化异，减少冲突和摩擦，以改善中日关系，进而共同为人类命运共同体目标的实现努力奋斗。华侨大学外国语学院讲师王静认为泰山府君传至日本后，其都状内容、神仙思想和祭祀过程等均蕴含着浓郁的道教文化印迹，因而可推测，至少在日本平安朝时期道教思想已开始影响天皇和贵族的个人生活，并证实了在平安时期，中国道教信仰对日本文化确有浸染之处。北京大学外国语学院东南亚系夏露副教授指出泰山山岳文化对越南的山岳文化有着深远的影响，越南人的日常生活及风俗信仰中也留有泰山文化的烙印。

泰山是驰名中外的自然之山、底蕴深厚的文化之山、与国咸宁的精神之山。对泰山文化内涵进一步挖掘并赋予其新的时代意义不仅有利于传播中华文化，还有助于推动文明互鉴和共赏，为人类文明的进步和健康发展做出积极贡献。

第三，中国道路与国家治理体系建设的优越性助推构建人类命运共同体理念深入人心、走向实际，并提出中国方案，贡献中国智慧。"世界怎么了，人类社会如何发展，人类最终将何去何从？"面对这一全球性的重大问题和时代之问，中国以自身的实践和发展给出了中国答案。在全球性问题日益凸显的今天，中国着眼于自身发展需要和人类历史文化发展潮流，提出了"一带一路"倡议和构建人类命运共同体的伟大构想，彰显出中国在推进全球治理体系和治理能力现代化中的中国智慧和中国担当。中国艺术研究院文化发展战略研究中心副主任、研究员郑长铃以中国非物质文化遗产保护工作为研究案例，指出其不仅是中华传统文化复兴的一种体现，更是中国制度优势、治理体系建构和经验优势的彰显。非物质文化遗产是一个民族古老的生命记忆和活态的文化基因，是培育中华民族认同感和推动中外文明交流互鉴、人类文明进步、构建人类命运共同体的宝贵资源。郑长铃副主任从集中力量办大事；以人为本，密切联系群众；坚持全面依法治国、坚持改革创新；弘扬中华优秀传统文化、促进社会和谐；积极参与全球治理，为构建人类命运共同体不断做出贡献等五个方面对非物质文化遗产保护工作的中国实践和所取得的成果进行阐述，以此说明国家制度和国家治理体系的显著优势。

《中共中央关于坚持和完善中国特色社会主义制度、推进国家治理体系和治理能力现代化若干重大问题的决定》主要从 13 个方面梳理概括了我国国家制度和国家治理体系的显著优势，其中便包括"坚持独立自主和对外开放相统一，积极参与全球治理，为构建人类命运共同体不断作出贡献"。实际上，人类命运共同体思想和理念的形成亦具有深厚的人文基础。"民吾同胞，物吾与也""克明俊德，以亲九族，九族既睦，平章百姓，百姓昭明，协和万邦，黎民于变时雍""大道之行也，天下为公"……中国艺术研究院文化发展战略研究中心副研究员任慧强调"百年未有之大变局"的判断和构建人类命运共同体的思想，都是来自中华优秀传统文化，都是中国智慧的集中表现。以上述论述为代表的中华优秀思想文化资源共同构成了人类命运共同体的文化根基和源泉。中国艺术研究院文化研究所研究员摩罗指出，汉代司马迁试图通过紧紧抓住古代社会最为重视的血缘关系——大家都是黄帝的后裔，具有共同的血缘起源——来凸显蛮夷与华夏的共同性、一致性和平等性。

毋庸讳言，以中国国家制度和国家治理体系建设为重要内容之一的中国智慧和中国方案，代表着中国既是历史悠久的文明古国，又是有责任感、使命感的大国，这种担当将使人类命运共同体建构的脚步走得更扎实，为实现世界共同健康发展、繁荣注入强劲的推力，增添不竭的动能。

"五岳独尊，昂头天外"，此为泰山极顶玉皇阁下路旁之石刻。不言而喻，在中华民族几千年来的文化历史长河中，泰山享有崇高的声誉——是五岳之首，是山河领袖，是中华文明的代表，更是中华民族的标志和中华民族精神的象征。此次论坛既为"第一届泰山国际文化论坛"，首先是要促进对泰山文化的阐释、研究、保护、传承以及更好地利用。例如，中国民俗学会会长、中国社会科学院世界宗教研究所研究员、泰山学院特聘教授叶涛指出泰山文化中凝聚着中华民族的生死观、宇宙观、人生观，山岳崇拜、神灵信仰及其典章仪式便是这些观念的具体化体现。由泰山学院泰山研究院副院长、研究员周郢主持编写的《泰山编年通史》一书生动地呈现出泰山历史及文化风貌，且多有创新之处：编年体史书编纂的创新尝试、新见石碑等新材料的采用、著者新见的提出及对西方史学家"长时段"理论的借鉴，并提出了泰山历史文化"五期说"，即"政治山""宗教山""文化山""民俗山"和"精神山"的形成期划分。泰山学院泰山研究院副教授张琰试图对近七十年来泰山文化研究成果做一回顾与前瞻，指出近七十年来，泰山文化研究经历了从沉寂至兴盛再至繁荣的阶段，并对今后泰山文化研究的开展提出了独到的建议。就此而言，此次论坛让专家学者们更加清楚地了解到如何将泰山文化进一步发扬光大，希望今后世界各国的专家学者继续关注泰山及泰山文化，推动泰山国际文化的传承和发展，共同为人类命运共同体的构建贡献宝贵的经验和智慧。

"泰山安，则四海皆安。"此次论坛是泰山文化、中华文化与世界文化的一次深切对话和交流，亦是我们对泰山文化之"国泰民安"付诸全世界的期许。

如中国社会科学院古代史研究所副所长、副研究员田波所说，此次论坛所孕育的包容、学习的对话心态，所倡导的平和、开放的对话方式，强化了中外之间的文化交流与沟通，拉近了人与人、国与国之间的心灵距离。相信人类必将谱写文明进步与和平发展的新篇章，实现各国共同发展、共享繁荣兴盛，实现人类共赢。